9급 계리직 공무원

예금일반

단원별 기출+예상문제

KB199621

예금일반
단원별 기출+예상문제

초판 인쇄   2025년 5월 21일
초판 발행   2025년 5월 23일

편 저 자 | 공무원시험연구소
발 행 처 | ㈜서원각
등록번호 | 1999-1A-107호
주   소 | 경기도 고양시 일산서구 덕산로 88-45(가좌동)
교재주문 | 031-923-2051
팩   스 | 031-923-3815
교재문의 | 카카오톡 플러스 친구[서원각]
홈페이지 | goseowon.com

Preface

현대 사회는 하루가 다르게 변화되어 가고 있으며 그 변화에 적응하는 일이란 결코 쉽지가 않다. 더욱이 이러한 변화 속에서 자신에게 맞는 일을 찾고 그 속에서 삶의 즐거움을 누리는 일은 매우 어렵게 느껴진다. 이러한 사회적 분위기 속에서 안정적인 직업으로 공무원이 각광받고 있으며, 경쟁률 또한 매우 치열하다.

타 공무원 수험생들이 많은 정보를 가지고 여러 수험서의 도움을 받는 것과는 달리 우정서기보(계리직) 시험을 준비하는 수험생들은 많은 어려움을 느낀다.

본서는 우정서기보(계리직) 예금일반 과목의 예상문제집으로 우정사업본부의 2025년 4월 2일 최신 개정된 학습자료를 반영하여 최신 기출문제와 출제예상문제로 구성하였다. 다양한 유형의 예상문제를 통해 높은 학습효과를 누릴 수 있도록 하였다.

수험생 여러분의 합격을 진심으로 기원하며 건투를 빈다.

Structure

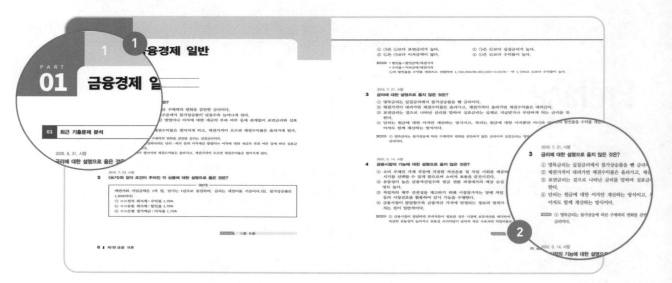

❶ 최근 기출문제 분석
2008년~2024년까지의 최근 기출문제를 수록하여 출제경향을 알 수 있도록 하였다.

❷ 출제예상문제
최신 개정 학습자료를 반영하여 다양한 유형의 출제예상문제를 수록하여 학습의 효과를 높였다.

❸ 상세한 해설
정 · 오답에 대한 상세한 해설로 문제에 대한 이해도를 높였다.

Contents

제1편

금융 개론

---

01 최근 기출문제 분석

2008. 8. 31. 시행

1 금리에 대한 설명으로 옳은 것은?

① 명목금리는 물가상승에 따른 구매력의 변화를 감안한 금리이다.

② 실질이자소득은 같은 금리수준에서 물가상승률이 낮을수록 늘어나게 된다.

③ 단리 · 복리 등의 이자계산 방법이나 이자에 대한 세금의 부과 여부 등에 관계없이 표면금리와 실효금리는 동일하다.

④ 채권가격이 떨어지면 채권수익률은 떨어지게 되고, 채권가격이 오르면 채권수익률은 올라가게 된다.

▶ADVICE ① 물가상승에 따른 구매력의 변화를 감안한 금리는 실질금리이다.

③ 표면금리가 동일하더라도 단리 · 복리 등의 이자계산 방법이나 이자에 대한 세금의 부과 여부 등에 따라 실효금리가 달라진다.

④ 채권가격이 떨어지면 채권수익률은 올라가고, 채권가격이 오르면 채권수익률은 떨어지게 된다.

2016. 7. 23. 시행

2 〈보기〉와 같이 조건이 주어진 각 상품에 대한 설명으로 옳은 것은?

─── 〈보기〉 ───

액면가와 가입금액은 1억 원, 만기는 1년으로 동일하며, 금리는 세전이율 기준이다.(단, 물가상승률은 1.60%이다)

㉠ ○○전자 회사채 : 수익률 1.75%

㉡ ○○유통 회사채 : 할인율 1.75%

㉢ ○○은행 정기예금 : 이자율 1.75%

① ㉠은 ㉡보다 표면금리가 높다.   ② ㉠은 ㉢보다 실질금리가 높다.
③ ㉡은 ㉠보다 이자금액이 많다.   ④ ㉡은 ㉢보다 수익률이 높다.

》ADVICE • 할인율＝할인금액/채권가격
   • 수익률＝이자금액/채권가격
   ㉡의 할인율을 수익률 개념으로 전환하면 1,750,000/98,250,000＝0.0178… 약 1.78%로 ㉢보다 수익률이 높다.

2018. 7. 21. 시행

3 금리에 대한 설명으로 옳지 않은 것은?

① 명목금리는 실질금리에서 물가상승률을 뺀 금리이다.
② 채권가격이 내려가면 채권수익률은 올라가고, 채권가격이 올라가면 채권수익률은 내려간다.
③ 표면금리는 겉으로 나타난 금리를 말하며 실효금리는 실제로 지급받거나 부담하게 되는 금리를 뜻한다.
④ 단리는 원금에 대한 이자만 계산하는 방식이고, 복리는 원금에 대한 이자뿐만 아니라 이자에 대한 이자도 함께 계산하는 방식이다.

》ADVICE ① 명목금리는 물가상승에 따른 구매력의 변화를 감안하지 않은 금리이며 실질금리는 명목금리에서 물가상승률을 뺀 금리이다.

2022. 5. 14. 시행

4 금융시장의 기능에 대한 설명으로 옳지 않은 것은?

① 소비 주체인 가계 부문에 적절한 자산운용 및 차입 기회를 제공하여 자신의 시간선호에 맞게 소비 시기를 선택할 수 있게 함으로써 소비자 효용을 증진시킨다.
② 유동성이 높은 금융자산일수록 현금 전환 과정에서의 예상 손실 보상액에 해당하는 유동성 프리미엄도 높다.
③ 차입자의 재무 건전성을 제고하기 위해 시장참가자는 당해 차입 자가 발행한 주식 또는 채권 가격 등의 시장선호를 활용하여 감시 기능을 수행한다.
④ 금융시장이 발달할수록 금융자산 가격에 반영되는 정보의 범위가 확대되고 정보의 전파속도도 빨라지는 것이 일반적이다.

》ADVICE ② 금융시장이 발달하면 투자자들이 필요한 경우 시장에 보유자산을 매각하여 자금을 회수하는 것이 용이해져 금융자산의 유동성이 높아지고 유동성 프리미엄이 낮아져 자금 수요자의 차입비용도 줄어들게 된다.

Answer   3.① 4.②

5 〈보기〉에서 기준금리에 대한 설명으로 옳은 것을 모두 고른 것은?

〈보기〉

㉠ 시중에 풀린 돈의 양을 조절하기 위해 금융통화위원회의 의결을 거쳐 결정하는 정책금리이다.

㉡ 기준금리 변경은 예금, 대출 금리 등에 영향을 주지만 부동산, 외환 등 자산가격에는 영향을 미치지 않는다.

㉢ 통상적으로 경기 침체 양상을 보이면 기준금리를 인하하고 경기 과열 양상을 보이면 기준금리를 인상한다.

㉣ 일반적으로 기준금리를 인하하면 물가가 하락하고 기준금리를 인상하면 물가가 상승한다.

---

① ㉠, ㉡   ② ㉠, ㉢

③ ㉡, ㉣   ④ ㉢, ㉣

》ADVICE ㉡ 기준금리의 변경은 장·단기 시장금리, 예금 및 대출 금리 등에 영향을 주거나 주식·채권·부동산·외환 등 자산 가격에 영향을 줌으로써 실물경제 및 물가를 변동시키는 원인이 된다.

㉣ 기준금리를 내리면 시중에 돈이 풀려 가계나 기업은 투자처를 찾게 되고, 또 은행 차입비용이 내려가 소비와 투자가 활성화돼 침체된 경기가 회복되고 물가가 상승한다.

Answer　5.②

6 〈보기〉의 (   )에 들어갈 내용을 바르게 짝지은 것은?

───────────────── 〈보기〉 ─────────────────

⑦ 외화가 국내로 유입되면 환율이 (   )한다.

④ 환율 상승은 원화 (   )(이)라고도 한다.

④ 우리나라는 (   )으로 환율을 표시하고 있다.

──

	(가)	(나)	(다)
①	상승	평가절상	자국통화표시법
②	하락	평가절하	자국통화표시법
③	하락	평가절하	외국통화표시법
④	상승	평가절상	외국통화표시법

〉ADVICE ⑦ 수출이 늘어나거나 외국인 관광객이 증가하는 등 경상수지 흑자가 늘어나면 외화의 공급이 증가하므로 환율은 하락하게 된다.

④ 환율 상승은 우리 돈의 가치가 외화에 비해 상대적으로 떨어진다는 것을 의미하며, 원화 약세, 원화 평가절하라고도 한다.

④ 우리나라는 '미화 1달러에 몇 원'식으로 외국 화폐 1단위에 상응하는 원화 가치를 환율로 표시하는 자국통화표시법을 사용하고 있다.

Answer   6.②

7 〈보기〉와 같은 조건일 때 단리 계산과 복리 계산에 대한 설명으로 옳지 않은 것은?

───〈보기〉───

현재 원금	총 투자 기간	이자율
1,000,000원	5년	연 5%

① 단리 계산 시 5년 후의 원리금은 1,250,000원이 된다.
② 복리 계산 시 5년 후의 원리금 계산식은 $1,000,000원 \times (1+0.05)^5$이다.
③ 총 투자 기간 중 처음 1년 거치기간에 대한 단리 계산과 복리계산 결과의 원리금은 동일하지 않다.
④ 복리 계산 시 '72의 법칙'에 따라 10년 소요 기간 동안 현재 원금의 2배가 되려면 〈보기〉의 이자율 보다 연 2.2%p가 더 높아야 한다.

>**ADVICE** 단리 계산 : $1,000,000 \times 1 + (0.04 \times 1) = 1,040,000$
복리 계산 : $1,000,000 \times (1+0.04)^1 = 1,040,000$

Answer   7.③

1 다음 (   ) 안에 들어갈 말로 적절하지 않은 것은?

> 국민소득 3면 등가의 원칙이란 (   ), (   ), (   )이 동일하다는 의미이다.

① 분배국민소득   ② 지출국민소득
③ 노동국민소득   ④ 생산국민소득

>ADVICE ③ 국민소득 3면 등가의 원칙이란 국민소득을 생산·분배·지출의 측면에서 파악했을 때 그 값이 동일하다는 원칙이다. 즉 생산국민소득, 분배국민소득, 지출국민소득이 동일하다는 의미이다.

2 국민경제의 순환에 대한 설명으로 옳지 않은 것은?

① 경제주체는 가계, 기업, 정부로 분류할 수 있다.
② 가계부문은 생산요소인 노동, 자본, 토지를 제공한다.
③ 기업부문은 재화와 용역을 생산한다.
④ 가계와 기업이 경제행위를 하는 방식을 규율화하는 것은 정부부문이다.

>ADVICE ① 경제주체는 가계, 기업, 정부, 해외로 분류할 수 있다.

Answer   1.③ 2.①

3 자금이 부족하거나 여유가 있는 사람과 금융 회사 간에 돈을 융통하는 행위를 무엇이라고 하는가?

① 금융   ② 경영
③ 배당   ④ 대출

>ADVICE ① 사람들은 번 돈에서 필요한 재화나 용역을 구매하며 남는 돈은 금융회사에 맡기기도 하고 목돈이 필요할 때에는 빌리기도 한다. 일상생활에서 돈이 부족한 사람은 여유가 있는 사람이나 금융회사로부터 빌려서 쓰기도 하는데, 금융이란 이처럼 "자금이 부족하거나 여유가 있는 사람과 금융 회사 간에 돈을 융통하는 행위"를 의미한다.

4 경제의 순환과정에 대한 설명으로 옳지 않은 것은?

① 기업은 이윤 극대화를 위해 혁신적인 활동을 하며, 이러한 활동이 경제성장의 원동력이 된다.
② 기업은 생산을 통해 벌어들인 소득을 근로자에게 이자·배당금·임대료 등의 형태로 배분한다.
③ 기업이 상품을 생산하기 위해서는 그 상품에 대한 충분한 수요가 있어야 한다.
④ 정부는 거둬들인 세금을 활용하여 가계나 기업에 행정·국방 등의 서비스를 제공하거나 도로·항만·공항·철도 등 공공 인프라를 건설·유지한다.

>ADVICE ② 기업은 생산을 통해 벌어들인 소득을 가계에 배분하는데, 근로자에게는 임금·급여 등의 형태로, 자본가에게는 이자·배당금·임대료 등의 형태로 배분한다. 또 정부에도 법인세 등의 형태로 납부한다.

5 금융활동의 주체가 아닌 것은?

① 가계   ② 금융회사
③ 정부   ④ 해외

>ADVICE ④ 금융활동의 주체로는 경제주체인 가계·기업·정부에 금융회사를 추가하여 네 부문으로 나눌 수 있다.

6 금융에 대한 설명 중 옳지 않은 것은?

① 금융이란 "자금이 부족하거나 여유가 있는 사람과 금융 회사 간에 돈을 융통하는 행위"를 의미한다.
② 기업금융 중 외상매출 및 외상매입 등 기업 간의 신용이나 주식의 발행 등은 은행이 중개하지 않는 금융형태이다.
③ 유가증권·기 업간신용·출자금 등은 금융회사가 중개하지 않는 금융수단이다.
④ 금융활동의 주체는 가계·기업·정부다.

> **ADVICE** ④ 금융활동의 주체로는 경제주체인 가계·기업·정부에 금융회사를 추가하여 네 부문으로 나눌 수 있다.

7 〈보기〉에서 금융의 역할에 해당하는 것의 총 개수는?

┌─────────────────────〈보기〉─────────────────────┐
│ ㉠ 거래비용의 절감   ㉡ 보증수단의 제공   │
│ ㉢ 금융위험 관리수단 제공   ㉣ 자금거래 중개   │
│ ㉤ 이자의 효율적인 배분   ㉥ 가계에 대한 자산관리수단 제공 │
└───┘

① 3개   ② 4개
③ 5개   ④ 6개

> **ADVICE** 금융의 역할
> ㉠ 자금거래 중개
> ㉡ 거래비용의 절감
> ㉢ 지급결제수단의 제공
> ㉣ 가계에 대한 자산관리수단 제공
> ㉤ 자금의 효율적인 배분
> ㉥ 금융위험 관리수단 제공

8 〈보기〉에서 ㉠에 들어갈 말로 알맞지 않는 것은?

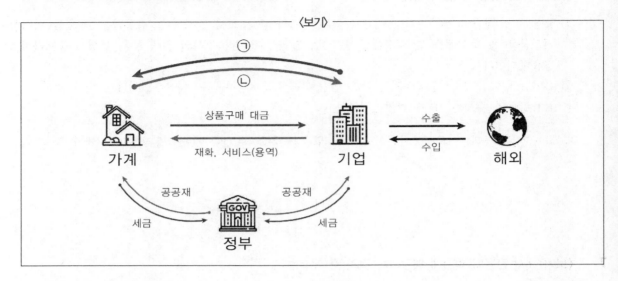

① 임금   ② 지대
③ 자본   ④ 이자

> ADVICE ㉠ 임금, 지대, 이자
>   ㉡ 노동, 토지, 자본

9 금융의 역할이 아닌 것은?

① 자금거래 중개   ② 거래비용의 절감
③ 지급결제수단의 제공   ④ 금융위험 제공

> ADVICE 금융의 역할
>   ㉠ 자금거래 중개
>   ㉡ 거래비용의 절감
>   ㉢ 지급결제수단의 제공
>   ㉣ 가계에 대한 자산관리수단 제공
>   ㉤ 자금의 효율적인 배분
>   ㉥ 금융위험 관리수단 제공

Answer   8.③ 9.④

10 생산에 대한 설명으로 옳지 않은 것은?

① 생산요소는 비소멸성이 특징이다.
② 토지는 본원적 생산요소이다.
③ 인적 요소에는 토지와 자본이 있다.
④ 기업은 생산을 위해 생산요소를 투입한다.

>**ADVICE** ③ 생산요소는 인적 요소와 물적 요소로 나눌 수 있는데, 전자에는 노동이 있으며 후자에는 토지와 자본이 있다.

11 생산과정에서 생산된 산출물 중에서 소비되지 않고 다시 생산과정에 투입되어 부가가치를 생산하는 생산요소로서의 기능을 하는 것은 무엇인가?

① 자본   ② 노동
③ 토지   ④ 임금

>**ADVICE** 생산요소 중에 자본은 생산과정에서 생산된 산출물 중에서 소비되지 않고 다시 생산과정에 투입되어 부가가치를 생산하는 생산요소로서의 기능이 있다.

12 경제의 순환과정에 대한 설명으로 옳지 않은 것은?

① 국민경제의 순환은 국내에서만 이루어지지 않으며, 우리나라와 같은 개방경제는 생산·분배·지출 활동에서 해외부문이 큰 역할을 차지하고 있다.
② 국민경제의 순환은 일정한 시간의 흐름상에서 나타나는 유동적인 경제활동을 의미하므로 스톡의 개념이다.
③ 국민 경제활동은 개별적으로 이루어지지 않고 생산에서 분배, 분배에서 지출, 지출에서 다시 생산으로 이어지며 순환하게 된다.
④ 기업은 생산을 통해 벌어들인 소득을 가계에 배분하는데, 근로자에게는 임금·급여 등의 형태로, 자본가에게는 이자·배당금·임대료 등의 형태로 배분한다.

>**ADVICE** ② 국민경제의 순환은 일정한 시간의 흐름상에서 나타나는 유동적인 경제활동을 의미하므로 플로우의 개념이지 대차대조표와 같이 축적된 양을 나타내는 스톡의 개념은 아니다.

13 〈보기〉에 해당하는 금융의 기능으로 가장 옳은 것은?

> ─────〈보기〉─────
> • 소득과 지출의 차이를 해소해준다.
> • 지출에 비해 소득이 많을 때 돈을 운용할 기회를 마련해준다.
> • 지출이 많을 때에는 돈을 빌려준다.

① 자금의 효율적인 배분
② 금융위험 관리수단 제공
③ 가계에 대한 자산관리수단 제공
④ 거래비용의 절감

>ADVICE ③ 보통 사람들은 중장년 시절에는 직장생활이나 사업 등을 통해 얻은 소득 중 일부를 노후 대비용으로 저축하고 노년기에는 저축한 돈을 사용하게 된다. 그런데 실제로는 실직 등으로 고용상태가 변하거나 임금 상승률이 매년 달라질 수도 있으며, 특히 자영업자의 경우에는 경기상황에 따른 매출 증감으로 임금근로자에 비해 더 높은 소득 변동성을 보이기도 한다. 반면에 지출은 대체로 일정하게 이루어진다. 이러한 소득과 지출의 차이는 금융을 통해 해소될 수 있다. 금융은 지출에 비해 소득이 많을 때에는 돈을 운용할 기회를 마련해 주고, 지출이 많을 때에는 돈을 빌려주는 등 개인들의 자금사정에 따른 자산관리 수단을 제공해 준다.

14 금융의 역할에 대한 설명으로 옳지 않은 것은?

① 금융은 자금의 효율적인 배분을 주도함으로써 미시적인 차원에서 경제발전에 기여한다.
② 금융은 지출에 비해 소득이 많을 때에는 돈을 운용할 기회를 마련해 주고, 지출이 많을 때에는 돈을 빌려주는 등 개인들의 자금사정에 따른 자산관리 수단을 제공해 준다.
③ 금융은 경제활동이 원활하게 일어날 수 있도록 윤활유 역할을 한다.
④ 금융은 자금의 만기나 크기를 재조정하여 자금이 적절하게 제자리를 찾아가도록 돕는다.

>ADVICE ① 금융은 자금의 효율적인 배분을 주도함으로써 거시적인 차원에서 경제발전에 기여한다.

Answer   13.③   14.①

15 금융의 기능에 관한 설명으로 옳지 않은 것은?

① 금융거래에 드는 비용과 시간 등을 획기적으로 줄여준다.
② 금융은 불확실성이나 위험을 적절히 분산 시키거나 해소할 수 있는 수단은 제공하지 못한다.
③ 자금의 만기나 크기를 재조정하여 자금이 적절하게 제자리를 찾아가도록 돕는다.
④ 금융은 여윳돈이 있는 사람들의 돈을 모아서 돈이 필요한 사람들에게 이전해주는 자금의 중개기능을 수행한다.

>ADVICE ② 금융경제 분야에서 위험은 경제현상이나 투자결과 등이 기대와 달라지는 정도를 말하며 불확실성 또는 변동성이라고도 한다. 금융은 그런 불확실성이나 위험을 적절히 분산 시키거나 해소할 수 있는 수단을 제공한다.

16 국민경제의 순환에 대한 설명으로 옳지 않은 것은?

① 기업가의 경영행위도 생산 활동에 투입되어 부가가치를 생산한다는 점에서 생산요소의 하나이다.
② 정부는 거둬들인 세금을 활용하여 가계나 기업에 행정·국방 등의 서비스를 제공하거나 도로·항만·공항·철도 등 공공 인프라를 건설·유지한다.
③ 경제의 순환은 금융을 매개로 하여 이루어진다.
④ 경제주체들 간의 상호 유기적인 활동으로 이루어진 각 단계(생산, 소비, 분배)별 총액은 모두 상이하다.

>ADVICE ④ 경제주체들 간의 상호 유기적인 활동으로 이루어진 각 단계(생산, 소비, 분배)별 총액은 모두 동일하다.

17 금리에 대한 설명으로 옳지 않은 것은?

① 이자율은 현재의 소비를 희생한 대가이다.
② 이자는 금융거래를 하고 일정기간이 지나야 발생하므로 돈의 시간가치라고도 한다.
③ 보통 연간 이자액의 원금에 대한 비율을 이자율이라 한다.
④ 1년간 1백만 원을 연 10%의 이자율로 대출받는다면 채무자는 채권자에게 5만 원의 이자를 지급하게 된다.

>ADVICE ④ 1년간 1백만 원을 연 10%의 이자율로 대출받는다면 채무자는 채권자에게 10만 원의 이자를 지급하게 된다.

Answer 15.② 16.④ 17.④

18 금리의 결정에 대한 설명으로 옳은 것을 모두 고른 것은?

> ㉠ 통상 자금에 대한 수요가 늘어나면 금리는 상승하고 반대로 자금공급이 늘어나면 금리는 하락한다.
> ㉡ 빌려준 돈을 못 받을 위험이 클수록, 그리고 차입 기간이 길수록 금리가 높은 것이 일반적이다.
> ㉢ 가계는 금리가 오르면 현재의 소비를 늘리고 저축을 줄인다.
> ㉣ 가계의 소득이 적어지거나 소비가 늘면 돈의 공급이 늘어나 금리가 오르게 된다.

① ㉠, ㉡   ② ㉠, ㉢
③ ㉡, ㉢   ④ ㉢, ㉣

>**ADVICE** ㉢ 가계는 경제활동을 통해 벌어들인 소득을 소비하거나 저축하는데, 금리가 오르면 저축으로 얻을 수 있는 이자 소득이 증가하므로 현재의 소비를 줄이는 대신 미래의 소비를 위해 저축을 증가시킨다.
> ㉣ 가계의 소득이 적어지거나 소비가 늘면 돈의 공급이 줄어들어 금리가 오르게 된다.

19 〈보기〉와 같은 조건일 때 단리 계산과 복리 계산에 대한 설명으로 옳지 않은 것은?

현재 원금	총 투자 기간	이자율
2,000,000원	10년	연 5%

① 복리계산 시 10년 후의 원리금은 3,258,000원이 된다.
② 복리계산 시 10년 후의 원리금 계산식은 $2,000,000 \times (1+0.05)^{10}$ 이다.
③ 1년 거치기간에 대한 단리계산과 복리계산 결과의 원리금은 동일하지 않다.
④ 단리계산 시 10년 후의 원리금은 3,000,000원이 된다.

>**ADVICE** ①② $2,000,000 \times (1+0.05)^{10} = 3,258,000$
> ③ $2,000,000 \times (1+0.05)^1 = 2,100,000$
> $2,000,000 \times (1+0.05 \times 1) = 2,100,000$
> ④ $2,000,000 \times (1+0.05 \times 10) = 3,000,000$

20 단리로 연 3%의 이율을 적용하여 A 군은 2년, B 군은 4년 동안 각각 같은 금액을 예치하였다. B 군의 이자가 60만 원일 때, A 군의 이자는 얼마인가?

① 10만 원   ② 20만 원

③ 30만 원   ④ 40만 원

> **ADVICE** 원금×0.03×4=600,000
> 따라서 원금은 5,000,000원이다.
> A 군의 이자는 $5,000,000 \times 0.03 \times 2 = 300,000$원이다.

21 3,000,000원을 연 5% 복리로 4년간 투자하고, 2년 후에 1,000,000원을 인출하였다. 4년 후 계좌에 남아 있는 금액은 얼마인가?

① 3,307,500원   ② 2,544,269원

③ 2,307,500원   ④ 2,220,175원

> **ADVICE** 첫 2년 동안 원금 3,000,000원의 복리
> $3,000,000 \times (1+0.05)^2 = 3,307,500$
> 2년 후 1,000,000원을 인출했으므로 잔액은 2,307,500원이다.
> 남은 금액을 다시 2년간 복리 투자했을 때의 복리
> $2,307,500 \times (1+0.05)^2 = 2,544,269$

22 금리에 대한 설명으로 옳지 않은 것은?

① 표면금리가 동일한 예금이자라도 복리·단리 등의 이자계산 방법이나 이자에 대한 세금의 부과 여부 등에 따라 실효금리는 달라진다.
② 통상적으로 한국은행은 경기가 과열양상을 보이면 기준금리를 인상하고, 반대로 경기침체 양상이 나타나면 기준금리를 인하하게 된다.
③ 명목금리는 물가상승에 따른 구매력의 변화를 감안하지 않은 금리이며 실질금리는 명목금리에서 물가상승률을 뺀 금리이다.
④ 채권가격이 오르면 채권수익률도 올라가고 반대로 채권 가격이 떨어지면 채권수익률도 떨어진다.

> **ADVICE** ④ 채권가격이 오르면 채권수익률은 떨어지고 반대로 채권 가격이 떨어지면 채권수익률은 올라가게 된다.

23 〈보기〉에서 시장금리에 대한 설명으로 옳은 것을 모두 고른 것은?

〈보기〉

ㄱ 채권수익률은 채권 가격의 변동과 같은 방향으로 움직인다.
ㄴ 기간에 따라 단기금리와 장기금리로 나눌 수 있다.
ㄷ 단기금리에는 콜금리, 환매조건부채권 금리, 기업어음 금리, 양도성예금증서의 금리 등이 있다.
ㄹ 만기가 1년 미만인 단기금리에는 국공채, 회사채, 금융채 등의 수익률이 포함된다.

① ㄱ, ㄴ   ② ㄴ, ㄷ

③ ㄴ, ㄹ   ④ ㄷ, ㄹ

> ADVICE ㄱ 채권수익률은 채권 가격의 변동과 반대방향으로 움직인다.
> ㄹ 만기가 1년을 초과하는 장기금리에는 국공채, 회사채, 금융채 등의 수익률이 포함된다.

24 1,000만 원짜리 채권을 산 뒤 1년 후 원금 1,000만 원과 이자금액 20만 원을 받는다면 수익률은 얼마인가?

① 2%   ② 12%

③ 20%   ④ 24%

> ADVICE 수익률 $= \dfrac{\text{이자금액}}{\text{채권가격}} = \dfrac{200,000}{10,000,000} = 0.02$
> 즉, 수익률은 2%이다.

25 A 씨는 1년 후에 받을 1,100,000원의 채권을 할인하여 950,000원에 구매했다. A 씨의 수익률은 얼마인가?

① 13.52%   ② 15.79%

③ 17.62%   ④ 19.53%

> ADVICE $\dfrac{1,100,000 - 950,000}{950,000} \times 100 = \dfrac{150,000}{950,000} \times 100 ≒ 15.79(\%)$

26 현재 960,000원을 가지고 있다. 이 돈은 1년 후에 1,020,000원이 될 것으로 예상된다. 이 경우 적용된 연 할인율은 몇 %인가? (소수점 둘째 자리까지 구하시오)

① 5.0%   ② 5.25%
③ 6.0%   ④ 6.25%

> ADVICE $\left(\dfrac{1,020,000}{960,000}\right)^1 - 1 = 0.0625$

따라서 연 할인율은 6.25%이다.

27 어떤 사람이 1,200,000원을 주식에 투자했다. 1년 뒤, 180,000원의 이익을 얻고 주식을 매도했다. 이 사람의 수익률은 몇 %인가?

① 5%   ② 10%
③ 15%   ④ 20%

> ADVICE $\dfrac{180,000}{1,200,000} \times 100 = 0.15 \times 100 = 15(\%)$

28 어떤 사람이 800,000원으로 중고 물품을 매입하여 950,000원에 되팔았다. 이 거래의 수익률은 몇 %인가?

① 18.75%   ② 20.25%
③ 22.15%   ④ 25.20%

> ADVICE $\dfrac{150,000}{800,000} \times 100 = 0.1875 \times 100 = 18.75(\%)$

29 어떤 사람이 1,500,000원을 채권에 투자했는데, 6개월 후 채권을 매도하여 75,000원의 이익을 얻었다. 연 환산 수익률(연간 기준)은 몇 %인가?

① 3% ② 4%

③ 5% ④ 6%

> ADVICE $\frac{75,000}{1,500,000} \times 100 = 5(\%)$

30 금리에 대한 설명으로 옳지 않은 것은?

① 일반적으로 장기금리가 단기금리보다 높다.
② 금융회사는 신용이 좋지 않은 사람에게는 더 높은 이자를 요구한다.
③ 우리나라의 신용평가사로는 NICE신용평가, 한국 기업평가, 한국신용평가 등이 대표적이다.
④ 단기금리에는 국공채, 회사채, 금융채 등의 수익률이 포함된다.

> ADVICE ④ 만기가 1년을 초과하는 장기금리에는 국공채, 회사채, 금융채 등의 수익률이 포함된다.

31 다음 ( ) 안에 들어갈 말을 순서대로 바르게 나열한 것은?

> 환율이 ( )할 경우에는 우리나라 수출품의 외화로 표시된 가격이 ( )하여 수출이 ( )함과 동시에 수입품 가격 ( )으로 수입이 ( )함으로써 경상수지가 개선된다.

① 상승 – 하락 – 증가 – 상승 – 감소
② 상승 – 상승 – 증가 – 상승 – 감소
③ 하락 – 상승 – 감소 – 하락 – 감소
④ 하락 – 하락 – 증가 – 하락 – 감소

> ADVICE ① 환율이 상승할 경우에는 우리나라 수출품의 외화로 표시된 가격이 하락하여 수출이 증가함과 동시에 수입품 가격 상승으로 수입이 감소함으로써 경상수지가 개선된다. 따라서 환율 상승은 수출 증대를 통해 경제성장이나 경기회복에 도움을 줄 수 있다.

Answer   29.③ 30.④ 31.①

32 환율에 대한 설명으로 옳지 않은 것은?

① 우리나라는 자국통화표시법으로 환율을 표시하고 있다.

② 고정환율제도는 정부나 중앙은행이 외환시장에 개입하여 환율을 일정한 수준으로 유지시키는 제도이다.

③ 변동환율제도는 시장에 의한 환율 결정을 원칙으로 하고 있어서 정부가 개입하여 환율의 변동 속도를 조정할 수 없다.

④ 환율 상승은 우리 돈의 가치가 떨어진다는 것을 의미한다.

>ADVICE ③ 변동환율제도는 시장에 의한 환율 결정을 원칙으로 하고 있으나 대부분의 국가에서 환율의 급격한 변동으로 경제에 충격이 발생할 경우에는 정부가 외환시장에 참가(개입)하여 환율의 변동 속도를 조정하기도 한다.

33 다음 (   ) 안에 들어갈 말로 옳은 것은?

개인이 해외여행을 가거나 유학자금을 송금하기 위해 외화가 필요한 경우에는 원화가 (   )일 때 환전하는 것이 유리하다.

① 강세   ② 약세

③ 고정   ④ 변동

>ADVICE ① 환율 하락은 우리 돈의 가치가 외화에 비해 상대적으로 높아진다는 것을 뜻하며, 원화 강세나 원화 평가절상도 같은 의미이다. 예를 들어 개인이 해외여행을 가거나 유학자금을 송금하기 위해 외화가 필요한 경우에는 원화가 강세일 때 환전하는 것이 유리하다.

34 환율 상승이 한국의 수출에 미치는 영향으로 올바른 것은?

① 수출 감소   ② 수출 증가

③ 수입 증가   ④ 내수 시장 활성화

>ADVICE ② 환율이 오르면(원화 약세), 외국인 입장에서는 한국 상품이 싸게 보인다. 따라서 수출이 유리해진다.

Answer 32.③ 33.① 34.②

35 환율에 대한 설명으로 옳은 것은?

① 달러 수요가 늘어나면 우리나라 외환시장에서 달러화 대비 원화 환율이 하락할 수 있다.
② 경상수지 흑자는 환율 상승 요인으로 작용한다.
③ 외국의 금리가 높아지면 국내에 있던 자본이 외국으로 유출된다.
④ 평가절하는 외화의 가치가 원화에 비해 상대적으로 높아진다는 것을 뜻한다.

> **ADVICE** ① 달러수요가 늘어나면 우리나라 외환시장에서 달러화 대비 원화 환율이 상승할 수 있다.
> ② 우리나라 경상수지는 2012년 이후 크게 늘어났는데, 지속적인 경상수지 흑자는 환율 하락 요인으로 작용하고 있다.
> ④ 환율 상승은 우리 돈의 가치가 외화에 비해 상대적으로 떨어진다는 것을 의미하며, 원화 약세, 원화 평가절하라고도 한다.

36 주식과 주식시장에 대한 설명으로 옳지 않은 것은?

① 주식시장은 발행시장과 유통시장으로 나뉜다.
② 발행시장은 기업공개나 유상증자를 통해 주식이 발행되는 시장이다.
③ 장외유통시장으로는 유가증권시장, 코스닥시장, 코넥스시장이 있다.
④ 주식은 기업이 필요한 자본을 조달하기 위해 발행하는 증권으로, 주식시장에서 거래된다.

> **ADVICE** ③ 우리나라의 주식 유통시장은 장내유통시장과 장외유통시장으로 구분될 수 있으며, 전자에는 유가증권시장, 코스닥시장, 코넥스시장이 포함되며 후자에는 K-OTC시장이 포함된다.

37 주가지수에 대한 설명으로 옳은 것은?

① 통화 공급이 늘어나면 주가지수는 하락한다.
② 외국인 투자가 증가하면 주가지수가 하락한다.
③ 코스피지수는 1980년 1월 4일을 기준시점으로 이 날의 주가지수를 1000으로 하여 산출한다.
④ 코스피200지수는 주가지수선물, 주가지수옵션거래뿐 아니라 인덱스펀드, 상장지수펀드 등에도 활용된다.

> **ADVICE** ① 통화 공급이 늘어나거나 이자율이 하락하는 경우에도 소비와 투자가 늘고 기업의 이익이 커지는 경향이 있어 대체로 주가지수는 상승한다.
> ② 외국인 투자가 증가하면 주가지수가 올라가고 반대로 외국인 투자가 감소하면 주가지수도 하락한다.
> ③ 코스피지수는 1980년 1월 4일을 기준시점으로 이 날의 주가지수를 100으로 하여 산출한다.

Answer 35.③ 36.③ 37.④

38 〈보기〉에서 설명하는 우리나라 주가지수의 종류로 옳은 것은?

〈보기〉

코스닥 시장에 상장되어 있는 종목을 대상으로 산출되는 종합지수로 코스닥 시장의 대표지수이며, 1996년 7월 1일을 기준시점으로 이날의 주가지수를 1,000 포인트로 하여 산출한다.

① 코스피지수 　　　　　　　　　② 코스닥지수
③ KRX100지수 　　　　　　　　④ 코스닥150지수

▶ADVICE ① 코스피지수는 유가증권시장에 상장되어 있는 모든 종목을 대상으로 산출되는 대표적인 종합주가지수이다. 1980년 1월 4일을 기준시점으로 이 날의 주가지수를 100으로 하고 개별종목 주가에 상장주식수를 가중한 기준시점의 시가총액과 비교시점의 시가총액을 비교하여 산출하는 시가총액방식 주가지수이다.
③ 유가증권시장과 코스닥시장의 우량종목을 고루 편입한 통합주가지수로서 유가증권시장 90개, 코스닥시장 10개 등 총 100개 종목으로 구성된다. 동 지수 역시 최대주주지분, 자기주식, 정부지분 등을 제외한 유동주식만의 시가총액을 합산하여 계산하며, 상장지수펀드(ETF), 인덱스펀드 등 다양한 상품에 이용된다.
④ 코스닥시장을 대표하는 지수로서 '15.7월 개발되었으며, 코스닥시장 특성을 잘 반영할 수 있도록 시장대표성, 유동성 및 상품성 등을 종합적으로 고려한 150개 종목으로 구성, 선물 및 ETF 등 금융상품의 기초지수로 활용되고 있다.

39 글로벌 주요 주가지수인 'MSCI 지수'에 대한 설명으로 옳지 않은 것은?

① 전 세계 투자기관의 해외투자 시 기준이 되는 대표적인 지수이다.
② 자산규모가 3조 달러가 넘는 것으로 추산되고 있어 MSCI에 편입되는 것 자체가 투자가치가 높은 우량기업이라는 의미로 해석되기도 한다.
③ 모건스탠리의 자회사인 Barra가 제공한다.
④ 주로 유럽에서 사용되고 있다.

▶ADVICE ④ 모건스탠리의 자회사인 Barra가 제공하며, 전 세계 투자기관의 해외투자 시 기준이 되는 대표적인 지수로 특히 미국계 펀드가 많이 사용하고 있다.

Answer　38.② 39.④

40 주요 국가의 주가지수에 대한 설명으로 옳지 않은 것은?

① 다우존스 산업평균지수는 경제 전반에 걸쳐 대표적인 30개 대형 제조업 기업들의 주식들로 구성되어 있다.

② 세계에서 가장 큰 주식시장은 미국증권거래소이다.

③ 나스닥지수는 나스닥 증권시장에 등록돼 있는 5,000여개 주식을 가중평균하여 구한 지수이다.

④ S&P500지수는 NYSE는 물론 NASDAQ과 AMEX시장의 주식도 포함하여 작성된다.

⟩ADVICE ② 세계에서 가장 큰 주식시장은 미국의 뉴욕증권거래소이다.

41 주가지수의 종류와 그 내용이 잘못 연결된 것은?

① 코스닥150지수 – 코스닥시장을 대표하는 지수로서 2015년 7월에 개발되었으며, 코스닥시장 특성을 잘 반영할 수 있도록 시장대표성, 유동성 및 상품성 등을 종합적으로 고려한 150개 종목으로 구성되었다.

② FTSE지수 – 파이낸셜타임즈와 런던증권거래소가 공동으로 설립한 FTSE그룹이 발표하는 지수로 주식, 채권, 부동산 등 다양한 부문의 지수가 제공되고 있으며 주로 유럽에서 사용되고 있다.

③ 코스피200지수 – 유가증권시장에 상장된 주식 중 시장대표성, 업종대표성, 유동성 등을 감안하여 선정되는 200개 종목을 대상으로 최대주주지분, 자기주식, 정부지분 등을 제외한 유동주식만의 시가총액을 합산하여 계산한다.

④ 코스닥지수 – 유가증권시장과 코스닥시장의 우량종목을 고루 편입한 통합주가지수로서 유가증권시장 90개, 코스닥시장 10개 등 총 100개 종목으로 구성된다.

⟩ADVICE ④ 유가증권시장과 코스닥시장의 우량종목을 고루 편입한 통합주가지수로서 유가증권시장 90개, 코스닥시장 10개 등 총 100개 종목으로 구성된 것은 KRX100지수이다.

Answer 40.② 41.④

42 실업률이 낮고 물가가 안정되어 경제상황이 좋을 때 주식시장이 장기적으로 호황을 보이는 시장을 나타내는 용어는?

① 약세장
② 하락장
③ Bull Market
④ Bear Market

>**ADVICE** ③ 실업률이 낮고 물가가 안정되어 경제상황이 좋을 때 주식시장이 장기적으로 호황을 보이는 시장을 Bull Market 또는 강세장이라고도 한다.

43 주식의 거래량과 거래금액에 대한 설명으로 옳지 않은 것은?

① 기업의 실적이 좋지 않고 경제 상황이 나쁠 것으로 예상되면 거래량이 감소한다.
② 주식시장에서는 주가가 변동하기 전에 거래량이 먼저 변하는 것이 일반적이다.
③ 강세장에서는 매수 세력이 크게 늘어난다.
④ 주식시장에서는 거래량이 증가하면 주가가 하락하는 경향이 있다.

>**ADVICE** ④ 거래량이 증가하면 주가가 상승하는 경향이 있고 거래량이 감소하면 주가가 하락하는 경향이 있다.

44 금융시장의 유형에 관한 내용으로 옳은 것은?

① 금융수단의 성격에 따라 거래소시장과 장외시장으로 구분할 수 있다.
② 금융거래의 만기에 따라 단기금융시장과 장기금융시장으로 구분할 수 있다.
③ 금융거래의 단계에 따라 채무증서시장과 주식시장으로 구분할 수 있다.
④ 금융거래의 장소에 따라 발행시장과 유통시장으로 구분할 수 있다.

>**ADVICE** ① 금융거래의 장소에 따라 거래소시장과 장외시장으로 구분할 수 있다.
③ 금융수단의 성격에 따라 채무증서시장과 주식시장으로 구분할 수 있다.
④ 금융거래의 단계에 따라 발행시장과 유통시장으로 구분할 수 있다.

Answer　42.③　43.④　44.②

45 〈보기〉에서 설명하는 금융시장의 유형은 무엇인가?

〈보기〉

은행, 저축은행, 상호금융 등과 같은 예금취급 금융회사를 통해 다수의 예금자로부터 자금이 조달되어 최종 자금수요자에게 공급되는 시장을 말한다.

① 대출시장   ② 외환시장
③ 파생상품시장   ④ 단기금융시장

> **ADVICE** 대출시장은 은행, 저축은행, 상호금융 등과 같은 예금취급 금융회사를 통해 다수의 예금자로부터 자금이 조달되어 최종 자금수요자에게 공급되는 시장을 말한다. 대출시장은 차주에 따라 가계대출시장과 기업대출 시장으로 구분되며, 신용카드회사와 같은 여신전문 금융회사가 제공하는 현금서비스나 판매신용도 대출시장에 포함된다.
> ② 외환의 수요와 공급에 따라 외화자산이 거래되는 시장으로 전형적인 점두시장의 하나로서 거래 당사자에 따라 외국환은행간 외환매매가 이루어지는 은행간시장과 은행과 비은행 고객간에 거래가 이루어지는 대고객시장으로 구분된다.
> ③ 금융상품 및 외환의 가격변동위험과 신용위험 등 위험을 관리하기 위해 고안된 파생금융상품이 거래되는 시장이다.
> ④ 보통 만기 1년 이내의 금융자산이 거래되는 시장을 의미한다.

46 자금시장과 자본시장에 대한 설명으로 옳지 않은 것은?

① 콜거래는 최장 90일 이내로 만기가 제한되어 있으나 거래물량의 대부분을 익일물이 차지하고 있다.
② 자금시장은 만기가 짧아 금리변동에 따른 자본손실위험이 작다.
③ 자본시장은 통화정책 이외에도 기대 인플레이션, 재정수지, 수급사정 등 다양한 요인에 의해 영향을 받는다.
④ 통화안정증권시장은 자본시장에 해당한다.

> **ADVICE** ④ 콜(Call)시장, 기업어음(채)시장, 양도성예금증서(CD)시장, 환매조건부채권매매시장, 표지어음시장, 통화안정증권시장 등이 단기금융시장(자금시장)에 해당된다.

47 〈보기〉에서 금융시장의 기능에 대한 설명으로 옳은 것을 모두 고르면?

〈보기〉

⊙ 금융시장이 발달하면 금융자산의 환금성이 낮아지고 유동성 프리미엄이 높아진다.
⊙ 금융시장이 발달할수록 금융자산 가격에 반영되는 정보의 범위가 축소되고 정보의 전파속도도 느려지는 것이 일반적이다.
⊙ 금융시장은 소비주체인 가계부문에 적절한 자 산운용 및 차입기회를 제공하여 가계가 자신의 시간선호에 맞게 소비 시기를 선택할 수 있게 함으로써 소비자 효용을 증진시키는 기능을 한다.
⊙ 금융시장은 다양한 금융상품을 제공함으로써 투자자가 분산투자를 통해 투자위험을 줄일 수 있도록 한다.

① ⊙
② ⊙
③ ⊙, ⊙
④ ⊙, ⊙

> ADVICE ⊙ 금융시장이 발달하면 금융자산의 환금성이 높아지고 유동성 프리미엄이 낮아짐으로써 자금수요자의 차입비용이 줄어들게 된다.
> ⊙ 금융시장이 발달할수록 금융자산 가격에 반영되는 정보의 범위가 확대되고 정보의 전파속도도 빨라지는 것이 일반적이다.

48 장내시장과 장외시장에 대한 설명으로 옳지 않은 것은?

① 장외시장은 매매당사자간의 개별적인 접촉에 의해 거래가 이루어지므로 동일 시간에 동일 상품의 가격이 다르게 결정되는 등 비효율적인 면이 있다.
② 장내시장은 시장 참가자 간의 거래관계가 다면적이고 거래소에 집중된 매수·매도 주문의 상호작용에 의하여 가격이 결정된다는 점에서 거래정보가 투명하다.
③ 장외시장은 거래정보가 잘 알려지지 않는다는 특징이 있다.
④ 장내시장은 표준화된 거래규칙에 따라 처리하는 조직화된 시장이다.

> ADVICE ③ 장내시장은 가격 및 거래정보가 누구에게나 잘 알려지며 거래의 익명성이 보장되어 거래 상대방이 누구인지 알려지지 않는다는 특징이 있다.

49 발행시장과 유통시장을 비교한 내용으로 옳지 않은 것은?

① 우리나라에서는 회사채 또는 주식을 공모방식으로 발행할 때 주로 증권회사가 인수기능을 수행하고 있다.

② 인수기관은 해당 증권의 발행 사무를 대행하는 역할만 한다.

③ 유통시장은 투자자가 보유중인 회사채나 주식을 쉽게 현금화할 수 있게 함으로써 당해 금융상품의 유동성을 높여준다.

④ 정부가 국고채를 발행할 때에는 국고채 전문딜러가 경쟁 입찰에 독점적으로 참여하고 매수매도호가 공시 등을 통해 시장조성 활동을 담당하고 있다.

> **ADVICE** ② 인수기관은 해당 증권의 발행 사무를 대행함은 물론 증권의 전부 또는 일부 인수를 통해 발행위험을 부담하는 한편 발행된 증권의 유통시장을 조성한다.

50 채무증서시장과 주식시장에 대한 설명으로 옳은 것은?

① 주식으로 조달된 자금은 원리금 상환의무가 있다.

② 우리나라의 주식시장에는 유가증권시장, 코스닥시장, 코넥스시장, K-OTC시장 등이 있다.

③ 증권의 발행기업이 청산할 경우 채무증서 소유자는 채무를 변제한 잔여재산에 대하여 지분권을 행사한다.

④ 채무증서의 만기는 통상 1년 이내의 단기, 1년과 10년 사이의 장기로 구분된다.

> **ADVICE** ① 주식으로 조달된 자금에 대해서는 원리금 상환의무가 없다.
> ③ 동 증권의 발행기업이 청산할 경우 채무증서 소유자는 우선변제권을 행사할 수 있는 반면 주주는 채무를 변제한 잔여재산에 대하여 지분권을 행사한다.
> ④ 채무증서의 만기는 통상 1년 이내의 단기, 1년과 10년 사이의 중기, 10년 이상의 장기로 구분된다.

Answer 49.② 50.②

51 국민경제의 순환과 금융의 역할에 대한 설명으로 옳지 않은 것은?

① 자본은 소비되지 않고 다시 생산과정에 투입되어 부가가치를 생산한다.
② 가계는 생산요소의 공급주체로서 노동, 자본, 토지를 제공한다.
③ 용역은 교육, 문화, 관광 등 정신적 욕망을 채워주는 행위뿐만 아니라 도소매, 운수, 통신, 공무 등 비물질 생산에 기여하는 행위도 포함된다.
④ 노동과 토지는 재생산된 생산요소이다.

)ADVICE ④ 생산요소 중에 노동이나 토지는 원래 존재하던 생산요소이며, 재생산된 것이 아니라는 측면에서 본원적 생산요소이다.

52 국민경제의 순환과 금융의 역할에 대한 설명으로 옳은 것은?

① 생산요소가 투입되면 생산과정에서 투입된 양에 못 미치는 생산량이 산출된다.
② 재화와 용역을 생산하는 주된 주체는 기업이다.
③ 국민소득 3면 등가의 원칙이란 생산국민소득, 분배국민소득, 투자국민소득이 동일하다는 의미이다.
④ 초과된 생산량은 소비량에 대한 부가가치가 되어 소득으로 분배된다.

)ADVICE ① 생산요소가 투입되면 생산과정에서 투입된 양을 초과하는 생산량이 산출된다.
③ 국민소득 3면 등가의 원칙이란 생산국민소득, 분배국민소득, 지출국민소득이 동일하다는 의미이다.
④ 초과된 생산량은 투입량에 대한 부가가치가 되어 소득으로 분배된다.

53 국민경제의 순환에 대한 설명으로 옳지 않은 것은?

① 국민경제의 순환은 축적된 양을 나타내는 스톡(stock)의 개념은 아니다.
② 경제주체들 간의 상호 유기적인 활동으로 이루어진 각 단계 (생산, 소비, 분배)별 총액은 모두 동일하다.
③ 기업이 재화와 용역(서비스)을 생산하는 데에는 노동력이나 자본과 같은 생산요소가 필요하다.
④ 국민경제의 순환은 국내에서만 이루어지는 생산활동만을 의미한다.

)ADVICE ④ 국민경제의 순환은 국내에서만 이루어지지 않으며, 우리나라와 같은 개방경제는 생산·분배·지출 활동에서 해외부문이 큰 역할을 차지하고 있다.

54 〈보기〉에서 설명하는 금융의 역할은 무엇인가?

> ───────〈보기〉───────
>
> 개인들이 돈을 맡기거나 빌리는 금융거래를 금융회사에 요청하면 금융회사가 필요한 금융서비스를 제공해 주므로 비용과 시간 등 획기적으로 줄여준다.

① 자금거래 중개   ② 거래비용의 절감
③ 지급결제수단의 제공   ④ 자금의 효율적인 배분

> **⟩ADVICE** ② 거래비용이란 탐색비용, 정보획득비용 등 금융거래 시 수반되는 모든 비용을 말한다. 일례로 돈을 가진 사람과 돈이 필요한 사람이 서로를 직접 찾아 나선다면 엄청난 탐색비용이 든다. 그러나 개인들이 돈을 맡기거나 빌리는 금융거래를 금융회사에 요청하면 금융회사가 필요한 금융서비스를 제공해 주므로 비용과 시간 등 거래비용을 획기적으로 줄여준다.

55 금융의 역할과 설명이 바르게 연결된 것은?

① 자금의 효율적인 배분–개인들의 자금사정에 따른 자산관리 수단을 제공해주는 역할을 한다.
② 금융위험 관리수단 제공–경제현상이나 투자결과 등의 불확실성이나 위험을 적절히 분산시키거나 해소할 수 있는 수단을 제공하는 역할을 한다.
③ 자금거래 중개–여유자금을 가진 사람에게는 투자의 수단을 제공하고 자금이 필요한 사람에게는 자금을 공급해 주는 역할을 한다.
④ 가계에 대한 자산관리수단 제공–금융회사는 사람들이 맡긴 돈을 가계나 기업, 정부 등에 빌려주고 여기서 발생한 이자수익을 다시 저축자들에게 돌려주는 역할을 한다.

> **⟩ADVICE** ① 가계에 대한 자산관리수단 제공
> ③ 자금의 효율적인 배분
> ④ 자금거래 중개

Answer   54.② 55.②

56 ( ) 안에 들어갈 말로 옳은 것은?

――――――――――――――――〈보기〉――――――――――――――――
- ( )는 물가상승에 따른 구매력의 변화를 감안하지 않은 금리이다.
- 우리가 돈을 빌리고 빌려줄 때에는 보통 ( )로 이자를 계산한다.

① 명목금리   ② 실질금리
③ 시장금리   ④ 기준금리

>ADVICE ① 명목금리는 물가상승에 따른 구매력의 변화를 감안하지 않은 금리이며 실질금리는 명목금리에서 물가상승률을 뺀 금리이다. 실질금리와 명목금리 간 관계를 피셔방정식이라고 한다. 우리가 돈을 빌리고 빌려줄 때에는 보통 명목금리로 이자를 계산하지만 실제로 기업이 투자를 하거나 개인이 예금을 하려고 할 때에는 실질금리가 얼마인가에 관심을 갖게 된다.

57 금리에 대한 설명으로 옳지 않은 것은?

① 통상적으로 한국은행은 경기가 과열양상을 보이면 기준금리를 인상하고, 반대로 경기침체 양상이 나타나면 기준금리를 인하한다.
② 실질금리는 명목금리에서 물가상승률을 더한 금리이다.
③ 금융시장에서 거래되는 금리는 기준금리를 기준으로 한다.
④ 채권수익률은 채권 가격의 변동과 반대방향으로 움직인다.

>ADVICE ② 실질금리는 명목금리에서 물가상승률을 뺀 금리이다.

Answer   56.①   57.②

58 환율에 대한 설명으로 옳지 않은 것은 모두 몇 개인가?

〈보기〉

㉠ 외화 가치 상승과 환율 상승은 서로 같은 방향으로 움직인다.

㉡ 환율이 상승하면 원화 가치가 하락하고 환율이 하락하면 원화가치가 올라간다.

㉢ 환율이 상승하면 국제 상품 및 서비스 시장에서 가격 경쟁력이 높아지기 때문에 우리 경제에 유리하다.

㉣ 우리나라는 변동환율제도를 채택하고 있다.

① 1개   ② 2개

③ 3개   ④ 4개

>ADVICE ㉢ 환율 상승은 우리 경제에 반드시 유리한 것만은 아니다. 환율이 상승하면 원자재 및 부품 등 수입품 가격이 오르면서 국내 물가가 상승할 수 있기 때문이다. 또한 수입 기계류 가격도 올라서 투자비용이 상승할 수도 있다. 또한 가계의 경우에는 해외여행 비용이 상승하고, 항공회사처럼 외화표시 부채가 많은 기업들의 상환부담이 높아질 수도 있다.

59 주가지수와 경기변동에 대한 설명으로 옳은 것을 모두 고르면?

〈보기〉

㉠ 코스닥지수는 코스닥 시장에 상장되어 있는 종목을 대상으로 산출되는 종합지수로 코스닥시장의 대표 지수이다.

㉡ 이자율이 하락하는 경우 주가지수는 상승한다.

㉢ 우리나라의 주식의 장내유통시장에는 유가증권시장, 코스닥시장, 코넥스시장이 있다.

㉣ 코스피지수는 유가증권시장에 상장되어 있는 모든 종목을 대상으로 산출되는 대표적인 종합주가지수 이다.

① ㉠   ② ㉠, ㉡

③ ㉠, ㉡, ㉢   ④ ㉠, ㉡, ㉢, ㉣

>ADVICE ㉡ 통화 공급이 늘어나거나 이자율이 하락하는 경우에도 소비와 투자가 늘고 기업의 이익이 커지는 경향이 있어 대체로 주가지수는 상승한다.

60 〈보기〉에서 설명하는 주가지수는 무엇인가?

> ─────────〈보기〉─────────
>
> 파이낸셜타임즈와 런던증권거래소가 공동으로 설립한 (   )그룹이 발표하는 지수로 주식, 채권, 부동산 등 다양한 부문의 지수가 제공되고 있으며 주로 유럽에서 사용되고 있다.

① S&P500지수   ② 니케이지수
③ FTSE지수   ④ MSCI지수

> ⟩**ADVICE** ① 미국의 세계적인 신용평가회사인 스탠다드앤드푸어스사가 작성·발표하는 지수
> ② 일본의 주가지수
> ④ 모건스탠리의 자회사인 Barra가 제공하며, 전 세계 투자기관의 해외투자 시 기준이 되는 대표적인 지수

Answer   60.③

---

01 최근 기출문제 분석

2008. 8. 31. 시행

1 다음에서 설명하고 있는 금융상품으로 알맞은 것은?

> 종합금융회사가 고객의 예탁금을 어음 및 국공채 등에 운용하여 그 수익을 고객에게 돌려주는 실적배당 금융상품으로서, 예탁금에 제한이 없고 수시 입출금이 가능한 상품

① CMA(Cash Management Account)
② CD(Certificate of Deposit)
③ RP(Repurchase Agreement)
④ MMDA(Money Market Deposit Account)

>**ADVICE** ② 양도성예금증서(CD ; Certificate of Deposit) : 은행이 양도성을 부여하여 무기명 할인식으로 발행한 정기예금증서
> ③ 환매조건부채권(RP ; Repurchase Agreement) : 금융기관이 보유하고 있는 국공채 등 채권을 고객이 매입하면 일정기간이 지난 뒤 이자를 가산하여 고객으로부터 다시 매입하겠다는 조건으로 운용되는 단기 금융상품
> ④ 시장금리부 수시입출식예금(MMDA ; Money Market Deposit Account) : 고객이 우체국이나 은행에 맡긴 자금을 단기금융상품에 투자해 얻은 이익을 이자로 지급하는 구조로 되어 있어 시장실세금리에 의한 고금리가 적용되고 입출금이 자유로우며 각종 이체 및 결제기능이 가능한 단기상품

2 금융상품별 가입(발행)대상, 특징 및 예금자보호법에 의한 보호여부에 관한 내용으로 옳지 않은 것은?

	상품명	가입(발행)대상	특징	예금자보호법에 의한 보호
①	주가지수연동 정기예금(ELD)	제한 없음	이율이 주가지수에 연동	비보호
②	저축예금	개인	수시입출금식	보호
③	주택청약종합저축	개인	주택청약을 위한 통장	비보호
④	양도성예금증서(CD)	제한 없음	무기명 양도가능	비보호

>ADVICE ① 주가지수연동 정기예금은 「예금자보호법」에 따라 보호받는다.

※ 2020년 금융상식 교재에는 정기적금이 일반과 가계우대로 분리되지 않고 정기적금 하나만 제시되어 있다.

3 다음의 금융상품 중 우체국예금에서 취급하고 있는 것을 모두 고른 것은?

> ㉠ MMDA(Money Market Deposit Account) ㉡ MMF(Money Market Fund)
> ㉢ CD(Certificate of Deposit) ㉣ RP(Re-purchase Paper)
> ㉤ CMA(Cash Management Account) ㉥ ELD(Equity Linked Deposit)

① ㉠㉣ ② ㉡㉢

③ ㉣㉤ ④ ㉤㉥

>ADVICE ㉠ MMDA : 고객이 우체국이나 은행에 맡긴 자금을 단기금융상품에 투자해 얻은 이익을 이자로 지급하는 구조로 되어 있는 단기상품이다.

㉡ MMF : 자산운용회사가 운용하며 은행, 증권사, 보험사 등에서 판매한다.

㉢ CD : 정기예금에 양도성을 부여한 특수한 형태의 금융상품으로 은행이 무기명 할인식으로 발행하여 거액의 부동자금을 운용하는 수단으로 자주 활용된다.

㉣ RP : 금융회사가 보유하고 있는 국채, 지방채, 특수채, 상장법인 및 등록법인이 발행하는 채권 등을 고객이 매입하면 일정기간이 지난 뒤 이자를 가산하여 고객으로부터 다시 매입하겠다는 조건으로 운용되는 단기 금융상품이다.

㉤ CMA : 종합금융회사나 증권회사가 고객의 예탁금을 어음 및 국·공채 등 단기금융상품에 직접 투자하여 운용한 후 그 수익을 고객에게 돌려주는 단기 금융상품이다.

㉥ ELD : 원금을 안전한 자산에 운용하여 만기 시 원금은 보장되고 장래에 지급할 이자의 일부 또는 전부를 주가지수의 움직임에 연동한 파생상품에 투자하여 고수익을 추구하는 상품으로 은행에서 취급하며, 예금자보호 대상이다.

Answer 2.① 3.①

2018. 7. 21. 시행

4 예금의 입금과 지급 업무에 대한 설명으로 옳지 않은 것은?

① 기한부 예금을 중도해지 하는 경우, 반드시 예금주 본인의 의사를 확인하는 것이 필요하다.

② 금융기관은 진정한 예금주에게 변제한 때에 한하여 예금채무를 면하게 되는 것이 원칙이다.

③ 송금인의 단순착오로 인해 수취인의 계좌번호가 잘못 입력되어 이체가 완료된 경우, 언제든지 수취인의 동의 없이도 송금액을 돌려받을 수 있다.

④ 금융기관이 실제 받은 금액보다 과다한 금액으로 통장을 발행한 경우, 실제 입금한 금액에 한하여 예금계약이 성립하고 초과된 부분에 대하여는 예금계약이 성립하지 않는다.

>**ADVICE** ③ 착오송금이란 송금인의 착오로 인해 송금금액, 수취금융회사, 수취인 계좌번호 등이 잘못 입력돼 이체된 거래로서, 착오송금액은 법적으로 수취인의 예금이기 때문에 송금인은 수취인의 동의 없이는 자금을 돌려받을 수 없다.

2019. 10. 19. 시행

5 금융 투자상품에 대한 설명으로 옳지 않은 것은?

① 수입업자는 선물환 매입계약을 통해 환율변동에 따른 환리스크를 헤지(hedge)할 수 있다.

② 투자자의 원본 결손액에 대해 불법행위로 인한 손해 여부를 입증해야 하는 책임은 금융투자업자에게 있다.

③ 풋옵션의 경우, 기초자산 가격이 행사가격 이하로 하락함에 따라 매수자의 이익과 매도자의 손실이 무한정으로 커질 수 있다.

④ 상장지수증권(ETN)은 외부수탁기관에 위탁되기 때문에 발행기관의 신용위험이 없고 거래소에 상장되어 실시간으로 매매가 이루어진다.

>**ADVICE** ④ 상장지수증권(ETN ; Exchange Traded Notes)은 기초지수 변동과 수익률이 연동되도록 증권회사가 발행하는 파생결합증권으로서 거래소에 상장되어 거래되는 증권이다. ETF와 ETN은 모두 인덱스 상품이면서 거래소에 상장되어 거래된다는 점에서는 유사하나 ETF의 경우는 자금이 외부 수탁기관에 맡겨지기 때문에 발행기관의 신용위험이 없는 반면에 ETN은 발행기관인 증권회사의 신용위험에 노출된다.

Answer   4.③ 5.④

6 〈보기〉에서 장내 파생상품에 대한 설명으로 옳은 것을 모두 고른 것은?

〈보기〉

㉠ 주가지수옵션 매수자의 이익은 옵션 프리미엄에 한정되고 손실은 무한정인 반면, 매도자의 손실은 옵션 프리미엄에 한정되고 이익은 무한정이다.

㉡ 풋옵션의 매도자는 장래의 일정 시점 또는 일정 기간 내에 특정 기초자산을 정해진 가격으로 매도할 수 있는 권리를 가진다.

㉢ 옵션 계약에서는 계약이행의 선택권을 갖는 계약자가 의무만을 지는 상대방에게 자신이 유리한 조건을 갖는 데 대한 대가를 지불하고 계약을 체결하게 된다.

㉣ 계약 내용이 표준화되어 있고 공식적인 거래소를 통해 매매되는 선물거래에는 헤징(hedging) 기능, 현물시장의 유동성 확대기여, 장래의 가격정보 제공 기능 등이 있다.

① ㉠, ㉡　　　　　　　　　　　　　　② ㉠, ㉢
③ ㉡, ㉣　　　　　　　　　　　　　　④ ㉢, ㉣

>ADVICE ㉠ 주가지수옵션 매수자의 손실은 프리미엄으로 한정되는 반면 이익은 기초자산가격에 비례하여 증가하고, 주가지수옵션 매도자의 이익은 프리미엄에 국한되는 반면 손실은 제한이 없다.

㉡ 풋옵션 매도자는 매수자가 권리를 행사할 경우에 장래의 일정 시점 또는 일정 기간 내에 기초자산을 매입할 의무를 진다.

Answer 6.④

7 〈보기〉에서 저축상품에 대한 설명으로 옳은 것을 모두 고른 것은?

---〈보기〉---

㉠ 시장금리부 수시입출식예금(MMDA)은 어음관리계좌(CMA) 및 단기금융상품펀드(MMF)와 경쟁하는 실적배당 상품이다.

㉡ 종합금융회사의 어음관리계좌(CMA)는 예금자보호가 되지만 증권회사의 어음관리계좌(CMA)는 예금자보호가 되지 않는다.

㉢ 양도성예금증서는 정기예금에 양도성을 부여한 금융상품으로 중도해지가 되지 않으므로 만기 전에 현금화가 불가능하다.

㉣ 실세금리연동형 정기예금은 시장실세금리를 반영하여 적용금리를 변경하는 정기예금으로 금리 상승기 목돈 운용에 적합하다.

---

① ㉠, ㉢
② ㉠, ㉣
③ ㉡, ㉢
④ ㉡, ㉣

> **ADVICE** ㉠ 단기금융상품펀드에 관한 설명이다. 시장금리부 수시입출식예금은 고객이 우체국이나 은행에 맡긴 자금을 단기금융상품에 투자해 얻은 이익을 이자로 지급하는 구조로 되어 있어 시장실세금리에 의한 고금리가 적용되고 입출금이 자유로우며 각종 이체 및 결제기능이 가능한 단기상품이다.
> ㉢ 정기예금에 양도성을 부여한 특수한 형태의 금융상품으로 은행이 무기명 할인식으로 발행하여 거액의 부동자금을 운용하는 수단으로 자주 활용된다. 중도해지가 불가능하며 만기 전에 현금화하고자 할 경우에는 증권회사 등 유통시장에서 매각할 수 있다.

Answer 7.④

1 〈보기〉에서 여신전문금융회사가 아닌 것을 모두 고른 것은?

─────────────── 〈보기〉 ───────────────

⊙ 신용카드사   ⓒ 리스사

ⓒ 선물회사   ⓔ 할부금융사

⑩ 신기술사업금융사   ⑭ 신탁회사

① ⊙, ⓒ   ② ⓒ, ⓔ

③ ⓔ, ⑩   ④ ⓒ, ⑭

>ADVICE   ⓒ 금융투자회사의 투자매매업자
          ⑭ 금융투자회사의 신탁업자

2 특수은행이 아닌 것은?

① 한국산업은행   ② 한국수출입은행

③ 농협은행   ④ 지방은행

>ADVICE   ④ 일반은행이다.
          ※ 특수은행
            ⊙ 한국산업은행
            ⓒ 한국수출입은행
            ⓒ 중소기업은행
            ⓔ 농협은행
            ⑩ 수협은행

3 은행의 성격이 다른 하나는?

① 지방은행　　　　　　　　　　② 농협은행

③ 인터넷전문은행　　　　　　　④ 외국은행지점

>ADVICE ② 특수은행, ①③④ 일반은행

※ 우리나라 금융회사 현황

은행	일반은행	시중은행
		지방은행
		인터넷전문은행
		외국은행지점
	특수은행	한국산업은행
		한국수출입은행
		중소기업은행
		농협은행
		수협은행
비은행예금취급기관	상호저축은행	
	상호금융	신용협동조합
		농업협동조합
		수산업협동조합
		산림조합
		새마을금고
	기타	우체국(우체국예금·보험), 종합금융회사
금융투자회사	투자매매업자	증권회사, 선물회사
	투자중개업자	
	집합투자업자	자산운용회사
	투자자문업자	
	투자일임업자	
	신탁업자	신탁회사
보험회사	생명보험회사	
	손해보험회사	일반손보사, 재보험회사, 보증보험회사등
기타금융회사	여신전문금융회사	신용카드사
		리스사
		할부금융사
		신기술사업금융사
	금융지주회사, 대부업자, 전자금융업자, 벤처캐피탈, 증권금융회사 등	

Answer　3.②

4 〈보기〉에서 비은행예금취급기관이 아닌 것을 모두 고르면?

〈보기〉

    ㉠ 신용협동조합   ㉡ 산림조합

    ㉢ 새마을금고   ㉣ 한국수출입은행

    ㉤ 수협은행

① ㉠, ㉡   ② ㉠, ㉢

③ ㉢, ㉣   ④ ㉣, ㉤

> **ADVICE** 비은행예금취급기관

상호저축은행	
상호금융	신용협동조합
	농업협동조합
	수산업협동조합
	산림조합
	새마을금고
기타	우체국(우체국예금 · 보험), 종합금융회사

5 금융투자회사가 아닌 것은?

① 상호금융

② 신탁업자

③ 투자매매업자

④ 투자중개업자

> **ADVICE** ① 비은행예금취급기관에 해당한다.
>
> ※ 금융투자회사

투자매매업자	증권회사, 선물회사
투자중개업자	
집합투자업자	자산운용회사
투자자문업자	
투자일임업자	
신탁업자	신탁회사

Answer   4.④ 5.①

6   은행업무의 범위에 대한 설명으로 옳지 않은 것은?

① 수입인지, 복권, 상품권 또는 입장권 등의 판매대행은 은행의 겸영업무이다.
② 예적금 수입, 유가증권 또는 채무증서 발행, 자금의 대출, 어음할인 및 내·외국환은 은행의 고유업무이다.
③ 집합투자업과 집합투자증권에 대한 투자매매·중개업 및 투자 자문업, 신탁업, 신용카드업, 퇴직 연금사업은 은행의 겸영업무이다.
④ 채무보증, 어음인수, 상호부금, 보호예수는 은행의 부수업무이다.

>ADVICE ① 수입인지, 복권, 상품권 또는 입장권 등의 판매대행은 은행의 부수업무이다.

7   은행업무의 범위에 대한 설명으로 옳은 것은?

① 부동산의 임대는 겸영업무이다.
② 대학교 학생증·학사관리 플랫폼 서비스는 부수업무이다.
③ 신용정보서비스, 사채관리회사의 업무는 부수업무이다.
④ 자금의 대출 또는 어음의 할인은 겸영업무이다.

>ADVICE ① 부동산의 임대는 부수업무이다.
     ③ 신용정보서비스, 사채관리회사의 업무는 겸영업무이다.
     ④ 자금의 대출 또는 어음의 할인은 고유업무이다.

Answer   6.① 7.②

8 〈보기〉에서 은행의 겸영업무를 모두 고르면?

〈보기〉

⊙ 파생상품의 매매 · 중개업무   ⓒ 집합투자업
ⓒ 광고대행   ② 수입인지 판매대행

① ⊙, ⓒ   ② ⊙, ⓒ
③ ⓒ, ⓒ   ④ ⓒ, ②

>**ADVICE** 은행의 겸영업무
- 파생상품의 매매 · 중개업무, 파생결합증권의 매매업무
- 국채증권, 지방채증권 및 특수채증권의 인수 · 매출 · 모집 · 매출 주선업무(사채권 매매업무)
- 집합투자업, 투자자문업, 신탁업, 진합투자증권에 대한 투자매매 · 중개업
- 자본시장법상 일반사무관리회사의 업무, 명의개서대행회사의 업무
- 환매조건부매도 · 매수 · 매매 업무, 보험대리점업무
- 퇴직연금사업자업무, 신용카드업, ISA투자일임업
- 담보부사채에 관한 신탁업, 본인신용정보관리업
- 신용정보서비스, 사채관리회사의 업무
- 중소기업 지원 목적 법률에 근거한 금융상품 모집 · 판매 대행 업무

9 보험회사에 대한 설명으로 옳지 않은 것은?

① SGI서울보증은 일반적인 보증보험을 담당한다.
② 재보험은 보험회사가 피보험자로부터 계약한 보험내용의 일부나 전부를 다른 보험회사에 다시 보험을 드는 보험제도이다.
③ 과거에는 변액보험의 비중이 높았으나 2001년 이후에는 사망보험의 비중이 상승하는 추세이다.
④ 생명보험과 손해보험은 완전히 분리된 보험으로 서로 겸업하지 않는다.

>**ADVICE** ③ 과거에는 사망보험의 비중이 높았으나 2001년 변액보험제도가 도입된 이후에는 보험상품도 자산운용수단으로 인식되면서 변액보험의 비중이 상승하는 추세이다.

Answer   8.①   9.③

10 금융투자업의 종류와 내용이 바르게 연결된 것은?

① 투자매매업—투자자로부터 금융상품에 대한 투자판단의 전부 또는 일부를 일임 받아 투자자별로 구분하여 자산을 취득·처분 그 밖의 방법으로 운용하는 것을 영업으로 하는 것

② 투자중개업—금융회사가 자기자금으로 금융투자상품을 매도·매수하거나 증권을 발행·인수 또는 권유·청약·승낙하는 것

③ 투자자문업—금융투자상품의 가치 또는 투자판단에 관하여 자문을 하는 것을 영업으로 하는 것

④ 투자일임업—금융회사가 고객으로 하여금 금융투자상품을 매도·매수하거나 증권을 발행·인수 또는 권유·청약·승낙하는 것

> **ADVICE** ① 투자매매업—금융회사가 자기자금으로 금융투자상품을 매도·매수하거나 증권을 발행·인수 또는 권유·청약·승낙하는 것
> ② 투자중개업—금융회사가 고객으로 하여금 금융투자상품을 매도·매수하거나 증권을 발행·인수 또는 권유·청약·승낙하는 것
> ④ 투자일임업—투자자로부터 금융상품에 대한 투자판단의 전부 또는 일부를 일임 받아 투자자별로 구분하여 자산을 취득·처분 그 밖의 방법으로 운용하는 것을 영업으로 하는 것

11 ( ) 안에 들어갈 말을 순서대로 나열한 것은?

> • 비은행예금취급기관에는 상호저축은행, 신용협동기구, ( ) 그리고 종합금융회사가 있다.
> • 특수은행으로는 ( ), 한국수출입은행, IKB기업은행, NH농협은행, SH수협은행 등이 있다.
> • 보험회사는 업무 및 회사 특성을 함께 고려하여 생명보험회사, ( ), 우체국보험, 공제기관 등으로 구분된다.

① 우체국예금, 한국산업은행, 손해보험회사
② 우체국예금, 신용협동기구, 손해보험회사
③ 증권회사, 한국산업은행, 종합금융회사
④ 증권회사, 신용협동기구, 종합금융회사

> **ADVICE** • 비은행예금취급기관에는 상호저축은행, 신용협동기구, 우체국예금, 그리고 종합금융회사가 있다.
> • 특수은행으로는 한국산업은행, 한국수출입은행, IKB기업은행, NH농협은행, SH수협은행 등이 있다.
> • 보험회사는 업무 및 회사 특성을 함께 고려하여 생명보험회사, 손해보험회사, 우체국보험, 공제기관 등으로 구분된다.

12 〈보기〉의 내용에 해당하는 금융기관은?

─────────────〈보기〉─────────────

금융거래에 직접 참여하기보다 금융제도의 원활한 작동에 필요한 여건을 제공하는 업무를 주로 하는 기관들이다.

① 기타금융회사
② 금융유관기관
③ 금융투자회사
④ 보험회사

)ADVICE ② 금융유관기관은 금융거래에 직접 참여하기보다 금융제도의 원활한 작동에 필요한 여건을 제공하는 업무를 주로 하는 기관들이다. 여기에는 금융감독원, 예금보험공사, 금융결제원 등 금융하부구조와 관련된 업무를 영위하는 기관과 신용보증기금·기술신용보증기금 등 신용보증기관, 신용평가회사, 한국자산관리공사, 한국주택금융공사, 한국거래소, 자금중개회사 등이 포함된다.

13 〈보기〉의 내용에 해당하는 금융기관은?

─────────────〈보기〉─────────────

• 금융산업을 선진화하고 금융시장의 안정성을 도모한다.
• 정부조직과는 독립된 특수법인이다.
• 불공정거래나 보험사기 조사업무를 한다.

① 한국은행
② 예금보험공사
③ 금융결제원
④ 금융감독원

)ADVICE ④ 금융감독원은 금융산업을 선진화하고 금융시장의 안정성을 도모하며, 건전한 신용질서, 공정한 금융거래관행 확립과 예금자 및 투자자 등 금융수요자를 보호함으로써 국민경제에 기여하는 데 그 목적이 있다. 금융감독원은 정부조직과는 독립된 특수법인으로 되어 있는데 이는 금융감독업무와 관련하여 금융감독기구가 정치적 압력 또는 행정부의 영향력에 의해 자율성을 잃지 않고 중립적이고 전문적인 금융감독 기능을 구현하기 위함이다.

Answer   12.② 13.④

14 예금보험공사에 관한 설명으로 옳은 것은?

① 자본시장법에 의하여 설립된 주식회사이다.

② 예금보험공사에서 보호하는 금융회사는 은행, 증권투자매매·중개업을 인가 받은 회사, 보험회사, 상호저축은행, 종합금융회사 등이다.

③ 기금의 손실을 최대화하기 위해 금융회사의 경영분석 등을 통해 부실 가능성을 조기에 파악하고 있다.

④ 농협은행 및 수협은행 본·지점의 예금은 은행처럼 예금자보호법에 따라 이자를 제외한 예금자 원금만 1인당 5천만 원까지 보호된다.

> ADVICE ① 한국거래소에 관한 설명이다.
> ③ 기금의 손실을 최소화하기 위해 금융회사의 경영분석 등을 통해 부실 가능성을 조기에 파악하고 있다.
> ④ 농협은행 및 수협은행 본·지점의 예금은 은행처럼 예금자보호법에 따라 예금자 원금과 소정의 이자를 포함하여 1인당 5천만 원까지 보호된다.

15 한국거래소에 대한 설명으로 옳지 않은 것은?

① 거래소시장 내의 매매거래와 관련하여 발생하는 분쟁조정 등을 담당한다.

② 증권거래소, 선물거래소, 코스닥 위원회, ㈜코스닥증권시장 등 4개 기관이 통합하여 2005년 설립되었다.

③ 자금결제와 정보유통을 원활하게 함으로써 건전한 금융거래의 유지·발전을 도모한다.

④ 증권 및 장내·외 파생상 품의 매매체결 및 청산과 결제의 업무를 한다.

> ADVICE ③ 금융결제원에 대한 설명이다.

Answer   14.② 15.③

16 저축상품에 관한 설명으로 옳지 않은 것은?

① 보통예금은 거래대상, 예치금액, 예치기간, 입출금 횟수 등에 아무런 제한 없이 누구나 자유롭게 입·출금할 수 있는 반면 이자율이 매우 낮은 예금이다.

② 저축예금은 보통예금처럼 예치금액, 예치기간 등에 아무런 제한이 없고 입출금이 자유로우면서도 보통예금보다 높은 이자를 받을 수 있는 예금이다.

③ 가계당좌예금은 1인 2계좌만 거래할 수 있으며, 예금 잔액이 부족할 경우에는 대월한도 범위 내에서 자동대월이 가능하다.

④ 시장금리부 수시입출금식예금은 언제 필요할지 모르는 자금이나 통상 500만 원 이상의 목돈을 1개월 이내의 초단기로 운용할 때 유리하다.

>ADVICE ③ 모든 은행에 걸쳐 1인 1계좌만 거래할 수 있으며, 예금 잔액이 부족할 경우에는 대월한도 범위 내에서 자동대월이 가능하다.

17 목돈 마련을 위한 상품이 아닌 것은?

① 정기예탁금
② 주가지수연동 정기예금
③ 환매조건부채권
④ 가계당좌예금

>ADVICE ④ 가계당좌예금은 입출금이 자유로운 저축상품으로, 가계수표를 발행할 수 있는 개인용 당좌예금이며 무이자인 일반 당좌예금과는 달리 이자가 지급되는 가계우대성 요구불예금이다. 가입대상은 신용상태가 양호한 개인, 자영업자로 제한된다. 모든 은행에 걸쳐 1인 1계좌만 거래할 수 있으며, 예금 잔액이 부족할 경우에는 대월한도 범위 내에서 자동대월이 가능하다. 거래실적이 양호한 경우에는 소액가계자금도 대출받을 수 있다. 가계수표는 예금잔액 및 대월한도 범위 내에서 발행하여야 하며 대월한도를 초과하여 발행하게 되면 거래정지처분을 받을 수 있다.

18 정기예금에 대한 설명으로 옳지 않은 것은?

① 예금자가 이자수취를 목적으로 예치기간을 사전에 약정하여 일정금액을 예입하는 장기 저축성 기한부 예금이다.

② 만기이전에 중도해지하면 약정금리보다 낮은 중도해지이율이 적용되므로 만기까지 예치하는 것이 바람직하며, 통상 예금 잔액의 95% 범위 내에서 담보대출을 받을 수 있다.

③ 예치기간이 정해져 있어서 보통예금보다 이자가 많지만 유동성은 낮다.

④ 예금주가 일정 금액을 정기적으로 납입하면 만기에 계약 금액을 지급하는 적립식 예금으로 푼돈을 모아 목돈을 마련하는데 적합한 가장 보편적인 장기 금융상품이다.

> **ADVICE** ④ 정기적금에 대한 설명이다. 정기적금은 계약금액과 계약기간을 정하고 예금주가 일정 금액을 정기적으로 납입하면 만기에 계약 금액을 지급하는 적립식 예금으로 푼돈을 모아 목돈을 마련하는데 적합한 가장 보편적인 장기 금융상품이다.

19 월 저축금 100만 원, 계약기간 3년, 이율 5%인 정기적금의 계약액은?

① 38,775,000원
② 39,500,000원
③ 42,252,000원
④ 45,125,000원

> **ADVICE** 계약액 = 원금 + 이자 = 월 저축금 × 계약기간(월) + 세전이자
>
> 세전이자 = 월 저축 × 이율 × $\dfrac{\text{계약기간} \times (\text{계약기간}+1)}{2} \times \dfrac{1}{12}$
>
> 월 저축금 100만 원, 계약기간 3년인 정기적금의 경우 원금은 $1,000,000 \times 36 = 36,000,000$이다.
>
> 그리고 세전이자는 $1,000,000 \times 0.05 \times \dfrac{36 \times (36+1)}{2} \times \dfrac{1}{12} = 2,775,000$이다.
>
> 따라서 계약액은 $36,000,000 + 2,775,000 = 38,775,000$이다.

20 〈보기〉에서 설명하는 저축상품은?

〈보기〉

고객의 돈을 모아 주로 CP(기업어음), CD(양도성예금증서), RP(환매조건부채권), 콜(call) 자금이나 잔존 만기 1년 이하의 안정적인 국공채로 운용하는 실적배당상품이다. 일시 자금예치 수단으로서의 본래 기능을 수행할 수 있도록 운용가능한 채권의 신용등급을 AA등급이상으로 제한하여 운용자산의 위험을 최소화하도록 하고 있으며, 유동성 위험을 최소화하기 위하여 운용자산 전체 가중평균 잔존 만기를 75일 이내로 제한하고 있다.

① 가계당좌예금
② 단기금융상품펀드
③ 주가지수연동 정기예금
④ 환매조건부채권

> **ADVICE** ① 가계수표를 발행할 수 있는 개인용 당좌예금이며 무이자인 일반 당좌예금과는 달리 이자가 지급되는 가계우대성 요구불예금이다.
> ③ 원금을 안전한 자산에 운용하여 만기 시 원금은 보장되고 장래에 지급할 이자의 일부 또는 전부를 주가지수의 움직임에 연동한 파생상품에 투자하여 고수익을 추구하는 상품이다.
> ④ 금융회사가 보유하고 있는 국채, 지방채, 특수채, 상장법인 및 등록법인이 발행하는 채권 등을 고객이 매입하면 일정기간이 지난 뒤 이자를 가산하여 고객으로부터 다시 매입하겠다는 조건으로 운용되는 단기 금융상품이다.

21 주택청약종합저축에 대한 설명으로 옳지 않은 것은?

① 가입은 주택소유·세대주 여부, 연령 등에 관계없이 누구나 가능하나 전체 업무취급 은행을 통해 1인 1계좌만 개설 가능하다.
② 수도권의 경우 가입 후 1년이 지나면 1순위가 된다.
③ 납입 방식은 일정액 적립식과 예치식을 병행하여 매월 2만 원 이상 50만 원 이내에서 자유롭게 불입할 수 있다.
④ 총 급여 6천만 원 이하 근로소득자로서 무주택 세대주인 경우는 월 납입 인정 한도가 25만 원으로 최대 연 300만 원의 40%인 120만 원까지 소득공제 혜택이 주어진다.

> **ADVICE** ④ 총 급여 8천만 원 이하 근로소득자로서 무주택 세대주인 경우는 월 납입 인정 한도가 25만 원으로 최대 연 300만 원의 40%인 120만 원까지 소득공제 혜택이 주어진다.

Answer 20.② 21.④

22 주택청약종합저축 지역별 청약가능 예치금에 관한 표이다. ㉠, ㉡, ㉢에 들어갈 금액으로 적절한 것은?

희망주택(전용면적기준)	서울·부산	기타 광역시	기타 시·군
85m² 이하	(㉠)만 원	250만 원	200만 원
102m² 이하	600만 원	400만 원	300만 원
102m² 초과 135m² 이하	1,000만 원	(㉡)만 원	400만 원
모든 면적	1,500만 원	1,000만 원	(㉢)만 원

	㉠	㉡	㉢
①	300	500	700
②	500	700	1,000
③	300	700	500
④	500	1,000	1,500

>**ADVICE** 지역별 청약가능 예치금

희망주택(전용면적기준)	서울·부산	기타 광역시	기타 시·군
85m² 이하	300만 원	250만 원	200만 원
102m² 이하	600만 원	400만 원	300만 원
102m² 초과 135m² 이하	1,000만 원	700만 원	400만 원
모든 면적	1,500만 원	1,000만 원	500만 원

23 주택청약종합저축에 대한 설명으로 옳지 않은 것은?

① 수도권 외의 지역은 6~12개월 범위에서 시·도지사가 정하는 기간이 지나면 1순위가 된다.
② 주택소유·세대주 여부, 연령 등에 관계없이 누구나 가입 가능하다.
③ 잔액이 1,500만 원 이상인 경우는 월 100만 원 이내에서 자유롭게 적립할 수 있다.
④ 매월 2만 원 이상 50만 원 이내에서 10원단위까지 납입가능하다.

>**ADVICE** ③ 잔액이 1,500만 원 이상인 경우는 월 50만 원 이내에서 자유롭게 적립할 수 있다.

24 주택청약종합저축 지역별 청약가능 예치금에 대한 설명으로 옳지 않은 것은?

① 85m^2 이하 서울의 청약가능 예치금은 200만 원이다.

② 102m^2 이하 기타 광역시의 청약가능 예치금은 400만 원이다.

③ 102m^2 초과 135m^2 이하 기타 시 · 군의 청약가능 예치금은 400만 원이다.

④ 85m^2 이하 부산의 청약가능 예치금은 300만 원이다.

ADVICE 지역별 청약가능 예치금

희망주택(전용면적기준)	서울 · 부산	기타 광역시	기타 시 · 군
85m^2 이하	300만 원	250만 원	200만 원
102m^2 이하	600만 원	400만 원	300만 원
102m^2 초과 135m^2 이하	1,000만 원	700만 원	400만 원
모든 면적	1,500만 원	1,000만 원	500만 원

25 주택청약종합저축 지역별 청약가능 예치금이 가장 높은 것은?

① 서울 102m^2 이하

② 기타 광역시 102m^2 이하

③ 기타 광역시 모든 면적

④ 기타 시 · 군 모든 면적

ADVICE ① 600만 원
② 400만 원
③ 1,000만 원
④ 500만 원

Answer 24.① 25.③

26 펀드에 대한 설명으로 옳지 않은 것은?

① 펀드는 5명 이상의 불특정 다수의 투자자로부터 자금을 모아서 자산운용회사가 주식, 채권, 인프라 및 실물자산 등 다양한 자산에 분산투자하는 간접투자상품이다.

② 펀드는 투자포트폴리오의 운용성과에 따라서 수익 또는 손실이 발생할 수 있다.

③ 투자자는 펀드투자 의사결정 시 펀드의 운용특성, 투자위험 및 보수 · 수수료 등을 확인해야 한다.

④ 운용결과 원금손실이 발생하는 경우 투자자 자신의 책임으로 귀속되는 실적배당상품이다.

>ADVICE ① 펀드는 2명 이상의 불특정 다수의 투자자로부터 자금을 모아서 자산운용회사가 주식, 채권, 인프라 및 실물자산 등 다양한 자산에 분산투자하는 간접투자상품이다.

27 펀드 투자의 장점이 아닌 것은?

① 투자전문가에 의해 투자되고 관리 · 운영된다.

② 소규모로 투자 · 운용되는 펀드는 거래비용과 정보취득비용이 절감될 수 있다.

③ 개인이 각자의 자금을 투자하고 관리하는데 소요되는 시간과 노력으로 인한 기회비용을 줄이는 역할을 한다.

④ 소액으로 분산투자가 가능하다.

>ADVICE 대규모로 투자 · 운용되는 펀드는 규모의 경제로 인해 거래비용과 정보취득비용이 절감될 수 있다.

28 펀드의 종류와 유형이 바르게 연결된 것은?

① 개방형펀드 – 100인 이하의 투자자들로부터 자금을 모집한다.

② 단위형펀드 – 추가입금이 불가능하고 기간이 정해져 있다.

③ 공모형펀드 – 환매가 가능한 펀드로, 운용 후에도 추가로 투자자금을 모집하는 것이 가능하다.

④ 사모형펀드 – 불특정 다수의 투자자로부터 자금을 모집한다.

>ADVICE ① 개방형펀드 – 환매가 가능한 펀드로, 운용 후에도 추가로 투자자금을 모집하는 것이 가능하다.
　　　③ 공모형펀드 – 불특정 다수의 투자자로부터 자금을 모집한다.
　　　④ 사모형펀드 – 100인 이하의 투자자들로부터 자금을 모집한다.

Answer 26.① 27.② 28.②

29 〈보기〉에서 설명하는 펀드의 종류로 옳은 것은?

---〈보기〉---

- 환매가 원칙적으로 불가능한 펀드로, 첫 모집 당시에만 자금을 모집한다.
- 기간이 끝나면 전 자산을 정산해서 상환이 이루어진다.

---

① 개방형펀드
② 폐쇄형펀드
③ 단위형펀드
④ 추가형펀드

>ADVICE ① 환매가 가능한 펀드로, 운용 후에도 추가로 투자자금을 모집하는 것이 가능하다.
　　　③ 추가입금이 불가능하고 기간이 정해져 있다.
　　　④ 수시로 추가입금이 가능하다.

30 〈보기〉에서 설명하는 펀드의 종류로 옳은 것은?

---〈보기〉---

- 100인 이하의 투자자들로부터 자금을 모집한다.
- 일반투자자는 49인 이하, 전문투자자만으로는 100인까지 구성 가능하다.

---

① 공모형펀드
② 사모형펀드
③ 거치식펀드
④ 임의식펀드

>ADVICE ① 불특정 다수의 투자자로부터 자금을 모집한다.
　　　③ 일시에 거금을 투자한다.
　　　④ 투자금이 있을 때마다 투자한다.

Answer　29.② 30.②

31 종류형 펀드 중 장기주택마련저축에 적합한 클래스는?

① A클래스 ② D클래스
③ H클래스 ④ O클래스

> **ADVICE** 종류형펀드의 유형

종류	내용
A클래스	가입 시 선취판매수수료 징구
B클래스	일정기간 내에 환매 시 후취판매수수료 징구
C클래스	선·후취 판매수수료 없음
D클래스	선·후취 판매수수료가 모두 징구되는 펀드
E클래스	온라인전용펀드
F클래스	펀드 및 기관투자자용 펀드
H클래스	장기주택마련저축용 펀드
I클래스	고액거래자용(최초납입금액 20억 원 이상) 전용 펀드
J클래스	집합투자업자(자산운용사)가 직접 판매하는 펀드
W클래스	Wrap Account 전용 펀드
S클래스	펀드슈퍼마켓에서 전용 펀드. 다른 클래스보다 판매보수가 낮고 후취판매수수료를 징구
P클래스	근로자퇴직급여 보장법에 근거 설정된 경우
G클래스	클린클래스. 투자자문업자로부터 투자자문을 받아 투자하는 펀드로 일반 창구 판매펀드보다 낮은 판매 수수료·보수 적용
O클래스	사전지정운용제도(디폴트옵션) 전용 펀드

32 종류형 펀드 중 온라인전용펀드는?

① B클래스 ② C클래스
③ D클래스 ④ E클래스

> **ADVICE** ① 일정기간 내에 환매 시 후취판매수수료 징구
> ② 선·후취 판매수수료 없음
> ③ 선·후취 판매수수료가 모두 징구되는 펀드

33 종류형 펀드 중 펀드슈퍼마켓 전용 펀드는?

① S클래스   ② P클래스
③ G클래스   ④ O클래스

>ADVICE ② 근로자퇴직급여 보장법에 근거 설정된 경우
③ 클린클래스. 투자자문업자로부터 투자자문을 받아 투자하는 펀드로 일반 창구 판매펀드보다 낮은 판매 수수료·
보수 적용
④ 사전지정운용제도(디폴트옵션) 전용 펀드

34 펀드의 투자대상에 따른 유형에 대한 설명으로 옳지 못한 것은?

① 증권펀드는 주식, 채권 등에 투자한다.
② MMF는 단기금융펀드이다.
③ 혼합자산펀드는 어떤 자산에나 자유롭게 투자할 수 있다.
④ 자산의 50% 이상을 주식에 투자하면 주식형펀드이다.

>ADVICE ④ 자산의 60% 이상을 주식에 투자하면 주식형펀드이다.

35 주가지수연계펀드(ELF)와 유사상품에 대한 설명으로 옳지 않은 것은?

① ELF의 판매회사는 투자매매업자, 투자중개업자이며, ELD의 판매회사는 은행이다.
② ELF의 상품성격은 펀드이고, ELS의 상품성격은 유가증권이다.
③ ELD는 중도해지가 불가능하다.
④ ELS의 운용회사는 투자매매업자, ELF의 운용회사는 집합투자업자이다.

>ADVICE ③ ELD는 중도해지가 가능하고, 해시지 원금손실이 발생할 수 있다.

Answer   33.① 34.④ 35.③

36 ETF와 인덱스펀드의 설명으로 옳은 것은?

① ETF는 주식시장 인덱스를 추종하여 주식처럼 유가증권시장에 상장되어 거래된다.
② 인덱스펀드는 환매 요청시 포트폴리오 매각과정에서 추적오차가 발생할 수 있다.
③ 인덱스펀드는 일반 주식처럼 장중 거래 가능하며 환금성이 뛰어나다.
④ 인덱스펀드는 특정 인덱스를 추종하는 펀드이다.

>ADVICE ETF와 인덱스펀드의 비교

구분	ETF	인덱스펀드
특징	주식시장 인덱스를 추종하여 주식처럼 유가증권시장에 상장되어 거래	특정 인덱스를 추종하는 펀드임. ETF처럼 상장되어 거래되지 않고 일반펀드와 가입과정이 동일
투자비용	액티브펀드보다 낮은 비용이 발생하며 ETF거래를 위해 거래세 및 수수료 지불	대부분 ETF보다 높은 보수를 책정하고 있으나 액티브펀드보다는 낮은 수준
거래	일반 주식처럼 장중 거래 가능하며 환금성이 뛰어남. 주식과 같은 거래비용 발생	일반펀드와 마찬가지로 순자산에 의해 수익률이 하루에 한번 결정되며 일반펀드와 같은 가입·환매체계를 거침
운용	운용자는 환매 등에 신경을 쓰지 않으며 인덱스와의 추적오차를 줄이기 위해 최선을 다함	환매 요청시 포트폴리오 매각과정에서 추적오차가 발생할 수 있음. 펀드규모가 너무 작을 경우 포트폴리오 구성에 문제 발생 가능

37 부동산투자신탁에 대한 설명으로 옳은 것은?

① 신탁형은 주식을 발행하여 투자자를 모으는 형태로서 증권시장에 상장하여 주식을 거래하게 된다.
② 회사형은 수익증권을 발행하여 투자자를 모으는 형태로 상장의무는 없다.
③ 소액개인 투자자는 투자할 수 없다.
④ 투자자금을 모아 부동산 개발, 매매, 임대 및 주택저당채권 등에 투자한 후 이익을 배당하는 금융상품이다.

>ADVICE ① 회사형은 주식을 발행하여 투자자를 모으는 형태로서 증권시장에 상장하여 주식을 거래하게 된다.
② 신탁형은 수익증권을 발행하여 투자자를 모으는 형태로 상장의무는 없다.
③ 리츠를 이용하면 소액개인 투자자라도 대규모 자금이 필요하고 거래비용 및 세금이 부담되는 부동산 투자를 전문가를 통해 간접적으로 할 수 있다.

Answer 36.③ 37.④

38 펀드 투자에 관한 설명으로 옳은 것은 모두 몇 개인가?

> ─────────────〈보기〉─────────────
> ⊙ 펀드는 예금자보호대상이 아니며 투자성과에 따라 손실이 발생할 수도 있다.
> ⓛ 섹터, 테마, 지역, 운용회사 등에 따라 분산해서 투자하는 것이 바람직하다.
> ⓒ 펀드를 선택할 때는 최근 수익률이 높은 펀드를 골라야 한다.
> ⓔ 가입한 펀드의 수익률이 유사한 펀드의 수익률이나 시장수익률에 못 미치는 경우에는 펀드를 자주 교
>   체해야 한다.
> ⓜ 펀드에 가입하기 전에 선취 또는 후취수수료, 판매보수와 운용보수, 환매수수료 등 계약조건을 꼼꼼
>   하게 따져 봐야 한다.

① 1개 ② 2개
③ 3개 ④ 4개

> ▶**ADVICE** ⓒ 펀드를 선택할 때 최근 수익률이 높은 펀드를 고르는 경우가 많은데 과거의 성과가 미래에도 계속 이어진다는
>   보장이 없고, 많은 실증 분석결과에서도 펀드의 과거 수익률과 미래 수익률은 별로 상관관계가 없다고 보고하고
>   있다.
>   ⓔ 가입한 펀드의 수익률이 유사한 펀드의 수익률이나 시장수익률에 못 미치는 경우에는 일시적 또는 지속적 현상인
>   지 살펴본다. 다만, 구조적인 문제가 아니라면 잦은 펀드 매매 및 교체는 거래비용 면에서 바람직하지 못하다.

39 선물계약과 선도계약에 대한 설명으로 옳지 않은 것은?

① 선물계약과 선도계약은 장래의 일정 시점에 일정 품질의 물품 또는 금융상품을 일정 가격에 인수 ·
   인도하기로 계약한다는 점에서는 동일하다.
② 선도거래의 거래 장소는 장외이며, 선물거래의 거래장소는 거래소이다.
③ 선도거래는 경쟁방식으로 거래하며, 선물거래는 상대매매 방식으로 거래한다.
④ 선도거래는 거래 상대방을 특정하지만, 선물거래는 거래 상대방을 특정하지 않는다.

> ▶**ADVICE** ③ 선도거래는 상대매매 방식으로 거래하며, 선물거래는 경쟁방식으로 거래한다.

Answer 38.③ 39.③

40 선물계약의 종류에 대한 설명으로 옳은 것은?

① 금리선물로는 각각 1년, 5년, 10년 만기 국채선물이 있다.
② 통화선물은 각각 미국 달러화, 일본 엔화, 중국 위안화, 유로화에 대한 원화 환율을 거래하는 선물계약이 있다.
③ 상품선물로는 금선물, 돈육선물 등이 있다.
④ 한국거래소에서 가장 활발하게 거래되는 선물계약은 KOSPI200지수선물이다.

>ADVICE ① 금리선물로는 각각 3년, 5년, 10년 만기 국채선물이 있다.

41 〈보기〉에서 설명하는 옵션은 무엇인가?

───────── 〈보기〉 ─────────

기초자산을 약정된 행사가격에 살 수 있는 권리를 말하며, 기초 자산을 매입하기로 한 측이 옵션보유자가 되는 경우로, 콜옵션의 매입자는 장래의 일정시점 또는 일정기간 내에 특정 기초자산을 정해진 가격으로 매입할 수 있는 선택권을 가진다.

① 풋옵션   ② 주식옵션
③ 통화옵션   ④ 풋옵션

>ADVICE ① 기초자산을 약정된 행사가격에 팔 수 있는 권리를 말하며, 기초자산을 매도하기로 한 측이 옵션보유자가 되는 경우로, 풋옵션의 매입자는 장래의 일정시점 또는 일정기간 내에 특정 기초자산을 정해진 가격으로 매도할 수 있는 권리를 가진다.
② 옵션 중 가장 흔한 형태로 개별 주식이 기초자산이 되는 옵션이다.
③ 외국통화가 기초자산이 되는 옵션으로 특정 외환을 미리 정한 환율로 사고 팔 수 있는 권리를 매매한다.

42 옵션관련 용어에 대한 설명으로 옳지 않은 것은?

① 옵션매입자 : 옵션계약에서 선택권을 갖는 측
② 행사가격 : 옵션매입자가 선택권을 갖는 대가로 옵션 매도자에게 지급하는 금액
③ 만기일 : 옵션보유자가 선택권을 행사할 수 있도록 정해진 미래의 특정 시점 또는 정해진 기간
④ 기초자산 : 옵션거래의 대상이 되는 상품 또는 자산으로 옵션의 가치를 산정하는 기초가 된다.

> **ADVICE** ② 옵션가격은 션매입자가 선택권을 갖는 대가로 옵션 매도자에게 지급하는 금액이다. 행사가격은 기초자산에 대해 사전에 정한 매수가격 또는 매도가격으로서 옵션보유자가 선택권을 행사하는데 있어서 기준이 되는 가격이다.

43 다음 중 옵션의 분류로 적절하지 않은 것은?

① 권리의 유형에 따른 분류 : 콜옵션, 풋옵션
② 기초자산에 따른 분류 : 주식옵션, 주가지수옵션
③ 권리행사 기간에 따른 분류 : 유럽식 옵션, 미국식 옵션
④ 권리의 유형에 따른 분류 : 금리옵션, 선물옵션

> **ADVICE** ④ 기초자산에 따른 분류 : 주식옵션, 주가지수옵션, 통화옵션, 금리옵션, 선물옵션

44 〈보기〉에서 외화보통예금에 대한 설명으로 옳은 것을 모두 고르면?

---〈보기〉---
㉠ 예치금액, 예치기간 등에 제한이 없다.
㉡ 예치통화의 환율이 오르내릴 경우 환차익이나 환차손이 발생할 수도 있다.
㉢ 약정기간이 길수록 확정이자가 보장되므로 여유자금을 장기간 안정적으로 운용하기에 좋다.
㉣ 매월 일정액 또는 자유롭게 적립하여 예치기간별로 금리를 적용받는 상품이다.

① ㉠, ㉡   ② ㉠, ㉢
③ ㉡, ㉢   ④ ㉢, ㉣

> **ADVICE** ㉢ 외화정기예금에 대한 설명이다.
㉣ 외화적립식예금에 대한 설명이다.

45 〈보기〉에서 설명하는 신탁상품은 무엇인가?

〈보기〉

금전채권, 유가증권, 부동산 등으로 신탁을 설정하고 위탁자의 지시 또는 신탁계약에서 정한 바에 따라 관리·운용·처분한 후 신탁 종료 시 운용재산을 그대로 수익자에게 교부하는 신탁이다.

① 종합재산신탁　　　　　　　　　② 재산신탁
③ 금전신탁　　　　　　　　　　　④ 자본신탁

〉ADVICE ① 금전 및 금전 외 재산을 하나의 계약으로 포괄적으로 설정하는 신탁이다. 하나의 신탁계약에 의해 금전, 유가증권, 부동산, 동산 등 모든 재산권을 종합적으로 관리·운용·처분하여 주는 신탁이다.
③ 금전으로 신탁을 설정하고 신탁 종료시 금전 또는 운용재산을 수익자에게 그대로 교부하는 신탁이다.

46 재간접펀드에 대한 설명으로 옳지 않은 것은?

① 해외의 특정 지역이나 섹터 펀드, 헤지펀드 등 일반투자자가 접근하기 어려운 펀드에 대해서도 분산투자가 가능하다는 장점이 있다.
② 투자자 보호를 위해 재간접펀드는 동일 자산운용사가 운용하는 펀드들에 대한 투자는 펀드자산 총액의 20%를 초과할 수 없다.
③ 분산투자 및 다양한 투자전략의 효과가 있지만 판매보수와 운용보수를 이중으로 지급하는 등 비용 부담이 일반펀드에 비해 높을 수 있다.
④ 펀드의 재산을 다른 펀드가 발행한 간접투자증권에 투자하는 펀드를 말한다.

〉ADVICE ② 투자자 보호를 위해 재간접펀드는 동일 자산운용사가 운용하는 펀드들에 대한 투자는 펀드자산 총액의 50%를 초과할 수 없고 같은 펀드에 대해서는 자산총액의 20%를 초과할 수 없도록 규제하고 있다.

Answer　45.② 46.②

47 선물거래의 기능에 관한 설명으로 옳지 않은 것은?

① 선물거래의 가장 기본적이고 중요한 역할은 가격변동 리스크를 줄이는 헤징 기능이다.
② 선물거래는 장래의 가격정보를 제공하는 기능을 한다.
③ 선물시장에서 경쟁 적으로 형성되는 선물가격은 미래의 현물가격에 대한 기대값을 의미한다.
④ 선물거래는 현물시장의 유동성을 축소시킨다.

⟩**ADVICE** ④ 선물거래는 현물시장의 유동성 확대에도 기여한다.

48 〈보기〉에서 설명하는 펀드의 종류는 무엇인가?

---〈보기〉---

특정한 지수의 움직임에 연동해 운용되는 인덱스 펀드의 일종으로 거래소에 상장되어 실시간으로 매매된다. 지수에 연동되어 수익률이 결정된다는 점에서 인덱스 펀드와 유사하지만 증권시장에 상장되어 주식처럼 실시간으로 매매가 가능하다는 점에서 차이가 있다.

① 상장지수펀드   ② 주가지수연계펀드
③ 부동산투자신탁   ④ 재간접펀드

⟩**ADVICE** ② ELF는 펀드형 상품으로 증권사에서 판매하는 ELS와 유사한 부분이 많다. 국내에서 판매 되는 ELF는 대체로 펀드재산의 대부분을 국공채나 우량 회사채에 투자하여 만기시 원금 을 확보하고 나머지 잔여재산을 증권회사에서 발행하는 권리증서를 편입해 펀드 수익률이 주가에 연동되도록한 구조화된 상품이다.
③ 부동산펀드와 유사한 부동산투자신탁은 투자자금을 모아 부동산 개발, 매매, 임대 및 주 택저당채권 등에 투자한 후 이익을 배당하는 금융 상품이다.
④ 펀드의 재산을 다른 펀드가 발행한 간접투자증권에 투자하는 펀드를 말한다. 즉, 한 개의 펀드에서 다른 여러 가지 펀드들에 분산투자하는 것이다.

Answer   47.④   48.①

49 랩어카운트에 대한 설명으로 옳지 않은 것은?

① 거래할 때마다 수수료를 지불하지 않고 일괄해서 연간 보수로 지급한다.
② 보수는 실제 매매거래의 횟수에 의해 결정된다.
③ 보수에는 주식매매위탁수수료, 운용보수, 계좌의 판매서비스, 컨설팅료 등이 모두 포함된다.
④ 운용서비스 및 그에 따른 부대서비스를 포괄적으로 받는 계약을 의미한다.

>ADVICE ② 보수는 실제 매매거래의 횟수 등과 무관하게 자산잔액의 일정 비율(약 1~3% 수준)로 결정된다.

50 〈보기〉에서 설명하고 있는 외화예금 관련 금융상품은?

┌─────────────────〈보기〉─────────────────┐
• 외화를 매월 일정액 또는 자유롭게 적립하여 예치기간별로 금리를 적용받는 상품이다.
• 은행별로 차이는 있으나 계약기간을 1개월에서 24개월까지 자유롭게 선정할 수 있다.
└──────────────────────────────────────┘

① 외화적립식예금   ② 외화정기예금
③ 외화보통예금   ④ 외화적금

>ADVICE ① 외화를 매월 일정액 또는 자유롭게 적립하여 예치기간별로 금리를 적용받는 상품이다. 은행별로 차이는 있으나 계약기간을 1개월에서 24개월까지 자유롭게 선정할 수 있다. 정기적금과 비슷하나 정기적금보다는 적립일, 적립 횟수에 제한이 없는 등 자유롭게 운영된다.
② 외화로 예금하고 인출하는 정기예금으로, 약정기간이 길수록 확정이자가 보장되므로 여 유자금을 장기간 안정적으로 운용하기에 좋다.
③ 보통예금처럼 예치금액, 예치기간 등에 제한이 없고 입출금이 자유로운 외화예금이다.

Answer 49.② 50.①

51 〈보기〉에서 설명하는 저축상품은 무엇인가?

───────────────────────── 〈보기〉 ─────────────────────────

• 종합금융회사나 증권회사가 고객의 예탁금을 어음 및 국·공채 등 단기금융상품에 직접 투자하여 운용한 후 그 수익을 고객에게 돌려주는 단기 금융상품이다.
• 개인이나 기업이 1개월에서 6개월 정도의 여유자금을 운용하기에 적합한 저축수단이다.
• 예탁금에 제한이 없고 수시 입출금이 허용되면서도 실세금리 수준의 수익을 올릴 수 있다.

① 단기금융상품펀드   ② 어음관리계좌
③ 시장금리부 수시입출금식예금   ④ 가계당좌예금

> **ADVICE** ② 어음관리계좌(CMA)에 대한 설명이다.
> ① MMF는 고객의 돈을 모아 주로 CP(기업어음), CD(양도성예금증서), RP(환매조건부채권), 콜(call) 자금이나 잔존만기 1년 이하의 안정적인 국공채로 운용하는 실적배당상품이다.
> ③ 우체국이나 은행에 맡긴 자금을 단기금융상품에 투자해 얻은 이익을 이자로 지급하는 구조로 되어 있어 시장실세금리에 의한 고금리가 적용되고 입출금이 자 유로우며 각종 이체 및 결제기능이 가능한 단기상품이다.
> ④ 가계수표를 발행할 수 있는 개인용 당좌예금이며 무이자인 일반 당좌예금과는 달리 이자가 지급되는 가계우대성 요구불예금이다.

52 저축상품의 성격이 다른 하나는?

① 정기예금   ② 양도성예금증서
③ 정기예탁금   ④ 주택청약종합저축

> **ADVICE** ④ 특수목적부 상품
> ①②③ 목돈운용을 위한 상품(거치식 예금)

53 저축상품의 성격이 다른 하나는?

① 가계당좌예금   ② 어음관리계좌
③ 주가지수연동 정기예금   ④ 단기금융상품펀드

> **ADVICE** ①②④ 입출금이 자유로운 상품
> ③ 목돈운용을 위한 상품(거치식 예금)

Answer   51.② 52.④ 53.③

54 〈보기〉에서 설명하는 저축상품은 무엇인가?

---〈보기〉---

원금을 안전한 자산에 운용하여 만기 시 원금은 보장되고 장래에 지급할 이자의 일부 또는 전부를 주가지수의 움직임에 연동한 파생상 품에 투자하여 고수익을 추구하는 상품이다.

① 양도성예금증서   ② 주가지수연동 정기예금
③ 어음관리계좌   ④ 환매조건부채권

> **ADVICE** ① 정기예금에 양도성을 부여한 특수한 형태의 금융상품으로 은행이 무기명 할인식으로 발행하여 거액의 부동자금을 운용하는 수단으로 자주 활용된다.
> ③ 종합금융회사나 증권회사가 고객의 예탁금을 어음 및 국·공채 등 단기금융상품에 직접 투자하여 운용한 후 그 수익을 고객에게 돌려주는 단기 금융상품이다.
> ④ 금융회사가 보유하고 있는 국채, 지방채, 특수채, 상장법인 및 등록법인이 발행하는 채권 등을 고객이 매입하면 일정기간이 지난 뒤 이자를 가산하여 고객으로부터 다시 매입하겠다는 조건으로 운용되는 단기 금융상품이다.

55 펀드에 대한 설명으로 옳은 것은?

① 환매여부에 따라 개방형 펀드와 폐쇄형 펀드로 나뉜다.
② 추가불입 여부에 따라 공모형펀드, 사모형 펀드로 나뉜다.
③ 투자방식에 따라 단위형펀드와 추가형펀드로 나뉜다.
④ 자금모집 방법에 따라거치식펀드, 적립식펀드, 임의식펀드로 나뉜다.

> **ADVICE** ② 추가불입 여부에 따라 단위형펀드와 추가형펀드로 나뉜다.
> ③ 투자방식에 따라 거치식펀드, 적립식펀드, 임의식펀드로 나뉜다.
> ④ 자금모집 방법에 따라 공모형펀드, 사모형 펀드로 나뉜다.

`Answer`   54.②   55.①

56 MMDA, MMF, CMA를 비교한 표이다. (   ) 안에 들어갈 말로 옳은 것은?

상품명	취급금융회사	예금자보호	이율	이체 및 결제
MMDA	은행	(㉡)	확정금리(차등)	가능
MMF	은행, 증권사	비보호	실적배당	불가능
CMA	(㉠), 증권사	종합금융형 CMA만 보호	실적배당	(㉢)

	㉠	㉡	㉢
①	은행	보호	불가능
②	은행	비보호	불가능
③	종금사	비보호	가능
④	종금사	보호	가능

> **ADVICE** MMDA, MMF, CMA 비교

상품명	취급금융회사	예금자보호	이율	이체및결제
MMDA	은행	보호	확정금리(차등)	가능
MMF	은행, 증권사	비보호	실적배당	불가능
CMA	종금사, 증권사	종합금융형 CMA만 보호	실적배당	가능

57 재간접펀드에 대한 설명으로 옳지 않은 것은?

① 펀드의 재산을 다른 펀드가 발행한 간접투자증권에 투자하는 펀드이다.
② 해외의 특정 지역이나 섹터 펀드, 헤지펀드 등 일반투자자가 접근하기 어려운 펀드에 대해서도 분산투자가 가능하다는 장점이 있다.
③ 일반펀드에 비해 비용부담이 낮은 편이다.
④ 재간접펀드는 동일 자산운용사가 운용하는 펀드들에 대한 투자는 펀드자산 총액의 50%를 초과할 수 없다.

> **ADVICE** ③ 재간접펀드는 분산투자 및 다양한 투자전략의 효과가 있지만 판매보수와 운용보수를 이중으로 지급하는 등 비용부담이 일반펀드에 비해 높을 수 있다.

58 종류형펀드와 내용이 바르게 연결된 것은?

① A클래스 – 펀드 및 기관투자자용 펀드
② F클래스 – 고액거래자용 전용 펀드
③ W클래스 – Wrap Account 전용 펀드
④ I클래스 – 가입 시 선취판매수수료 징구

>ADVICE ① A클래스 – 가입 시 선취판매수수료 징구
② F클래스 – 펀드 및 기관투자자용 펀드
④ I클래스 – 고액거래자용 전용 펀드

59 종류형펀드와 내용이 바르게 연결되지 않은 것은?

① S클래스 – 펀드슈퍼마켓에서 전용 펀드
② O클래스 – 사전지정운용제도(디폴트옵션) 전용 펀드
③ P클래스 – 근로자퇴직급여 보장법에 근거 설정된 경우
④ H클래스 – 온라인 전용펀드

>ADVICE ④ H클래스 – 장기주택마련저축용 펀드

Answer   58.③ 59.④

60 시간분산투자법에 대한 설명으로 옳지 않은 것을 모두 고르면?

―――――――――――――――〈보기〉―――――――――――――――

㉠ 몇 개의 시점으로 나누어 금융투자상품을 매수 또는 매도를 함으로써 가격이 급등락하는 상황에서도 매수가격이나 매도가격을 평균화하는 것이다.
㉡ 일정한 기간별로 고정된 금액을 계속 투자하는 정액분할투자법이 널리 활용되고 있다.
㉢ 금액은 일정하더라도 자동적으로 주가가 높은 달에는 주식을 많이, 주가가 낮은 달에는 주식을 적게 매입하게 되어 평균 매입단가가 낮아지게 된다.
㉣ 액분할투자를 장기적으로 하면 매입가격 평균화 효과에 의해 가격 변동에 비교적 적게 영향을 받고 안정적으로 투자를 할 수 있게 된다.

① ㉠

② ㉡

③ ㉢

④ ㉠, ㉡, ㉢

》ADVICE ㉢ 자동적으로 주가가 높은 달에는 주식을 적게, 주가가 낮은 달에는 주식을 많이 매입하게 되어 평균 매입단가가 낮아지게 된다.

Answer   60.③

01 최근 기출문제 분석

2010. 7. 14. 시행

1 금융시장에 관한 설명으로 옳지 않은 것은?

① 직접금융거래 수단에는 주식, 채권 등이 있다.

② 만기 1년 이상의 채권이나 만기가 없는 주식이 거래되는 시장은 자본시장이다.

③ 딜러, 브로커 등이 거래를 중개하는 점두시장은 장외시장으로 분류된다.

④ 우리나라 프리보드(Free Board)는 채무증서시장으로 분류된다.

ADVICE ④ 우리나라 프리보드는 주식시장으로 분류된다.

※ **채무증서시장** … 차입자가 만기까지 일정한 이자를 정기적으로 지급할 것을 약속하고 발행한 채무증서가 거래되는 시장으로 우리나라의 경우 기업어음시장, 양도성예금시장, 표지어음시장, 통화안정증권시장, 국채·회사채·금융채 등의 채권시장이 해당된다.

2 주식투자 및 채권투자의 주요 내용에 대한 설명으로 옳은 것을 모두 고른 것은?

> ㉠ 신종자본증권은 대부분 발행 후 5년이 지나면 투자자가 채권에 대해 상환을 요구할 수 있는 풋옵션이 부여되어 있다.
>
> ㉡ 채권의 가격은 시장금리 및 발행기관의 신용 변화에 영향을 받아 변동하게 되며, 다른 요인들이 모두 동일하다면 채권은 잔존기간이 짧아질수록 가격의 변동성이 증가한다.
>
> ㉢ 유상증자는 기업의 재무구조를 개선하고 타인자본에 대한 의존도를 낮출 수 있는 반면, 무상증자는 회사와 주주의 실질재산에는 변동이 없다. 유·무상증자 권리락일에는 신주인수권 가치만큼 기준 주가가 하락한 상태에서 시작하게 된다.
>
> ㉣ 2021.3.9.(화)에 유가증권시장에서 매입한 주식(전일종가 75,000원)의 당일 중 최소 호가 단위는 100원이며, 주중에 다른 휴장일이 없다면 2021.3.11.(목) 개장 시점에 증권계좌에서 매입대금은 출금되고 주식은 입고된다.

① ㉠, ㉡
③ ㉡, ㉢
② ㉠, ㉣
④ ㉢, ㉣

> **ADVICE** ㉠ 신종자본증권은 대부분 발행 후 5년이 지나면 투자자가 채권에 대해 상환을 요구할 수 있는 콜옵션이 부여되어 있다.
>
> ㉡ 채권 가격은 현재 가치, 만기, 지급 불능 위험 등 여러 요인에 따라 결정된다.
>
> ※ 채권변동성의 특성
> - **표면이율**(이자지급횟수) : 표면이율이 낮을수록 채권의 변동성은 커진다.
> - **만기**(잔존기간) : 만기가 길어질수록 채권의 변동성은 커진다.
> - **만기수익률** : 만기수익률이 낮을수록 채권의 변동성은 커진다.

Answer 2.④

3 〈보기〉에서 증권투자 또는 증권분석에 대한 설명으로 옳은 것을 모두 고른 것은?

---〈보기〉---

㉠ 무상증자와 주식배당은 주주들의 보유 주식 수가 늘어나고, 주주의 실질 재산에는 변동이 없다는 점에서 유사하다.

㉡ 전환사채(CB)나 신주인수권부사채(BW)는 보유자에게 유리한 선택권이 주어지기 때문에 다른 조건이 동일하다면 일반사채에 비해 높은 금리로 발행된다.

㉢ 우선주와 채권은 회사경영에 대한 의결권이 없고, 법인이 우선주 배당금 또는 채권 이자 지급 시 비용처리를 할 수 없다는 공통점이 있다.

㉣ 이자보상배율이 높으면 이자 비용을 충당하기에 충분한 영업 이익이 있다는 뜻이고 이자보상배율이 1보다 작다면 기업이 심각한 재무적 곤경에 처해 있다고 볼 수 있다.

① ㉠, ㉢   ② ㉠, ㉣
③ ㉡, ㉢   ④ ㉡, ㉣

> ADVICE ㉡ 전환사채는 보유자가 자신에게 유리할 때만 전환권을 행사하여 추가적인 수익을 꾀할 수 있는 선택권이 주어지기 때문에 다른 조건이 동일하다면 일반사채에 비해 낮은 금리로 발행된다. 신주인수권부사채는 보유자에게 유리한 선택권이 주어지기 때문에 다른 조건이 같다면 일반사채에 비해 낮은 금리로 발행된다.
> ㉢ 우선주 배당금 지급시 법인 비용처리 불가하다는 사실은 우선주와 채권의 차이점에 해당한다.

4 채권에 대한 설명으로 옳지 않은 것은?

① 채권은 정부, 지방자치단체, 금융회사 또는 신용도가 높은 주식회사 등이 발행하므로 채무 불이행 위험이 상대적으로 낮다.

② 전환사채는 발행회사가 보유 중인 타 회사의 주식을 보유하게 되는 반면 교환사채는 발행회사의 주식을 보유하게 된다는 점에서 차이가 있다.

③ 우리나라에서 주로 발행되는 주가지수연계채권(원금보장형)은 투자금액의 대부분을 일반 채권에 투자하고 나머지를 파생상품(주로 옵션)에 투자하는 방식으로 운용된다.

④ 첨가소화채권은 주택 또는 자동차를 구입하거나 부동산을 담보로 대출을 받을 때 의무적으로 매수해야 하는 채권으로 정부나 지방자치단체 등이 공공사업추진을 위한 재원을 조달하려는 목적으로 발행하는 채권이다.

> ADVICE ② 전환사채의 경우에는 전환을 통해 발행회사의 주식을 보유하게 되는 반면에 교환사채의 경우는 발행회사가 보유 중인 타 회사의 주식을 보유하게 된다는 점에서 차이가 있다.

Answer   3.② 4.②

5 투자의 위험(risk)에 대한 설명으로 옳지 않은 것은?

① 투자에서의 위험은 미래에 받게 되는 수익이 불확실성에 노출되는 정도를 의미하며 부정적 상황 외 긍정적 가능성도 포함된다.
② 분산투자를 통해서 위험의 크기를 줄일 수 없는 부분을 분산불가능 위험 또는 비체계적 위험이라고 한다.
③ 투자 레버리지 공식에 따르면 총 투자액 1천만 원 중 5백만 원이 자기 자본일 경우, 레버리지는 2배가 된다.
④ 투자의 기대수익률은 리스크가 없는 상태에서의 수익률인 무위험 수익률과 리스크에 대한 보상으로 증가하는 기대수익률인 리스크 프리미엄을 합한 값과 같다.

ADVICE ② 분산투자를 통해서 위험을 줄일 수 있는 부분은 분산가능 위험 또는 비체계적 위험이라 하고 분산투자로도 그 크기를 줄일 수 없는 부분은 분산불가능 위험 또는 체계적 위험이라고 한다.

6 주식투자와 채권투자에 대한 설명으로 옳은 것은?

① 유상증자는 기업의 자기 자본이 확대되기 때문에 기업의 재무구조를 개선하고 타인 자본에 대한 의존도를 낮춘다.
② 우선주는 배당이나 잔여재산분배에 있어 사채권자보다 우선순위가 높은 주식을 말하며 의결권이 제한되는 특징이 있다.
③ 교환사채는 회사채의 형태로 발행되지만 일정 기간이 경과된 후 보유자의 청구에 의하여 발행 회사의 주식으로 교환할 수 있다.
④ 주식 분할은 현금 대신 주식으로 배당을 실시하여 이익을 자본으로 전입하는 것을 의미하며 기업이 재무적으로 어렵거나 현금을 아껴야 할 필요가 있을 때 이루어진다.

ADVICE ② 우선주는 배당이나 잔여재산분배에 있어서 사채권자보다는 우선순위가 낮으나 보통주 주주보다는 우선권이 있는 주식을 말한다.
③ 교환사채란 회사채의 형태로 발행되지만 일정기간이 경과된 후 보유자의 청구에 의하여 발행회사가 보유 중인 다른 주식으로의 교환을 청구할 수 있는 권리가 부여된 사채이다.
④ 주식배당처럼 주식분할도 분할 이전에 비해 더 많은 주식을 소유하지만 현금배당 대신에 지급되는 것이 아니며 보다 많은 투자자들에게 그 기업의 주식을 매수할 수 있게 하기 위해 주식의 시장가격을 낮추고자 할 때 발생한다. 주식분할을 액면분할이라고도 한다.

Answer 5.② 6.①

1 저축에 대한 설명으로 옳지 않은 것은?

① 단리의 경우 기간에 비례하여 일정한 비율로 증가하지만 복리의 경우에는 기간이 길어질수록 기하급수적으로 그 금액이 증가하게 된다.

② 저금리가 고착화되면 낮은 수익률을 보이는 저축보다는 어느 정도 리스크를 감당하더라도 수익률을 높일 수 있는 투자에 대한 관심이 커진다.

③ 단리는 일정한 기간에 오직 원금에 대해서만 미리 정한 이자율을 적용하여 이자를 계산하는 방법이다.

④ 투자는 미래의 현금흐름에 불확실성이 존재하기 때문에 저축으로 볼 수 없다.

>**ADVICE** ④ 현재의 소비를 포기하고 미래에 소비하려는 것이기 때문에 투자도 저축으로 볼 수 있다.

2 연 5%의 이자율로 100만 원을 5년 동안 단리로 저축하면 얼마가 되는가?

① 1,100,000원　　　　　　　　　　② 1,150,000원

③ 1,200,000원　　　　　　　　　　④ 1,250,000원

>**ADVICE** $1,000,000 \times (1 + (0.05 \times 5)) = 1,250,000(원)$

3 연 4%의 이율로 200만 원을 10년 동안 복리로 저축하면 얼마가 되는가?

① 2,840,330원　　　　　　　　　　② 2,856,480원

③ 2,960,480원　　　　　　　　　　④ 2,970,330원

>**ADVICE** $2,000,000 \times (1 + 0.04)^{10} = 2,960,480$

Answer　1.④　2.④　3.③

4 저축에 대한 설명으로 옳은 것은?

① 72의 법칙을 이용하면 복리로 계산하여 원금이 세 배가 되는 시기를 쉽게 알아볼 수 있다.
② 복리계산은 원금뿐 아니라 발생한 이자도 재투자된다고 가정한다.
③ 단리계산은 원금에만 이자가 발생한다.
④ 장기적으로 자금을 운용할 경우에는 단리보다는 복리가 더 유리하다.

>**ADVICE** ① 72의 법칙을 이용하면 복리로 계산하여 원금이 두 배가 되는 시기를 쉽게 알아볼 수 있다.

5 〈보기〉에 들어갈 말을 순서대로 나열한 것은?

────────────── 〈보기〉 ──────────────
• 지속적으로 물가가 (   )하는 것을 인플레이션이라고 한다.
• 인플레이션이 있으면 화폐가치가 (   )한다.
─────────────────────────────────────

① 상승   하락
② 상승   상승
③ 하락   상승
④ 하락   하락

>**ADVICE** 지속적으로 물가가 상승하는 것을 인플레이션이라고 한다. 인플레이션이 있으면 똑같은 돈으로 구입할 수 있는 물건이 줄어들기 때문에 화폐 가치가 하락하는 것이다.

6 투자와 수익에 대한 설명으로 옳지 않은 것은?

① 수익은 투자한 양과 회수되거나 회수될 양과의 차이를 말한다.
② 보유기간수익률은 투자기간이 서로 다른 경우에는 비교가 불가능하기 때문에 통상 3년을 기준으로 표준화하여 표시하는 것이 일반적이다.
③ 투자는 개인이 자산을 다양하게 운용하고 관리하기 위해 활용할 수 있는 일종의 금융적 도구이다.
④ 비교적 단기간에 부당한 이득을 취하려는 경우는 투기다.

>**ADVICE** ② 보유기간수익률은 투자기간이 서로 다른 경우에는 비교가 불가능하기 때문에 통상 1년을 기준으로 표준화하여 표시하는 것이 일반적이다.

Answer   4.① 5.① 6.②

7 수익률 계산 시 고려해야 할 사항으로 옳지 않은 것은?

① 거래횟수가 잦을수록 비용 대비 수익이 낮아지므로 단기투자가 유리하다.
② 거래비용이나 세금과 같이 명시적인 비용 이외에도 암묵적으로 발생하는 비용을 기회비용이라고 한다.
③ 정보수집 비용도 암묵적인 비용의 일부로 볼 수 있다.
④ 저축이나 투자를 통해 발생한 수익에 대해 과세가 된다면 세금을 제외한 나머지가 실질적인 수익이 되므로 세전 수익률과 세후 수익률을 구분할 필요가 있다.

>ADVICE ① 거래횟수가 잦을수록 비용 대비 수익이 낮아지게 되어 장기투자가 유리하다.

8 민수는 주식에 200만 원을 투자했고, 1년 후 주식 가치는 210만 원이 되었으며 1만 원의 배당금을 받았다. 민수의 총 투자 수익률은 얼마인가?

① 4.0%   ② 4.5%
③ 5.0%   ④ 5.5%

>ADVICE 최종가치＝210만 원+1만 원＝211만 원

$$\left(\frac{211-200}{200}\right)\times 100 = 0.055 \times 100 = 5.5(\%)$$

9 영희는 부동산에 1억 원을 투자했는데, 1년 후 9,500만 원으로 떨어졌다. 영희의 투자 수익률은 얼마인가?

① −10%   ② −5%
③ 0%   ④ 5%

>ADVICE $\left(\frac{9,500-10,000}{10,000}\right)\times 100 = -0.05 \times 100 = -5(\%)$

10 수현은 자기자본 1,000만 원에 대출 2,000만 원을 받아 총 3,000만 원을 주식에 투자했다. 주식 가격이 10% 상승했다면 수현의 자기자본 기준 수익률은 얼마인가? (대출 이자는 무시한다)

① 10%

② 20%

③ 30%

④ 40%

▶ADVICE 총 수익=3,000만 원×10%=300만 원

$$\frac{300}{1000} \times 100 = 30 (\%)$$

실제 주식은 10% 올랐지만, 수현의 수익률은 30%로 3배 확대되었다.

11 투자의 위험에 대한 설명으로 옳지 않은 것은?

① 수출 주력 기업의 경우, 환율이 상승하면 유리해지고 하락하면 불리해질 수 있다.

② 리스크가 전혀 없는 상태에서의 수익률을 무위험수익률이라고 한다.

③ 미래에 받게 되는 수익이 불확실성에 노출되는 정도를 의미하며 부정적 상황만을 의미한다.

④ 안정성을 선호한다면 리스크가 낮은 저축의 비중을 높이되 높은 수익을 원한다면 리스크를 떠안고 투자의 비중을 높여야 한다.

▶ADVICE ③ 미래에 받게 되는 수익이 불확실성에 노출되는 정도를 의미하며 부정적 상황 외에 긍정적 가능성도 내포한다.

12 「자본시장과 금융투자업에 관한 법률」에 관한 설명으로 옳지 않은 것은?

① 자본시장법은 금융규제 완화로 인한 원금손실 가능 금융투자상품의 대거 등장에 따라 투자권유제도를 도입하고 투자상품의 판매 및 영업에 관한 절차를 통일하는 등 투자자보호 장치를 강화하고 있다.

② 일반투자자에게 금융투자상품을 판매할 경우 여러 투자 권유 준칙을 지키며 판매할 것을 규정하고 있다.

③ 표준투자권유준칙은 금융투자상품의 판매자인 금융회사와 소속 직원들의 입장에서 투자 권유를 함에 있어서 꼭 지켜야 할 기준과 절차이다.

④ 권리취득에 소요되는 비용이 그러한 권리로부터 발생하는 금액보다 적을 가능성이 있는 상품을 금융투자상품이라고 한다.

▶ADVICE ④ 권리취득에 소요되는 비용(투자금액)이 그러한 권리로부터 발생하는 금액보다 클 가능성이 있는(원금손실의 가능성이 있는) 상품을 금융투자상품이라고 한다.

Answer 10.③ 11.③ 12.④

13 표준투자권유준칙상에 따른 판매 프로세스의 순서로 옳은 것은?

① 일반투자자와 전문투자자의 구분 – 투자권유 절차 – 설명의무 – 투자 권유희망여부 파악 – 관련 서류의 교부

② 일반투자자와 전문투자자의 구분 – 투자 권유희망여부 파악 – 투자권유 절차 – 설명의무 – 관련 서류의 교부

③ 투자 권유희망여부 파악 – 일반투자자와 전문투자자의 구분 – 투자권유 절차 – 설명의무 – 관련 서류의 교부

④ 투자 권유희망여부 파악 – 일반투자자와 전문투자자의 구분 – 설명의무 – 관련 서류의 교부 – 투자권유 절차

> **ADVICE** 표준투자권유준칙상의 판매 프로세스

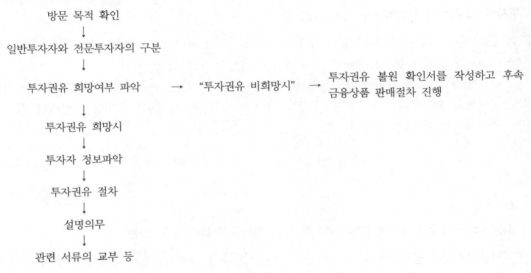

14 금융투자업자의 투자자 보호장치와 설명이 바르게 연결되지 않은 것은?

① 고객알기제도 – 일반투자자와 전문투자자인지 파악해야 함

② 적합성원칙 – 투자권유는 투자자의 투자목적 · 재산상태 · 투자경험 등에 적합해야 함

③ 적정성원칙 – 파생상품 등이 일반투자자에게 적정한지 여부 판단

④ 설명의무 – 투자권유 시 금융상품의 내용 · 위험에 대하여 설명하고 이해했음을 서면 등으로 확인 받도록 함

> **ADVICE** ① 고객알기제도–투자자의 특성을 면담 · 질문 등을 통하여 파악한 후 서면 등으로 확인 받아야 함

Answer 13.② 14.①

15 주식에 대한 설명으로 옳지 않은 것은?

① 주식회사는 법률상 반드시 의사결정기관인 주주총회, 업무집행의 대표기관인 이사회 및 대표이사, 감독기관인 감사를 두어야 한다.

② 회사에 순이익이 발생하면 잔여재산 분배청구권을, 혹시 회사가 망하는 경우에는 남은 재산에 대한 이익배당청구권을 갖는다.

③ 주주는 주주평등의 원칙에 따라 주주가 갖는 주식 수에 따라 평등하게 취급되므로 보유한 주식 지분만큼의 권리와 책임을 갖게 된다.

④ 주식회사의 주주는 유한책임을 원칙으로 하므로 출자한 자본액의 한도 내에서만 경제적 책임을 진다.

》ADVICE ② 회사에 순이익이 발생하면 이익배당청구권을, 혹시 회사가 망하는 경우에는 남은 재산에 대한 잔여재산 분배청구권을 갖는다.

16 〈보기〉에서 주주의 공익권을 모두 고르면?

┌─────────────────〈보기〉─────────────────┐
| ㉠ 의결권   ㉡ 잔여재산 분배청구권 |
| ㉢ 회계장부 열람청구권   ㉣ 신주인수권 |
| ㉤ 주주 총회 소집요구권   ㉥ 주식명의개서청구권 |
└───┘

① ㉠, ㉡, ㉤   ② ㉡, ㉣, ㉥
③ ㉠, ㉢, ㉤   ④ ㉡, ㉢, ㉤

》ADVICE 주주의 공익권으로는 주주 총회에서 이사 선임 등 주요 안건에 대한 의결에 지분 수에 비례하여 참여할 수 있는 의결권, 회계장부와 관련된 주요 정보의 열람을 청구할 수 있는 회계장부 열람청구권, 이미 선임된 이사를 임기 전이라도 일정 수 이상의 주주의 동의를 얻어 해임을 요구할 수 있는 이사해임청구권, 일정 수 이상의 주주 동의로 임시 주주총회 소집을 요구할 수 있는 주주 총회 소집요구권 등이 포함된다.

Answer   15.② 16.③

17 주주가 갖는 권리 중 그 성격이 다른 것은?

① 이익배당청구권   ② 신주인수권
③ 주식명의개서청구권   ④ 이사해임청구권

> **ADVICE** 이익배당청구권이나 잔여재산 분배청구권, 신주인수권, 주식매수청구권, 주식명의개서청구권 및 무기명주권의 기명주권으로의 전환청구권 등은 자익권에 속한다.

18 주식 투자에 대한 설명으로 옳지 않은 것은?

① 배당금을 받기 위해서는 사업연도가 끝나는 시점에 주식을 보유하고 있어야 하며, 주주총회가 끝나는 날까지 배당금을 지급받을 주주 변경을 금지한다.
② 부동산과 달리 주식은 증권시장을 통하여 자유롭게 사고팔아 현금화할 수 있다.
③ 거래비용도 저렴하며 매매절차가 간단하며 환금성의 위험이 존재하지 않는다.
④ 소액주주의 상장주식 매매차익에 대해서는 양도소득세가 없으며 배당에 대해서만 배당소득세가 부과된다.

> **ADVICE** ③ 주식은 거래비용도 저렴하며 매매절차가 간단하고 배당금 수령이나 보관 등도 증권회사에서 대행해주므로 편리하다. 다만, 주식 중에는 거래 물량이 적어 주식을 사거나 파는 것이 어려운 종목도 있으므로 환금성의 위험 또한 존재할 수 있다.

19 신주인수권의 배정방법 중 실권주 발생 시 일반투자자를 대상으로 청약을 받은 다음 청약 미달 시 이사회 결의로 그 처리방법 결정하는 방법은 무엇인가?

① 주주배정방식   ② 주주우선공모방식
③ 제3자 배정방식   ④ 일반공모방식

> **ADVICE** ① 주주배정방식 : 기존주주와 우리사주조합에게 신주를 배정하고 실권주 발생 시 이사 회 결의에 따라 처리방법 결정
> ③ 제3자 배정방식 : 기존주주 대신 관계회사나 채권은행 등 제3자가 신주인수를 하도록 하는 방식
> ④ 일반공모방식 : 기존주주에게 신주인수권리를 주지 않고 일반투자자를 대상으로 청약을 받는 방식

Answer   17.④   18.③   19.②

20 주식의 발행에 관한 설명으로 옳은 것은?

① 창업 초기 기업은 주로 불특정다수인에게 주식을 발행하여 자금을 조달한다.
② 거래소에 상장된 후 기업은 자금이 필요해지면 유상증자를 통해 추가적으로 주식을 발행할 수 있다.
③ 최초기업공개 시에는 대부분 직접발행 방식이 사용된다.
④ 간접발행은 유상증자를 통해 기존 주주 또는 제3자에게 주식을 배정하는 경우에 주로 사용된다.

>ADVICE ① 창업 초기 기업은 주로 소수의 특정인에게 주식을 발행하여 자금을 조달한다.
③ 최초기업공개 시에는 대부분 간접발행 방식이 사용된다.
④ 직접발행은 유상증자를 통해 기존 주주 또는 제3자에게 주식을 배정하는 경우에 주로 사용된다.

21 주식회사의 유상증자 방식 중 '주주배정방식'에 해당하는 것은?

① 주주배정방식과 거의 동일하나 실권주 발생 시 일반투자자를 대상으로 청약을 받은 다음 청약 미달 시 이사회 결의로 그 처리방법 결정
② 기존주주에게 신주인수권리를 주지 않고 일반투자자를 대상으로 청약을 받는 방식
③ 기존주주와 우리사주조합에게 신주를 배정하고 실권주 발생 시 이사회 결의에 따라 처리방법 결정
④ 기존주주 대신 관계회사나 채권은행 등 제3자가 신주인수를 하도록 하는 방식

>ADVICE ① 주주우선공모방식
② 일반공모방식
④ 제3자 배정방식

22 유상증자와 무상증자에 대한 설명으로 옳지 않은 것은?

① 무상증자는 기업이 재무구조를 개선하고 타인자본에 대한 의존도를 낮추는 대표적인 방법이다.
② 자금조달을 위해 기업이 유상증자를 할 경우 원활한 신주 매각을 위해 일반적으로 20~30% 할인하여 발행한다.
③ 무상증자를 할 경우, 회사와 주주의 실질재산에는 변동이 없다.
④ 권리락일에는 신주인수권 가치만큼 기준주가가 하락하여 시작하게 된다.

>ADVICE ① 유상증자는 기업이 재무구조를 개선하고 타인자본에 대한 의존도를 낮추는 대표적인 방법이다.

Answer   20.② 21.③ 22.①

23 주식배당에 대한 설명으로 옳은 것은?

① 주식배당 시 신주발행가격은 시장가로 정해진다.
② 주식배당은 배당가능이익의 100% 이내로 제한된다.
③ 주식배당 시 주주들의 보유 주식 수는 줄어든다.
④ 주식의 시장가격이 액면가 이상인 상장법인은 배당가능이익의 100%까지 가능하다.

> **ADVICE** ① 주식배당 시 신주발행가격은 액면가로 정해진다.
> ② 주식배당은 배당가능이익의 50% 이내로 제한된다.
> ③ 주식배당 시 주주들의 보유 주식 수는 늘어난다.

24 〈보기〉에서 설명하는 주식의 종류는 무엇인가?

─── 〈보기〉 ───

기업의 영업실적이나 수익 증가율이 시장평균보다 높을 것으로 기대되는 주식으로, 주로 수익을 기업내부에 유하여 높은 성장률과 기업가치 증대에 주력하고 배당금으로 분배하는 부분은 많지 않다.

① 보통주   ② 우선주
③ 성장주   ④ 경기방어주

> **ADVICE** ③ 성장주는 기업의 영업실적이나 수익 증가율이 시장평균보다 높을 것으로 기대되는 주식으로, 주로 수익을 기업내부에 유보(재투자)하여 높은 성장률과 기업가치 증대에 주력하고 배당금으로 분배하는 부분은 많지 않다. 즉, 배당소득보다는 자본이득에 중점을 두어야 하는 시기에 적합한 투자대상이라 할 수 있다.

25 주식의 종류와 설명이 바르게 연결되지 않은 것은?

① 배당주 – 주식의 매매차익을 노리기보다는 주식을 보유하면서 정기적으로 수익을 얻으려는 투자자들이 관심을 갖는 주식이다.
② 가치주 – 주식의 내재가치보다 현재의 주가수준이 낮게 형성되어 있으나 기업의 이익이나 자산의 구조를 볼 때 앞으로 가격이 오를 것으로 생각되는 주식이다.
③ 경기순환주 – 경제의 활동수준에 따라 기업의 영업실적이나 수익의 변화가 심한 주식을 말한다.
④ 소형주 – 시가총액이 101위 이하의 기업의 주식을 말한다.

Answer   23.④ 24.③ 25.④

26 주식 유통시장에 대한 설명으로 옳지 않은 것은?

① 유가증권시장은 한국거래소(KRX)가 개설·운영하는 시장으로 엄격한 상장 요건을 충족하는 주식이 상장(되어 거래되는 시장이다.

② 코스닥시장은 증권거래소와 코스닥시장, 선물거래소를 말한다.

③ 코넥스의 투자주체는 증권사·펀드·정책금융기관·은행·보험사·각종 연기금 등 자본시장법상의 전문투자자로 제한된다.

④ K-OTC시장은 유가증권시장·코스닥·코넥스에서 거래되지 못하는 비상장주식 가운데 일정 요건을 갖추어 지정된 주식의 매매를 위해 한국금융투자협회가 개설·운영하는 제도화·조직화된 장외시장이다.

27 주식의 매매체결에 대한 설명으로 옳지 않은 것은?

① 오전 8시 30분부터 동시호가에 주문을 내는 것이 가능하고 여기에서 제시된 가격과 수량을 통해 오전 9시에 단일가로 매매가 체결되면서 시초가가 결정된다.

② 매수 주문의 경우 가장 낮은 가격을, 매도주문의 경우 가장 높은 가격을 우선적으로 체결한다.

③ 동일한 가격의 주문 간에는 시간상 먼저 접수된 주문을 체결하게 된다.

④ 시초가와 종가의 경우는 시간의 선후에 상관없이 일정 시간 동안 주문을 받아 제시된 가격을 모아 단일가격으로 가격이 결정되는 동시호가제도를 채택하고 있다.

28 한국거래소 주식 매매거래 시간으로 옳지 않은 것은?

① 장 전 종가매매 : 08:30~08:50
② 동시호가 : 08:30~09:00, 15:20~15:30
③ 장 후 종가매매 : 15:30~16:00 (체결은 15:40부터, 10분간 접수)
④ 시간외 단일가매매 : 16:00~18:00 (10분 단위, 총 12회 체결)

>ADVICE 한국거래소 주식 매매거래 시간

체결방식	시간
장 전 종가매매	08:30~08:40
동시호가	08:30~09:00, 15:20~15:30
정규시장매매	09:00~15:30
장 후 종가매매	15:30~16:00(체결은 15:40부터, 10분간 접수)
시간외 단일가매매	16:00~18:00(10분 단위, 총 12회 체결)

29 주식의 주문방법에 대한 설명으로 옳은 것은?

① 대부분의 주식거래는 시장가 주문에 의해 이루어진다.
② 유가증권시장의 주식매매 단위는 10주이다.
③ 최소 가격 변동폭은 500원이다.
④ 우리나라는 전일 종가 대비 ±30% 이내에서 가격이 변동하여 상·하한가가 결정된다.

>ADVICE ① 대부분의 주식거래는 지정가 주문에 의해 이루어진다.
② 유가증권시장의 주식매매 단위는 1주이다.
③ 최소 가격 변동폭은 주가 수준에 따라 차이가 있어 일천 원 미만 1원, 오천 원 미만 5원, 일만 원 미만 10원, 오만 원 미만 50원, 십만 원 미만 100원, 오십만 원 미만 500원, 오십만 원 이상 1,000원이다.

Answer   28.① 29.④

30 주식의 거래비용에 대한 설명으로 옳지 않은 것은?

① 개인투자자의 경우 배당금은 금융소득으로 간주된다.

② 이자나 배당 등 금융소득은 연간 총액이 2천만 원 초과일 때에만 종합과세 한다.

③ 금융소득이 1천만 원 이하인 경우에는 소득세가 과세되지 않는다.

④ 소득의 규모에 관계없이 일률적으로 14%의 소득세와 1.4%의 지방소득세를 합한 15.4%의 세금이 원천징수 된다.

> ADVICE ③ 일반적으로 개인별로 모든 소득은 합산하여 과세하는 종합소득세가 원칙이지만 이자나 배당 등 금융소득은 연간 총액이 2천만 원 초과일 때에만 종합과세하고 2천만 원 이하인 경우에는 분리과세 되어 다른 소득의 규모에 관계없이 일률적으로 14%의 소득세와 1.4%의 지방소득세를 합한 15.4%의 세금이 원천징수 된다.

31 주식분할과 주식병합에 대한 설명으로 옳지 않은 것은?

① 주식병합은 주식의 시장가격을 낮추고자 할 때 발생한다.

② 1주를 2주로 분할할 경우 분할 후 주식의 시장가치는 절반으로 준다.

③ 주식분할 후 투자자의 전체 시장가치는 변동하지 않는다.

④ 주식분할을 액면분할이라고도 한다.

> ADVICE ① 주식분할은 주식의 시장가격을 낮추고자 할 때 발생한다.

32 경기방어주가 아닌 것은?

① 제약 　　　　　　　　　② 음식료

③ 가스 　　　　　　　　　④ 철강

> ADVICE ㉠ 경기순환주 : 경기에 따라 수요변화가 심한 건설, 자동차, 도매, 철강, 조선, 반도체산업 등에 해당하는 주식들로 경기민감주라고도 한다.

　　㉡ 경기방어주 : 경기가 호전되어도 다른 주식에 비해 상대적으로 낮은 상승률을 보일 가능성이 높은데, 일반적으로 경기침체기에도 수요가 꾸준한 음식료, 제약, 가스, 전력업종 등의 주식들이 해당된다.

Answer　　30.③　31.①　32.④

33 〈보기〉에서 설명하는 것은 무엇인가?

> ───── 〈보기〉 ─────
>
> 주식회사가 일정한 법정절차와 방법에 따라 일반대중을 대상으로 주주를 공개모집하여 발행주식의 일부를 매각함으로써 일반대중이 유가증원을 자유로이 매매할 수 있게 하는 것을 말한다.

① 주식배당　　　　　　　　　　② 주식예탁증서
③ 기업공개　　　　　　　　　　④ 주식분할

》ADVICE ③ 기업공개란 주식회사가 일정한 법정절차와 방법에 따라 일반대중을 대상으로 주주를 공개모집하여 발행주식의 일부를 매각함으로써 일반대중이 유가증원을 자유로이 매매할 수 있게 하는 것을 말한다. 기업공개 시 불특정 다수에게 공모주를 판매하려면 취득자가 나중에 자유롭게 팔 수 있도록 보장해 주어야 하는데, 일정한 요건을 충족시킨 기업이 발행한 주식을 증권시장에서 거래할 수 있도록 허용하는 것을 상장(listing)이라고 한다.

34 채권의 특성으로 옳지 않은 것은?

① 원금과 이자의 상환기간이 발행할 때 정해지는 기한부증권이다.
② 발행자로 하여금 장기적으로 안정적인 자금을 조달할 수 있게 한다.
③ 발행자의 영업실적에 따라 이자와 원금을 상환해야 한다.
④ 발행 시에 발행자가 지급하여야 할 약정이자와 만기 시 상환해야 할 금액이 사전에 확정된다.

》ADVICE ③ 발행자의 영업실적과 무관하게 이자와 원금을 상환해야 한다.

35 채권의 용어에 대한 설명이 바르게 연결되지 않은 것은?

① 액면 – 채권 1장마다 권면 위에 표시되어 있는 1만 원, 10만 원, 100만 원 등의 금액을 말한다.
② 매매단가 – 유통시장에서 매매할 때 적용되는 가격으로 액면 10,000원당 적용 수익률로 계산한다.
③ 표면이자율 – 투자 원본금액에 대한 수익의 비율로 보통 1년을 단위로 계산된다.
④ 잔존기간 – 이미 발행된 채권이 일정기간 지났을 때 그 때부터 원금상환일까지 남은 기간을 의미한다.

》ADVICE ③ 표면이자율 – 액면금액에 대하여 1년 동안 지급하는 이자금액의 비율을 나타낸다.

36 채권투자의 특징이 아닌 것은?

① 안전성　　　　　　　　　　② 환금성

③ 수익성　　　　　　　　　　④ 변동성

> ⟩ADVICE 채권투자의 특징 : 수익성, 안전성, 환금성(유동성)

37 채권의 성격이 다른 하나는?

① 국채　　　　　　　　　　② 단기채

③ 특수채　　　　　　　　　④ 금융채

> ⟩ADVICE ② 만기유형별 분류에 해당한다.
> 　　　　채권은 발행주체에 따라 국채, 지방채, 특수채, 금융채, 회사채로 분류할 수 있다.

38 〈보기〉에서 설명하는 채권의 종류로 옳은 것은?

〈보기〉

표면상 이자가 지급되지 않는 대신에 액면금액에서 상환일까지의 이자를 공제한 금액으로 매출되는 채권으로서 이자가 선급되는 효과가 있다. 이자를 지급하지 않기 때문에 무이표채라고 불리기도 한다. 통화안정증권, 산금채 일부가 여기에 해당하며 대부분 1년 미만의 잔존만기를 갖는다.

---

① 할인채　　　　　　　　　　② 복리채

③ 이표채　　　　　　　　　　④ 보증채

> ⟩ADVICE ② 정기적으로 이자가 지급되는 대신에 복리로 재투자되어 만기상환시에 원금과 이자를 동시에 지급하는 채권을 말한다.
> 　　　　③ 채권의 권면에 이표가 붙어 있어 이자지급일에 이표를 떼어 이자를 지급받는 채권이다.
> 　　　　④ 원리금의 상환을 발행회사 이외의 제3자가 보증하는 채권이다.

39 일반적인 형태의 채권과 달리 계약 조건이 변형된 특수한 형태의 채권이 아닌 것은?

① 교환사채   ② 옵션부사채
③ 변동금리부채권   ④ 후순위채권

> ADVICE ④ 발행주체의 이익과 자산에 대한 청구권을 가지나 다른 무담보사채보다 우선권이 없는 채권이다.

40 특수한 형태의 채권 중 〈보기〉의 설명에 해당하는 것은?

─────────────〈보기〉─────────────

통상 30년 만기의 장기채로 고정금리를 제공하고 청산 시 주식보다 변제가 앞선다는 점에서 채권의 성격을 가지고 있으나 만기 도래 시 자동적인 만기연장을 통해 원금상환부담이 없어진다는 점에서 영구자본인 주식과 유사하다.

① 물가연동채권   ② 신종자본증권
③ 주가지수연계채권   ④ 자산유동화증권

> ADVICE ② 신종자본증권은 일정 수준 이상의 자본요건을 충족할 경우 자본으로 인정되는 채무증권이다. 초기에는 국제결제은행(BIS)의 건전성 감독지표인 자기자본비율 제고를 위해 은행의 자본확충 목적으로 발행되었으나 점차 일반 기업의 발행도 증가하고 있다. 채권과 주식의 중간적 성격을 가지고 있어 하이브리드채권으로 불리기도 한다.

41 주식과 채권의 비교로 옳지 않은 것은?

① 회사 청산 시 주식은 채권에 우선하여 청산 받을 권리가 있다.
② 주식의 소유자인 주주는 채권 소유자와 달리 주주총회에서 의사결정에 참여할 수 있다.
③ 우선주는 채권과 주식의 특성을 모두 가진 증권이다.
④ 주식의 발행은 자기자본의 증가를 가져오지만 채권은 타인자본인 부채의 증가를 수반한다.

> ADVICE ① 회사 청산 시 채권은 주식에 우선하여 청산 받을 권리가 있다.

42 ( ) 안에 들어갈 말을 순서대로 나열한 것은?

구분	주식	채권
발행자	주식회사	정부, 지자체, 특수법인, 주식회사
자본조달방법	자기자본	타인자본
증권소유자의 지위	(㉠)	(㉡)
소유로부터의 권리	결산시 사업이익금에 따른 배당을 받을 권리	확정이자 수령 권리
증권 존속기간	발행 회사와 존속을 같이하는 영구증권	기한부증권(영구채권제외)
원금상환	없음	만기시상환
기격변동위험	(㉢)	(㉣)

	㉠	㉡	㉢	㉣
①	주주	채권자	작다	크다
②	주주	채권자	크다	작다
③	채권자	주주	크다	작다
④	채권자	주주	작다	크다

>ADVICE 주식과 채권의 비교

구분	주식	채권
발행자	주식회사	정부, 지자체, 특수법인, 주식회사
자본조달방법	자기자본	타인자본
증권소유자의 지위	주주	채권자
소유로부터의 권리	결산시 사업이익금에 따른 배당을 받을 권리	확정이자 수령 권리
증권 존속기간	발행 회사와 존속을 같이하는 영구증권	기한부증권(영구채권제외)
원금상환	없음	만기시상환
기격변동위험	크다	작다

43 우선주와 채권의 유사점이 아닌 것은?

① 정해진 현금흐름의 정기적 지급
② 배당금 미지급시에 발행주체는 파산하지 않음
③ 회사 순이익을 공유하지 않음
④ 발행주체의 파산시 보통주보다 우선

>**ADVICE** ② 우선주는 회사 경영과 관련된 의결권을 투자자에게 부여하지 않는다는 점에서는 채권과 유사하지만 투자자에게
배당금을 지급하지 못하는 경우에도 파산하지 않는다는 점에서는 주식의 특성을 갖는다.

44 〈보기〉에서 설명하는 증권의 분석기법은 무엇인가?

───────────── 〈보기〉 ─────────────

일반 경제를 검토하는 것에서 시작하여 특정산업으로, 최종적으로는 기업자체를 검토하는 분석방법이다.

① 상향식 분석   ② 기술적 분석
③ 자료적 분석   ④ 하향식 분석

>**ADVICE** ① 투자 가망 회사에 초점을 두고 개별 기업의 사업, 재무, 가치 등 투자자가 선호할 만한 것들을 보유한 기업을 선
택한 후 산업과 시장에 대해 그 기업을 비교하는 방법이다.
② 과거의 증권가격 및 거래량의 추세와 변동패턴에 관한 역사적인 정보를 이용하여 미래 증권가격의 움직임을 예측
하는 분석기법이다.

45 기업정보에 대한 설명으로 옳지 않은 것은?

① 상장기업은 자사 증권에 대한 투자 판단에 중대한 영향을 미칠 수 있는 중요한 기업 정보를 반드시
공시하여야 한다.
② 실적 예상치가 예상을 크게 상회하는 경우는 '어닝 서프라이즈'라고 하여 주가가 크게 상승한다.
③ 대주주 사이에 경영권 분쟁이 발생하면 주가가 하락한다.
④ 비슷한 이슈를 가진 여러 종목의 주가가 동반 상승하는 '테마주'를 형성하기도 한다.

>**ADVICE** ③ 대주주 사이에 경영권 분쟁이 발생하면 지분확보를 위한 경쟁으로 주가가 급등하게 된다.

Answer 43.② 44.④ 45.③

46 〈보기〉에서 설명하는 기업정보는 무엇인가?

---〈보기〉---

투자자가 기업의 실체를 정확히 파악하여 투자결정을 할 수 있도록 함으로써 증권 시장 내의 정보의 불균형을 해소하고 증권거래의 공정성을 확보하여 투자자를 보호하는 기능을 한다.

---

① 기업공시 정보　　　　　　　　　　② 경영실적 정보
③ 경영권 정보　　　　　　　　　　　④ 유행성 정보

>ADVICE 상장기업은 기업공시제도에 따라 자사 증권에 대한 투자 판단에 중대한 영향을 미칠 수 있는 중요한 기업 정보를 반드시 공시하도록 되어 있다. 이것은 투자자가 기업의 실체를 정확히 파악하여 투자결정을 할 수 있도록 함으로써 증권 시장 내의 정보의 불균형을 해소하고 증권거래의 공정성을 확보하여 투자자를 보호하는 기능을 하게 된다. 투자자 입장에서는 기업공시 내용이 중요한 투자정보가 되고, 공시내용의 중요성에 따라 증권의 가격에도 적지 않은 영향을 미치게 된다.

47 기업의 재무비율 분석에 대한 설명으로 옳지 않은 것은?

① 활동성지표는 기업이 보유자산을 얼마나 잘 활용하고 있는가를 보여주는 지표로 주로 총부채 대비 매출액으로 측정한 자산회전율로 측정한다.
② 레버리지비율은 기업이 자산이나 자기자본에 비하여 부채를 얼마나 사용하고 있는가를 보여준다.
③ 유동성지표는 기업이 부담하고 있는 단기부채를 충분하게 상환할 수 있는 능력을 살펴보는 지표다.
④ 총자산이익률은 기업이 자산을 활용하여 이익을 창출하는 능력을 나타낸다.

>ADVICE ① 활동성지표는 기업이 보유자산을 얼마나 잘 활용하고 있는가를 보여주는 지표로 주로 총자산 대비 매출액으로 측정한 자산회전율로 측정한다.

48 기업의 재무비율 분석에 대한 설명으로 옳은 것은?

① 이자보상배율이 10보다 작다면 영업이익으로 이자비용도 감당하지 못한다는 의미로 기업이 심각한 재무적 곤경에 처해 있다고 볼 수 있다.
② 유동성지표는 1년 이내에 만기가 돌아오는 유동부채 대비 현금성이 있는 유동자산의 비율로 측정된다.
③ 자산회전율이 높다면 매출이 둔화되었거나 비효율적인 자산에 투자하여 자산의 활용도가 낮다는 의미가 된다.
④ 재고자산회전율이 상승하고 있으면 매출이 둔화되고 있거나 재고가 누적되어 있다는 의미가 된다.

>ADVICE ④ 재고자산회전율이 하락하고 있으면 매출이 둔화되고 있거나 재고가 누적되어 있다는 의미가 된다.

49 주가이익비율을 구하는 공식은 무엇인가?

① 주가 ÷ 주당순이익   ② 당기순이익 ÷ 매출액
③ 주가 ÷ 주당순자산   ④ 매출액 ÷ 총자산

>ADVICE ② 매출액순이익률
③ 주가장부가치비율
④ 자산회전율

50 주가이익비율에 대한 설명으로 옳지 않은 것은?

① 주식 1주당 수익에 대한 상대적 주가수준을 나타낸다.
② 주가이익비율이 상대적으로 낮으면 주가가 고평가되어 있다는 것을 의미한다.
③ 기업이 벌어들이는 주당이익에 대해 증권시장의 투자자들이 어느 정도의 가격을 지불하고 있는가를 뜻한다.
④ 비교 기준은 주로 유사위험을 지닌 주식들의 PER를 이용하거나 동종 산업의 평균 PER를 이용하는 방법, 해당 기업의 과거 수년간의 평균 PER를 이용하는 방법 등이 있다.

>ADVICE ② 주가이익비율이 상대적으로 높으면 주가가 고평가되어 있다는 것을 의미한다.

51 재무비율 분석의 식으로 옳지 않은 것은?

① 부채비율 = 총부채 ÷ 자기자본
② 이자보상배율 = 영업이익 ÷ 이자비용
③ 유동비율 = 유동자산 ÷ 유동부채
④ 당좌비율 = 재고자산 ÷ 유동부채

>ADVICE ④ 당좌비율 = (유동자산 - 재고자산) ÷ 유동부채

52 주가장부가치비율(BPR)에 대한 설명으로 옳은 것은?

① PBR이 낮을수록 투자자는 높은 가격에 주당순자산을 확보하게 된다.
② PBR이 1보다 크다면 보통주 1주에 귀속되는 몫이 현재 주가보다 많다는 의미이다.
③ 일반적으로 주식의 PBR은 1보다 큰 값을 갖는다.
④ 미래 성장성이 작은 기업의 주가는 PBR이 높은 경향이 있다.

>ADVICE ① PBR이 낮을수록 투자자는 낮은 가격에 주당순자산을 확보하게 된다.
② PBR이 1보다 작다면 보통주 1주에 귀속되는 몫이 현재 주가보다 많다는 의미이다.
④ 미래 성장성이 큰 기업의 주가는 PBR이 높은 경향이 있다.

53 기업의 기술적 분석에 대한 설명으로 옳지 않은 것은?

① 시장동향을 미리 포착하여 초과수익을 얻는 데 분석의 초점을 두고 있다.
② 증권의 내재가치를 중점적으로 분석하는 방법이다.
③ 과거 증권가격 움직임의 모습이 미래에도 반복된다고 가정한다.
④ 차트를 분석하여 단기적인 매매 타이밍을 잡는데 이용된다.

>ADVICE ② 기업의 기본적 분석에 대한 설명이다.

Answer   51.④ 52.③ 53.②

2016. 7. 23. 시행

1 우체국예금에 대한 설명으로 옳은 것은?

① 정리계좌에 편입된 예금에 대해서는 이자의 정기계산을 하지 않는다.

② 약관의 조항은 우체국과 예금주 사이에 개별적으로 합의한 사항에 우선한다.

③ 예금주 본인이 전화로 사고신고를 철회하는 것은 영업시간 중에만 가능하다.

④ 듬뿍우대저축에 대한 질권설정은 사전에 우체국에 통지하고 동의를 받아야 한다.

> **ADVICE** ② 우체국과 예금주 사이에 개별적으로 합의한 사항이 약관 조항과 다를 때는 그 합의사항을 약관에 우선하여 적용한다.
> ③ 신고를 철회할 때에는 우체국에 예금주 본인이 서면 또는 전산통신기기 등으로 하여야 한다.
> ④ 듬뿍우대저축은 입출금이 자유로운 상품으로 입출금이 자유로운 예금은 질권설정할 수 없다.

2021. 3. 20. 시행

2 「우체국예금 · 보험에 관한 법률」과 동법 시행령 · 시행규칙에 관한 내용으로 옳은 것은?

① 연 면적의 100분의 20을 우정사업에 직접 사용하고 나머지는 영업시설로 임대하고자 하는 업무용 부동산은 우체국 예금자금으로 취득할 수 있다.

② 우체국 예금자금은 금융기관 또는 재정자금에 예탁하거나 1인당 2천만 원 이내의 개인 신용대출 등의 방법으로도 운용한다.

③ 우체국은 예금보험공사에 의한 예금자보호 대상 금융기관의 하나이지만, 특별법인 이 법에 의해 우체국예금(이자 포함)과 우체국보험계약에 따른 보험금 등 전액에 대하여 국가가 지급 책임을 진다.

④ 우체국 예금자금으로 「자본시장과 금융투자업에 관한 법률」에 따른 파생상품 거래 시 장내파생상품 거래를 위한 위탁증거금 총액은 예금자금 총액의 100분의 20 이내로 한다.

Answer 1.① 2.①

② 과학기술정보통신부장관은 예금(이자를 포함한다)의 지급에 지장이 없는 범위에서 예금자금을 다음의 방법으로 운용한다〈우체국예금 · 보험에 관한 법률 제18조 제1항〉.

- ㉠ 금융기관에 예탁(預託)
- ㉡ 재정자금에 예탁
- ㉢ 「자본시장과 금융투자업에 관한 법률」에 따른 증권의 매매 및 대여
- ㉣ 「자본시장과 금융투자업에 관한 법률」에 따른 자금중개회사를 통한 금융기관에 대여
- ㉤ 「자본시장과 금융투자업에 관한 법률」에 따른 파생상품의 거래
- ㉥ 대통령령으로 정하는 업무용 부동산의 취득 · 처분 및 임대
- ※ 대통령령으로 정하는 업무용 부동산
  - ㉠ 영업시설(연면적의 100분의 10 이상을 우정사업에 직접 사용하는 시설만 해당한다)
  - ㉡ 연수시설
  - ㉢ 복리후생시설
  - ㉣ ㉠~㉢호까지의 용도로 사용할 토지 · 건물 및 그 부대시설

③ 우체국은 예금자 보호법에 따른 예금자보호 대상이 아니다.

④ 파생상품 거래 중 장내파생상품을 거래하기 위한 위탁증거금 총액은 예금자금 총액의 100분의 1.5 이내로 한다.

2022. 5. 14. 시행

3 우체국금융에 대한 설명으로 옳은 것은?

① 1905년부터 우편저금, 우편환과 우편보험을 실시하였다.

② 1982년 12월 제정된 「우체국예금 · 보험에 관한 법률」에 의거하여 1983년 1월부터 금융사업이 재개되었다.

③ 우체국의 금융업무에는 우체국예금, 우체국보험, 주택청약저축, 신탁, 펀드판매 등이 있다.

④ 우체국예금의 타인자본에는 예금을 통한 예수부채와 채권의 발행 등을 통한 차입부채가 있다.

① 1905년 우편저금과 우편환, 1929년 우편보험을 실시하였다.

③ 우체국의 금융 업무는 우체국예금, 우체국보험, 우편환 · 대체, 외국환업무, 체크카드, 펀드판매, 전자금융서비스 등이 있다.

④ 타인자본에는 예금을 통한 예수부채만 있고, 은행채의 발행 등을 통한 차입 혹은 금융기관 등으로 부터의 차입을 통한 차입부채는 없다.

Answer   3.②

4 〈보기〉에서 우체국 금융의 업무 범위에 해당하는 것의 총 개수는?

〈보기〉

ⓐ 체크카드   ⓑ 펀드판매

ⓒ 증권계좌개설   ⓓ 전자금융서비스

ⓔ 우편환·대체   ⓕ 신탁

---

① 2개   ② 3개

③ 4개   ④ 5개

>**ADVICE** ④ 우체국에서 취급하는 금융 관련 업무로는 우편환, 우편대체, 체크카드, 집합투자증권(펀드) 판매, 외국환, 전자금융 업무가 있다.

Answer   4.④

1 우체국금융의 연혁에 대한 설명으로 옳지 않은 것은?

① 1990년 6월에 전국 우체국의 온라인망이 구축되었다.

② 2011년부터 건전한 소비문화 조성을 위한 우체국 독자 체크카드 사업을 시작하였다.

③ 1932년부터 우편보험을 실시하였다.

④ 2023년에는 국가기관 최초로 마이데이터 본허가를 획득하였다.

>ADVICE ③ 1929년부터 우편보험을 실시하였다.

2 〈보기〉에서 우체국의 금융 업무에 해당하는 것의 총 개수는?

─────────────── 〈보기〉 ───────────────

㉠ 외국환업무　　　　　　　　　　㉡ 주식

㉢ 전자금융서비스　　　　　　　　㉣ 우편환

㉤ 신탁

① 1개　　　　　　　　　　　　② 2개

③ 3개　　　　　　　　　　　　④ 4개

>ADVICE 우체국의 금융 업무는 「우정사업운영에 관한 특례법」에서 고시하는 우체국예금, 우체국 보험, 우편환·대체, 외국환 업무, 체크카드, 펀드판매, 전자금융서비스 등이 있다.

3 우체국의 금융 업무 중 제한을 받는 것이 아닌 것은?

① 대출　　　　　　　　　　　　② 신탁

③ 신용카드　　　　　　　　　　④ 펀드판매

>ADVICE ④ 우체국금융은 은행법에 따른 은행업 인가를 받은 일반은행이나 보험업법에 따른 보험업 인가를 받은 보험회사와 는 달리 「우체국예금·보험에 관한 법률」등 소관 특별법에 의해 운영되는 국영금융기관으로 대출, 신탁, 신용카드 등 일부 금융 업무에 제한을 받고 있다.

Answer　1.③　2.③　3.④

4 일반은행과 다른 우체국예금만의 특징이 아닌 것은?

① 주식 발행이 없으므로 자기자본에 자본금 및 주식발행 초과금이 없다.

② 타인자본에는 예금을 통한 예수부채만 있고, 은행채의 발행 등을 통한 차입 혹은 금융기관 등으로부터의 차입을 통한 차입부채는 없다.

③ 우편대체 계좌대월 등 일부 특수한 경우를 제외하고는 여신이 없다.

④ 환매조건부채권 매도 등을 통한 차입부채가 없다.

> **ADVICE** ④ 우편대체 계좌대월 등 일부 특수한 경우를 제외하고는 여신이 없다. 단, 환매조건부채권 매도 등을 통한 차입부채는 있을 수 있다.

5 우체국 예금·보험에 관한 설명으로 옳지 않은 것은?

① 농·어촌지역에도 도시지역과 동일한 수준의 금융서비스를 제공하여 도시·농어촌간의 금융서비스 격차를 해소하는데 크게 기여하고 있다.

② 예금상품의 구체적인 종류 및 가입대상, 금리 등은 대통령이 정하여 고시하도록 하고 있다.

③ 우체국예금·보험 이외에 우체국에서 취급하는 금융 관련 업무로는 우편환, 우편대체, 체크카드, 집합투자증권(펀드) 판매, 외국환, 전자금융 업무가 있다.

④ 우체국예금 상품은 크게 요구불예금과 저축성예금으로 구분할 수 있다.

> **ADVICE** ② 예금상품의 구체적인 종류 및 가입대상, 금리 등은 과학기술정보통신부장관이 정하여 고시하도록 하고 있다.

Answer   4.④ 5.②

6 〈보기〉에서 설명하는 우체국금융의 역할로 옳은 것은?

〈보기〉

우체국금융은 수익성과 관계없이 전국적으로 고르게 분포되어 있는 우체국 국사를 금융창구로 운영하며 기본적인 금융서비스를 제공할 뿐만 아니라 민간 금융기관과의 다양한 제휴를 통해 시중은행 수준의 금융상품 및 서비스를 제공함으로써 국민들에게 지역 차별 없는 금융 접근성을 제공하고 있다.

① 보편적 금융서비스의 제공
② 우편사업의 안정적 운영 지원
③ 국가 재정 및 경제 회복 지원
④ 서민경제 활성화 지원

> **ADVICE** ② 우체국은 금융 사업을 함께 영위하며 금융 사업에서 발생한 수익의 일부를 지원하는 등 우편서비스의 지속적인 운영에 이바지 하고 있다.
> ③ 우체국금융에서 발생하는 이익잉여금을 통해 일반회계 전출과 공적자금 상환기금 등을 지원하고 있다.
> ④ 서민경제 지원을 위하여 기초생활보호대상자, 장애인, 소년소녀가장, 다문화 가정 등 사회적 취약계층 과 서민·소상공인을 대상으로 한 다양한 금융상품과 금융서비스를 출시하여 자산형성을 지원하며, 보험료 부담을 경감하고 금융 수수료 면제 혜택, 우체국 네트워크를 활용한 긴급재난지원금 등 각종 정부 지원금 사업 신청 대행접수, 사회공헌 활동 등을 통해 국영 금융기관의 공익적 역할을 수행한다.

7 우체국금융에 대한 설명으로 옳지 않은 것은?

① 우체국금융은 우체국 예금의 원금과 이자 그리고 우체국보험의 보험금 등은 국가가 법으로 전액 지급을 보장한다.
② 경영주체가 국가이므로 사업의 영리만을 목적으로 하지 아니한다.
③ 우체국예금은 소관법에 의하여 취급되어 특별법 우선 원칙에 따라 소멸시효 및 무능력자의 행위 등에 관하여 일반법과는 달리 특별 규정을 가진다.
④ 우체국 보험의 종류에 따른 상품별 명칭, 특약, 보험기간, 보험료납입 기간, 가입연령, 보장내용 등은 과학기술정보통신부장관이 정하여 고시한다.

> **ADVICE** ④ 우체국 보험의 종류에 따른 상품별 명칭, 특약, 보험기간, 보험료납입 기간, 가입연령, 보장내용 등은 우정사업본부장이 정하여 고시한다.

Answer 6.① 7.④

8 우체국금융의 연혁과 내용이 옳지 않은 것은?

① 1905년 – 우편저금과 우편환
② 1930년 – 우편보험
③ 2000년 – 우정사업본부 설치
④ 2011년 – 우체국 독자 체크카드 사업 시작

>**ADVICE** ② 1929년 – 우편보험

9 우체국금융의 연혁에 대한 설명으로 옳지 않은 것은?

① 2012년에 스마트금융 시스템을 오픈하였다.
② 2018년에 대국민 우체국 펀드판매를 실시하였다.
③ 2019년에 우체국 스마트뱅킹을 전면 개편하였다.
④ 2020년에 차세대 금융시스템을 도입하였다.

>**ADVICE** ④ 2023년에 차세대 금융시스템을 도입하였다.

10 우체국 금융의 역할 중 서민경제 활성화 지원에 대한 내용이 아닌 것은?

① 2013년 우체국 공익재단을 설립하였다.
② 의료 사각지대에 놓인 소외된 이웃을 위한 의료복지 인프라 기반을 조성하고 있다.
③ 자연 생태계 조성과 같은 지속가능 친환경 활동을 수행 중에 있다.
④ 전국 어디에서나 저렴한 요금으로 서비스를 제공하고 있다.

> **ADVICE** ④ 우편사업의 안정적 운영 지원에 대한 설명이다.

제2편

우체국금융 제도

01. 예금업무 개론
02. 내부통제 및 금융소비자보호
03. 예금관련법

2008. 8. 31. 시행

1   예금거래약관에 대한 설명으로 옳지 않은 것은?

① 약관의 의미가 불명확한 때에는 고객에게는 유리하게, 작성자에게는 불리하게 해석하는 것이 원칙이다.

② 약관은 해석자의 주관에 의할 것이 아니라 객관적 합리성에 입각하여 해석되어야 하며, 시간·장소·거래상대방에 따라 달리 해석되어서는 아니 된다.

③ 개별적인 예금상품의 특성에 따라 세부적인 내용을 약관이나 특약의 형식으로 정하고 있다.

④ 예금계약에 대해서는 예금거래기본약관을 우선 적용하고 예금 종류별 약관, 당해 예금상품의 약관을 차례로 적용하는 것이 원칙이다.

> ADVICE ④ 예금계약에 대해서는 당해 예금상품의 약관이 우선적으로 적용되고 그 약관에 규정이 없는 경우에는 예금별 약관, 예금거래기본약관의 내용이 차례로 적용된다.

2010. 7. 14. 시행

2   금융기관의 예금거래업무에 관한 설명으로 옳은 것은?

① 예금계약은 예금자가 금전의 보관을 위탁하고 금융기관이 운용하다가 추후 금전을 반환하는 소비대차계약이다.

② 양도성예금증서는 그 증권의 점유자에게 지급하면 정당한 권리자 여부에 관계없이 금융기관은 면책된다.

③ 점외수금의 경우, 지점장(우체국장)은 영업점으로 돌아와 수납직원에게 금전을 넘겨주고 그 수납직원이 이를 확인한 때 예금계약이 성립한다.

④ 공동대표이사와 거래 시 공동대표 1인이 다른 어느 1인에게 모든 업무를 포괄적으로 위임하는 것은 유효하다.

Answer   1.④ 2.②

ADVICE ① 예금계약은 예금자가 금전의 보관을 위탁하고 금융기관이 이를 승낙하여 자유롭게 운용하다가 같은 금액의 금전을 반환하면 되는 소비임치계약이다.

③ 점외수금의 경우에는 그 수금직원이 영업점으로 돌아와 수납직원에게 금전을 넘겨주고 그 수납직원이 이를 확인한 때에 예금계약이 성립하는 것으로 보아야 한다. 그러나 영업점 이외에서 예금을 수령할 수 있는 대리권을 가진 자, 예컨대 지점장(우체국장) 또는 대리권을 수여받은 자 등이 금전을 수령하고 이를 확인한 때에는 즉시 예금 계약이 성립하는 것으로 보아야 한다.

④ 일반적 포괄적 위임은 공동대표이사제도를 통하여 상호견제를 하도록 하려는 제도의 취지에 맞지 아니하므로 허용되지 않는다.

2019. 10. 19. 시행

3 예금주의 사망 시 적용되는 상속제도에 대한 설명으로 옳지 않은 것은?

① 친양자 입양제도에 따라 입양된 친양자는 법정혈족이므로 친생 부모 및 양부모의 예금을 상속받을 수 있다.

② 예금주의 아들과 손자는 같은 직계비속이지만 아들이 손자보다 선순위로 상속받게 된다.

③ 특정유증의 경우, 수증자는 상속인 또는 유언집행자에 대하여 채권적 청구권만을 가진다.

④ 협의 분할 시 공동상속인 중 친권자와 미성년자가 있는 경우, 미성년자에 대하여 특별대리인을 선임하여 미성년자를 대리하도록 해야 한다.

ADVICE ① 양자는 법정혈족이므로 친생부모 및 양부모의 예금도 상속한다. 다만, 2008. 1. 1.부터 시행된 친양자 입양제도에 따라 입양된 친양자는 친생부모와의 친족관계 및 상속관계가 모두 종료되므로 생가부모의 예금을 상속하지는 못한다.

※ 서자와 적모 사이·적자와 계모 사이·부와 가봉자(의붓아들) 사이에는 혈연도 없고 법정혈족도 아니므로 상속인이 아니다.

Answer 3.①

4 **현행 상속제도에 대한 설명으로 옳은 것은?**

① 상속은 사망한 시점이 아니라 사망한 사실이 가족관계등록부에 기재된 시점에서 개시된다.

② 피상속인에게 어머니, 배우자, 2명의 자녀, 2명의 손자녀가 있을 경우 배우자의 상속분은 1.5/3.5 이다.

③ 친양자입양제도에 따라 2008년 1월 1일 이후에 입양된 친양자는 친생부모 및 양부모의 재산을 모두 상속받을 수 있다.

④ 유언의 방식 중 공정증서 또는 자필증서에 의한 경우에는 가정 법원의 유언검인심판서를 징구하여 유언의 적법성 여부를 확인하여야 한다.

> **ADVICE** ① 상속은 사망한 시점에서 개시되며 사망한 사실이 가족관계등록부에 기재된 시점에서 개시되는 것은 아니다〈민법 제 997조〉.
> ③ 2008.1.1.부터 시행된 친 양자입양 제도에 따라 입양된 친양자는 친생부모와의 친족관계 및 상속관 계가 모두 종료되므로 생가부모의 예금을 상속하지는 못한다.
> ④ 유언의 방식 중 공정증서 또는 법원의 검인을 받은 구수증서에 의한 것이 아닌 경우 에는 가정법원의 유언검인 심판서를 징구하여 유언의 적법성 여부를 확인하여야 한다.

5 **예금의 입금과 지급에 대한 설명으로 옳지 않은 것은?**

① 금융회사는 예금청구서의 금액·비밀번호·청구일자 등이 정정된 경우, 반드시 정정인을 받거나 새로운 전표를 작성하도록 하여야 한다.

② 직원이 입금조작을 잘못하여 착오계좌에 입금한 경우, 금융회사는 착오계좌 예금주의 동의와 관계없이 취소 처리하고 정당계좌에 입금할 수 있다.

③ 금융회사는 실제로 받은 금액보다 과다한 금액으로 통장 등을 발행한 경우, 실제로 입금한 금액에 한하여 예금계약이 성립하므로 예금주의 계좌에서 초과입금액을 인출하면 된다.

④ 송금인이 착오송금한 경우, 송금인은 금융회사를 통해 수취인에게 반환 요청할 수 있고, 반환이 거절된 경우에는 반환거절일로부터 1년 이내 예금보험공사에 반환지원 신청을 할 수 있다.

> **ADVICE** ④ 착오송금시 먼저 금융회사를 통해 수취인에게 반환을 요청하여야 하며, 미반환된 경우 (금융회사의 반환청구절차 결과 '반환거절' 또는 일부반환 종결)에만 예금보험공사에 반환지원 신청 가능하다. 신청가능기간은 착오송금일로부터 1년 이내이다.

Answer   4.② 5.④

6 다음은 상속 가계도를 나타낸 것이다. C의 사망(그 외는 생존하고 있는 것으로 본다)으로 인한 상속에 대한 설명으로 옳은 것은?

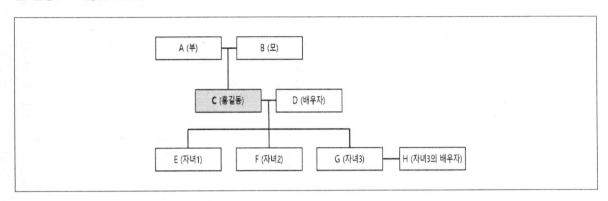

① C의 사망 당시 G가 상속결격자였다면 상속인은 총 3명이다.

② C가 정기적금 적립기간 중에 사망한 경우, E는 F와 G의 동의만으로도 C의 적금계약을 승계할 수 있다.

③ C가 사망 당시 유언으로 전 재산 9억 원을 사회단체에 기부하여 공동상속인 모두가 유류분 반환 청구를 한다면 E의 유류분 금액은 1억 원이다.

④ 합유설에 의하면 C의 사망 당시 F가 행방불명인 경우 F의 상속분을 제외한 나머지 상속분은 각 공동상속인 요청에 따라 분할하여 지급 할 수 있다.

ADVICE ① C의 사망 당시 G가 상속결격자였다면 상속인은 총 4명이다.

② C가 정기적금 적립기간 중에 사망한 경우, E는 D, F, G의 동의를 받아야 C의 적금계약을 승계할 수 있다.

④ 공유설에 의하면 C의 사망 당시 F가 행방불명인 경우 F의 상속분을 제외한 나머지 상속분은 각 공동상속인 요청에 따라 분할하여 지급할 수 있다.

Answer   6.③

7 예금채권의 양도에 대한 설명으로 옳지 않은 것은?

① 기명식예금은 지명채권이므로 원칙적으로 그 양도성이 인정된다.
② 예금주가 양도금지특약을 위반하여 예금을 다른 사람에게 양도한 경우, 그 양도는 무효이다.
③ 은행(우체국)양도승낙서는 예금채권에 대해 권리가 경합한 때 누가 우선하는가를 결정하는 기준이 된다.
④ 실무상 양도인인 예금주가 예금양도 통지만을 하는 경우, 당사자 사이에는 유효하나 그 양도로 은행(우체국)에 대항할 수는 없다.

>**ADVICE** ③ 제3자에게 예금양도로써 대항하기 위해서는 은행(우체국)의 승낙서에 확정일자를 받아 두어야 한다. 이는 예금채권에 대해 권리가 경합한 때에 누가 우선하는가를 결정하는 기준이 되는 것으로 제3자와의 관계에서 확정일자를 받지 않았으면 채권의 양수로 대항할 수 없으며, 확정일자를 받았으면 대항요건을 갖춘 시기의 앞뒤에 따라 그 우열관계가 결정된다.

8 제한능력자에 대한 설명으로 옳지 않은 것은?

① 민법 제13조에 따르면 가정법원은 피한정후견인이 한정후견인의 동의를 받아야 하는 행위의 범위를 정할 수 있다.
② 4촌 이내의 친족도 피한정후견인이 한정후견인의 동의를 받아야만 할 수 있는 행위의 범위변경을 가정법원에 청구할 수 있다.
③ 피한정후견인은 질병, 노령, 장애 등의 사유로 인한 정신적 제약으로 사무를 처리할 능력이 부족하여 한정후견개시 심판을 받은 자이다.
④ 원칙적으로 행위능력이 없는 미성년자 · 피성년후견인 · 피한정후견인은 단독으로 유효한 법률 행위를 하는 것이 제한된 제한능력자이다.

>**ADVICE** ④ 제한능력자는 단독으로 유효한 법률 행위를 하는 것이 제한되는 자로서 이에는 미성년자 · 피성년후견인 · 피한정후견인이 있다. 그러나 미성년자와 피성년후견인은 행위능력이 없지만 피한정후견인은 행위능력이 있다.

Answer　7.③　8.④

9 다음 우체국 금융직원 중 가장 적절히 예금업무 처리를 한 직원으로 옳은 것은?

① 연선 : 고객이 방금 실수로 다른 계좌에 송금했다고 해서 즉시 예금보험공사에 반환지원 신청을 하시라고 안내했어.

② 승재 : 고객이 대여금고를 약정하러 왔었는데 계속적 금융거래가 아니라서 고객확인제도(CDD)에서 말하는 고객 확인을 하지는 않았어.

③ 명은 : 고객이 전화로 기업인터넷뱅킹서비스를 인터넷뱅킹으로 가입 가능한지 물어봤는데 무조건 우체국 방문신청해야 한다고 안내했어.

④ 민경 : 대리인(乙)이 우체국에 와서 본인(甲)의 신분증 사본으로 계좌 개설이 가능한지 물어보길래 사본으로는 불가능하다고 했어.

> **ADVICE** ① 착오송금 반환지원은 예금보험공사 홈페이지 내 착오송금 반환지원 사이트에 접속하여 온라인 신청 또는 예금보험공사 본사 상담센터에 방문 신청해야 한다.
> ② 금융기관은 계좌의 신규개설이나 1천만 원(미화 1만 불) 이상의 일회성 금융거래 시 고객의 신원을 확인한다. 대여금고 약정도 계좌의 신규개설에 해당하므로, 거래금액에 상관없이 고객확인의무를 수행하여야 한다.
> ④ 대리인을 통하여 계좌개설을 할 경우 인감증명서가 첨부된 위임장을 징구하여야 한다. 본인 및 대리인 모두의 실명확인증표와 첨부된 위임장의 진위여부 확인을 위한 인감증명서 및 본인서명사실확인서를 제시받아 실명확인한다. 이 경우 본인의 실명확인증표는 사본으로도 가능하다.

Answer   9.③

10 〈보기〉에서 「우체국 예금거래 기본약관」에 대한 설명으로 옳은 것의 총 개수는?

─────── 보기 ───────

ⓒ 이 약관은 국민의 저축 의욕을 북돋우고 국민 경제생활의 안정과 공공복리의 증진에 이바지함을 목적으로 한다.

ⓒ 예금이율을 변경할 때에는 예금이율 변경시행일 1개월 전에 그 내용을 우체국과 인터넷 홈페이지에 게시하여야 한다.

ⓒ 법령의 개정이나 제도의 개선 등으로 긴급히 약관을 변경할 때에는 즉시 이를 게시 또는 공고하여야 한다.

ⓔ 예금이율을 변경한 때에 거치식 · 적립식예금은 계약 당시의 이율을 적용하되, 변동금리가 적용되는 예금은 금리를 변경한 다음 날로부터 변경이율을 적용한다.

① 1개 ② 2개
③ 3개 ④ 4개

》**ADVICE** ⓒ 이 예금거래 기본약관(이하 '이 약관'이라 한다)은 우체국과 예금주가 서로 믿음을 바탕으로 예금거래를 빠르고 틀림없이 처리하는 한편, 서로의 이해관계를 합리적으로 조정하기 위하여 기본적이고 일반적인 사항을 정한 것이다. 우체국은 이 약관을 창구에 놓아두고, 예금주는 영업시간 중 언제든지 이 약관을 볼 수 있고 또한 그 교부를 청구할 수 있다.

ⓒ 우체국은 예금종류별 이율표를 창구 또는 인터넷 홈페이지에 비치 · 게시하고, 이율을 바꾼 때는 그 바꾼 내용을 창구 또는 인터넷 홈페이지에 1개월 동안 게시한다.

ⓔ 이율을 바꾼 때에는 입출금이 자유로운 예금은 바꾼 날로부터 바꾼 이율을 적용하며, 거치식 · 적립식예금은 계약 당시의 이율을 적용함을 원칙으로 하되, 변동금리가 적용되는 예금은 금리를 바꾼 날로부터 바꾼 이율을 적용한다.

Answer 10.①

1 예금계약의 법적 성질 중 〈보기〉의 내용에 해당하는 것은?

〈보기〉

계약당사자 간의 합의 이외에 물건의 인도 기타의 급부를 하여야만 성립하는 계약을 말한다.

---

① 소비임치계약
② 위임계약
③ 부합계약
④ 요물계약

>ADVICE ④ 낙성계약은 계약당사자 간의 합의만으로도 성립하는 계약을 말하며 합의 이외에 물건의 인도 기타의 급부를 하여야만 성립하는 계약을 요물계약이라고 한다.

2 상사계약에 대한 설명으로 옳지 않은 것은?

① 예금계약은 상사임치계약이므로, 예금채권은 5년의 소멸시효에 걸린다.
② 예금업무를 처리함에 있어서 금융회사 종사자에게 일반적으로 요구되는 정도의 상당한 주의를 다해야만 면책된다.
③ 금융회사는 민사임치와 같이 임치물에 대하여 주의의무가 가중되어 선량한 관리자의 주의의무를 부담한다.
④ 금융회사는 상인이다.

>ADVICE ③ 민사임치의 경우와는 달리 금융회사는 임치물에 대하여 주의의무가 가중되어 선량한 관리자의 주의의무를 부담한다. 선량한 관리자의 주의의무란 그 사람이 종사하는 직업 및 그가 속하는 사회적인 지위 등에 따라 일반적으로 요구되는 주의의무를 말한다.

Answer 1.④ 2.③

3 계약의 각 당사자가 서로 대가적 의미를 가지는 채무를 부담하는 계약을 무엇이라고 하는가?

① 소비임치계약　　　　　　　　　　　② 부합계약
③ 쌍무계약　　　　　　　　　　　　　④ 요물계약

> **ADVICE** ① 수취인이 보관을 위탁받은 목적물의 소유권을 취득하여 이를 소비한 후 그와 같은 종류·품질 및 수량으로 반환할 수 있는 특약이 붙어 있는 것을 내용으로 하는 계약이다.
> ② 계약당사자의 일방이 미리 작성하여 정형화해 둔 일반거래약관에 따라 체결되는 계약을 말한다.
> ④ 합의이외에 물건의 인도 기타의 급부를 하여야만 성립하는 계약을 말한다.

4 〈보기〉에서 설명하는 예금계약은 무엇인가?

───────〈보기〉───────

• 월부금을 정해진 회차에 따라 납입하면 만기일에 금융회사가 계약액을 지급하겠다는 계약이다.
• 계약의 당사자 일방만이 채무를 부담하거나 또는 쌍방이 채무를 부담하더라도 그 채무가 서로 대가적 의미를 갖지 않는 편무계약으로 가입자는 월부금을 납입할 의무가 없다.

───────────────────

① 정기적금　　　　　　　　　　　　② 별단예금
③ 상호부금　　　　　　　　　　　　④ 당좌예금

> **ADVICE** ② 각종 금융거래에 수반하여 발생하는 미정리예금·미결제예금·기타 다른 예금 종목으로 처리가 곤란한 일시적인 보관금 등을 처리하는 예금계정으로, 각각의 대전별로 그 법적 성격이 다르다.
> ③ 일정한 기간을 정하여 부금을 납입하게 하고 기간의 중도 또는 만료 시에 부금자에게 일정한 금전을 급부할 것을 내용으로 하는 약정이다.
> ④ 어음·수표의 지급 사무처리의 위임을 목적으로 하는 위임계약과 금전소비임치계약이 혼합된 계약이다.

5 예금계약의 법적 성질에 대한 설명으로 옳지 않은 것은?

① 채무가 서로 대가적 의미를 갖지 않는 계약은 편무계약이다.
② 합의이외에 물건의 인도 기타의 급부를 하여야만 성립하는 계약은 요물계약이다.
③ 계약당사자의 일방이 미리 작성하여 정형화해 둔 일반거래약관에 따라 체결되는 계약은 부합계약이다.
④ 계약의 각 당사자가 서로 대가적 의미를 가지는 채무를 부담하는 계약은 낙성계약이다.

> **ADVICE** ④ 계약의 각 당사자가 서로 대가적 의미를 가지는 채무를 부담하는 계약은 쌍무계약이다.

Answer　3.③　4.①　5.④

6 정기예금에 대한 설명으로 옳지 않은 것은?

① 예금주는 원칙적으로 만기일 전에 예금의 반환을 청구할 수 없다.
② 거래처에게 부득이한 사유가 있는 때에는 만기 전에 지급할 수 있다.
③ 예치기간이 약정된 금전소비임치계약이다.
④ 기한이 도래하지 않음으로써 그 기간 동안 당사자가 받는 이익을 기한의 이익이라고 한다.

》ADVICE ① 예금주는 원칙적으로 만기일 전에 예금의 반환을 청구할 수 없다.

7 예금계약의 법적 성질에 대한 설명으로 옳지 않은 것은?

① 금융회사는 상인이므로 금융회사와 체결한 예금계약은 상사임치계약이다.
② 예금계약은 예금자가 금전의 보관을 위탁하고 금융회사가 이를 승낙하여 자유롭게 운용하다가 같은 금액의 금전을 반환하면 되는 소비임치계약이다.
③ 부합계약에 따르면 거래처와 계약을 체결함에 있어 금융회사는 약관의 내용을 명시하고 중요내용을 설명하여야만 예금계약이 성립한다.
④ 오늘날에는 금융회사의 예금계약 체결 시에 그러한 금전의 인도를 요하지 않은 예금이 늘어가고 있는 실정을 감안하면 요물계약이 대두되고 있다.

》ADVICE ④ 오늘날에는 금융회사의 예금계약 체결 시에 그러한 금전의 인도를 요하지 않은 예금이 늘어가고 있는 실정을 감안하면 낙성계약이 대두되고 있다.

8 각종 예금계약의 법적구조에 대한 설명으로 옳은 것은?

① 저축예금은 반환기간이 정하여지지 않으며, 질권 설정이 가능하다.
② 정기예금은 예치기간이 약정된 금전소비임치계약이다.
③ 정기적금은 편무계약으로 가입자는 월부금을 납입할 의무가 있다.
④ 당좌거래예금은 금전소비임치계약이다.

》ADVICE ① 저축예금은 반환기간이 정하여지지 않으며, 질권 설정이 금지되어 있다.
③ 정기적금은 편무계약으로 가입자는 월부금을 납입할 의무가 없다.
④ 당좌거래예금은 어음·수표의 지급 사무처리의 위임을 목적으로 하는 위임계약과 금전소비임치계약이 혼합된 계약이다.

Answer   6.① 7.④ 8.②

9 예금계약에 대한 설명으로 옳지 않은 것은?

① ATM에 의한 입금의 경우, 예금계약이 성립하는 시기는 고객이 확인버튼을 누른 때라고 보는 것이 통설이다.

② 점외수금의 경우, 그 수금직원이 영업점으로 돌아와 수납직원에게 금전을 넘겨주고 그 수납직원이 이를 확인한 때에 예금계약이 성립하는 것으로 보아야 한다.

③ 창구입금의 경우, 낙성계약설에 의하면 반드시 입금자원의 입금이 있어야 한다.

④ ATM에 의한 입금의 경우, 고객이 ATM의 예입버튼을 누르면 예금신청이 있다고 본다.

>ADVICE ③ 낙성계약설은 반드시 입금자원의 입금이 있어야 하는 것은 아니라고 본다.

10 예금계약에 대한 설명으로 옳지 않은 것은?

① 현금에 의한 계좌송금의 경우, 예금원장에 입금기장을 마친 때에 예금계약이 성립한다.

② 자점권 입금의 경우, 자점 발행의 자기앞수표의 경우에는 입금 후 잔액을 확인하고 나면 예금계약이 성립한다.

③ 타점권 입금의 경우, 예금거래기본약관은 추심위임설의 입장을 취하여 증권으로 입금했을 때 금융회사가 그 증권을 교환에 돌려 부도반환시한이 지나고 결제를 확인했을 때에 예금계약이 성립한다고 규정하고 있다.

④ 증권류에 의한 계좌송금의 경우, 증권류의 입금과 같은 시기에 예금계약이 성립한다.

>ADVICE ② 자점권 입금의 경우, 자점 발행의 자기앞수표의 경우에는 입금 즉시 예금계약이 성립한다.

11 예금거래약관에 대한 설명으로 옳지 않은 것은?

① 중요한 내용을 고객에게 설명하여야 한다.

② 계약 시 약관은 우편으로 교부하여야 한다.

③ 계약내용이 공정하여야 한다

④ 약관의 내용을 명시하여야 하며, 명시의 정도는 고객이 인지할 가능성을 부여하면 족하다.

>ADVICE ② 계약 시 약관을 고객이 원하는 수단(영업점 직접수령, 이메일·문자 등 비대면 수령 등) 중 하나로 선택 후 교부하여야 한다.

Answer   9.③ 10.② 11.②

12 〈보기〉는 약관의 해석원칙 중 무엇에 해당하는가?

〈보기〉

약관은 해석자의 주관이 아니라 객관적 합리성에 입각하여 해석되어야 하며 시간, 장소, 거래상대방에 따라 달리 해석되어서는 안 된다는 원칙이다.

① 약관의 계약편입 원칙
② 개별약정우선의 원칙
③ 작성자불이익의 원칙
④ 객관적 · 통일적 해석의 원칙

▶ADVICE ① 약관을 계약의 내용으로 하기로 하는 합의가 있어야 한다.
② 기업과 고객이 약관에서 정하고 있는 사항에 대하여 명시적 또는 묵시적으로 약관의 내용과 다르게 합의한 사항이 있는 경우에는 당해 합의사항을 약관에 우선하여 적용하여야 한다는 원칙이다.
③ 약관의 의미가 불명확한 때에는 작성자인 기업 측에 불이익이 되고 고객에게는 유리하게 해석되어야 한다는 원칙이다.

13 「약관의 규제에 관한 법률」에 따른 불공정 약관이 아닌 것은?

① 고객에 대하여 부당하게 불리한 조항
② 고객이 계약의 거래행태 등 제반사정에 비추어 예상하기 어려운 조항
③ 계약의 목적을 달성할 수 없을 정도로 계약에 따르는 본질적 권리를 제한하는 조항
④ 약관의 의미가 불명확한 조항

▶ADVICE 「약관의 규제에 관한 법률」은 불공정약관조항 여부를 판단하는 일반원칙으로서 신의성실의 원칙에 반하여 공정을 잃은 약관조항은 무효라고 선언하고 공정을 잃은 약관조항의 판단기준으로 고객에 대하여 부당하게 불리한 조항, 고객이 계약의 거래행태 등 제반사정에 비추어 예상하기 어려운 조항, 계약의 목적을 달성할 수 없을 정도로 계약에 따르는 본질적 권리를 제한하는 조항을 구체적으로 규정하여 이에 해당하는 약관조항을 불공정한 약관으로 추정하고 있다.

Answer   12.④ 13.④

14 예금거래약관에 대한 설명으로 옳지 않은 것은?

① 모든 금융회사는 독자적인 약관체계를 가지고 있다.
② 예금거래도 금융회사와 고객 간의 계약이므로 계약자유의 원칙이 지배한다.
③ 계약 당사자의 일방이 미리 작성하여 정형화 시켜 놓은 계약조항을 일반거래약관이라고 부른다.
④ 그 약관에 규정이 없는 경우에는 예금별 약관, 예금거래기본약관의 내용이 차례로 적용된다.

> **ADVICE** ① 각 금융회사가 독자적인 약관을 운영함으로써 거래처가 혼란에 빠지는 것을 방지하기 위하여 대한민국내의 모든 금융회사는 동일한 약관체계를 가지고 있다.

15 〈보기〉에서 설명하고 있는 예금계약은 무엇인가?

〈보기〉

일정한 기간을 정하여 부금을 납입하게 하고 기간의 중도 또는 만료 시에 부금자에게 일정한 금전을 급부할 것을 내용으로 하는 약정이다.

---

① 별단예금   ② 상호부금
③ 정기적금   ④ 당좌예금

> **ADVICE** ① 각종 금융거래에 수반하여 발생하는 미정리예금·미결제예금·기타 다른 예금 종목으로 처리가 곤란한 일시적인 보관금 등을 처리하는 예금계정이다.
> ③ 월부금을 정해진 회차에 따라 납입하면 만기일에 금융회사가 계약액을 지급하겠다는 계약이다.
> ④ 어음·수표의 지급 사무처리의 위임을 목적으로 하는 위임계약과 금전소비임치계약이 혼합된 계약이다.

16 예금거래의 상대방이 제한능력자인 경우와 관련한 내용으로 옳지 않은 것은?

① 미성년자는 19세 미만의 자로서, 원칙적으로 행위능력이 없다.
② 법정대리인인 후견인은 피성년후견인을 대리하여 법률행위를 할 수 있다.
③ 제한능력자에는 미성년자·피성년후견인·피한정후견인이 있다.
④ 미성년자가 법정대리인의 동의 없이 법률행위를 한 때에는 법정대리인은 미성년자의 법률행위를 취소할 수 없다.

> **ADVICE** ④ 미성년자가 법정대리인의 동의 없이 법률행위를 한 때에는 법정대리인은 미성년자의 법률행위를 취소할 수 있다.

Answer   14.① 15.② 16.④

17 피성년후견인에 대한 설명으로 옳지 않은 것은?

① 법정대리인인 후견인은 피성년후견인이 직접 한 법률행위를 취소할 수 없다.
② 가정법원은 취소할 수 없는 피성년후견인의 법률행위의 범위를 정할 수 있다.
③ 원칙적으로 행위능력이 없다.
④ 질병, 장애, 노령 등의 사유로 인한 정신적 제약으로 사무를 처리할 능력이 지속적으로 결여되어 성
　년후견개시의 심판을 받은 자이다.

> **ADVICE** ① 법정대리인인 후견인은 피성년후견인을 대리하여 법률행위를 할 수 있고, 피성년후견인이 직접 한 법률행위를 취
　소할 수 있다.

18 예금거래의 상대방이 제한능력자인 경우와 관련한 내용으로 옳지 않은 것은?

① 법정대리인인 후견인이 대리권을 행사하려면 법원의 대리권 수여가 필요하다.
② 당좌예금거래는 어음·수표의 지급사무를 위임하는 계약이므로 제한능력자의 단독거래는 허용하지
　않는 것이 원칙이다.
③ 한정후견인의 동의가 필요한 법률행위를 피한정후견인이 한정후견인의 동의 없이 한 경우에도 그
　법률행위를 취소할 수 없다.
④ 금융 회사가 피성년후견인과 예금계약을 체결하거나, 법정대리인의 동의 없이 미성년자 또는 피한정후
　견인과 예금계약을 맺은 경우 법정대리인이 예금계약을 취소한다 할지라도 원금을 반환하면 족하다.

> **ADVICE** ③ 한정후견인의 동의가 필요한 법률행위를 피한정후견인이 한정후견인의 동의 없이 하였을 때에는 그 법률행위를
　취소할 수 있다. 다만, 일용품의 구입 등 일상생활에 필요하고 그 대가가 과도하지 아니한 법률행위에 대하여는 그
　러하지 아니하다.

Answer　17.① 18.③

19 미성년자의 정당한 법정 대리인을 확인하기 위해 필요한 서류는?

① 가족관계등록부　　　　　　　　　② 후견등기부
③ 법원의 선임심판서　　　　　　　　④ 주민등록 초본

>**ADVICE** 법정대리의 경우 대리관계의 확인

구분	대리인	확인서류
미성년자	친권자, 후견인	가족관계등록부, 기본증명서
피성년후견인 및 피한정후견인	후견인	후견등기부
부재자	부재자재산관리인	법원의선 임심판서
사망	유언집행자, 상속재산관리인	사망자의유언, 법원의 선임심판서

20 금융회사가 대리인과 예금거래계약을 체결할 때 주의해야 할 사항이 아닌 것은?

① 대리인이라고 칭하는 자가 진정한 대리인인지 여부 및 그 대리행위가 대리권의 범위에 속하는지 여부를 확인하여야 한다.
② 예금을 지급할 경우에는 이중지급의 위험이 있으므로 정당한 대리권자인지 여부를 확인하여야 한다.
③ 예금의 중도해지와 예금담보대출의 경우에는 위임장만 확인하면 된다.
④ 예금거래기본약관상의 면책약관에 따라 통장 등을 제출받고 인감과 비밀번호가 일치하여 지급하였다는 사유만으로 항상 금융회사가 면책되는 것은 아니다.

>**ADVICE** ③ 예금의 중도해지와 예금담보대출의 경우에는 위임장 이외에도 예금주 본인의 의사를 반드시 확인하여야 한다.

21 외국인과의 예금거래에 대한 설명으로 옳지 않은 것은?

① 예금거래에 관하여 외국법에 따르기로 합의하는 일은 거의 없으므로 결국 우리나라법이 적용된다.
② 외국인이라도 거주자이면 금융회사와의 원화예금거래는 자유이다.
③ 비거주자는 예금거래가 불가능하다.
④ 외국인과의 예금거래의 성립과 효력은 당사자 간에 준거법에 관한 합의가 없으면 행위지의 법률에 따른다.

>**ADVICE** ③ 비거주자라도 외국환은행과 일부 예금거래는 가능하다.

Answer　19.① 20.③ 21.③

22 회사와의 예금거래에 대한 설명으로 옳지 않은 것은?

① 외국회사의 대표자로 등기된 자는 법인등기사항전부증명서를 징구하여 한국 내의 예금자와 예금거래를 하면 된다.

② 당좌거래의 경우에는 등기사항전부증명서과 인감증명 등을 징구하며 법인의 존재 여부와 대표자를 엄격하게 확인할 필요가 있다.

③ 공동대표이사제도를 채택하고 있는 경우 예금거래도 공동으로 하는 것이 원칙이다.

④ 등기가 이루어지지 않은 외국회사의 당좌계좌개설도 허용된다.

>ADVICE ④ 등기가 이루어지지 않은 외국회사는 계속적 거래를 할 수 없으므로, 계속적 거래를 전제로 하는 당좌계좌개설은 허용되지 않는다.

23 국가나 자치단체와의 예금거래에 대한 설명으로 옳은 것은?

① 국가나 지방자치단체와의 예금 거래행위의 법적성질은 공법관계로 보는 것이 통설이다.

② 국고금은 예외 없이 한국은행에 예탁하여야 한다.

③ 국고금은 일반은행에서 수납할 수 없다.

④ 국가·지방자치단체 등과 예금거래를 할 때 예금주명의는 공공단체로 해야 한다.

>ADVICE ① 국가나 지방자치단체와의 예금 거래행위의 법적성질은 사법관계로 보는 것이 통설이다.
② 국고금은 법령 규정이 인정하는 예외적인 경우를 제외하고는 한국은행에 예탁하여야 한다.
③ 국고대리점 또는 국고수납대리점 업무를 취급하는 일반은행에서도 이를 수납할 수 있다.

24 법인격 없는 사단이 아닌 것은?

① 아파트입주자대표회의   ② 노동조합
③ 학회   ④ 유한회사

>ADVICE ④ 법인격 없는 사단이란 아파트입주자대표회의·아파트부녀회·학회·교회·종중·동문회·노동조합 등 법인으로서의 실체를 가지고 있으면서도 주무관청의 허가를 받지 않아 법인격을 취득하지 않은 단체를 말한다.

Answer 22.④ 23.④ 24.④

25 법인격 없는 단체와의 예금거래에 관한 설명으로 옳지 않은 것은?

① 법인격 없는 사단과 거래 시 고유번호를 부여받은 경우에는 그 대표자와 예금거래를 하면 된다.
② 법인격 없는 사단과 거래 시 고유번호를 부여받지 못한 경우에는 개인예금으로 처리된다.
③ 법인격 없는 재단은 준총유나 준합유의 관계가 될 수 있다.
④ 조합의 경우, 조합원 전원의 이름으로 하는 것이 원칙이나 각 조합원의 위임을 받은 조합대표자와 거래할 수도 있다.

> **ADVICE** ③ 법인격 없는 재단은 권리능력이 없고, 법인격 없는 사단과 같은 구성원도 없으므로 그 예금의 귀속관계는 준총유나 준합유의 관계가 될 수 없다.

26 예금의 현금입금에 대한 설명으로 옳은 것은?

① 입금 의뢰액 보다 실제 확인된 금액이 적은 경우에는 금융회사가 그 입금 의뢰액을 입증할 책임을 부담한다.
② 현금의 확인을 유보하는 의사 없이 예금통장 등을 발행한 경우에 부족액이 발생한 경우에는 입금자가 입증책임을 부담한다.
③ 예금주가 오류입금인 사실을 알면서 예금을 인출하였다면 부당이득으로 반환하여야 한다.
④ 잘못된 입금은 예금주의 동의를 받은 후에 취소하여 정당계좌에 입금할 수 있다.

> **ADVICE** ① 입금 의뢰액 보다 실제 확인된 금액이 적은 경우에 입금 의뢰액대로 예금계약이 성립함을 주장하기 위해서는 입금자가 그 입금 의뢰액을 입증할 책임을 부담한다.
> ② 현금의 확인을 유보하는 의사 없이 예금통장 등을 발행한 경우에 부족액이 발생한 경우에는 금융회사가 입증책임을 부담한다.
> ④ 잘못된 입금은 착오에 기인한 것이므로 착오계좌 예금주의 동의 없이 취소하여 정당계좌에 입금할 수 있다.

27 증권류의 입금에 대한 설명으로 옳지 않은 것은?

① 타점권의 어음을 받는 경우 지급제시기간을 확인해야 한다.
② 타점권의 수표가 특정횡선수표인 경우에는 입금인이 우체국과 계속적인 거래가 있는 거래처인지 여부를 확인해야 한다.
③ 부도사실을 추심의뢰 인에게 상당한 기일이 지나도록 통지하지 않은 경우에 금융회사는 선량한 관리자로서의 주의의무를 다한 것으로 볼 수 없으므로 입금인에게 그 손해를 배상하여야 한다.
④ 백지를 보충하지 않은 상태에서 어음을 제시할 경우 입금인의 상환청구권이 상실된다.

》ADVICE ② 타점권의 수표가 일반 횡선수표인 경우에는 입금인이 우체국과 계속적인 거래가 있는 거래처인지 여부를 확인해야 한다.

28 계좌송금에 대한 설명으로 옳은 것은?

① 계좌송금은 직접계약이다.
② 계좌송금의 경우에는 실명확인을 하여야 한다.
③ 현금 계좌송금의 경우에는 결제를 확인한 시점에서 예금계약이 성립한다.
④ 입금의뢰인은 계좌송금을 철회할 수 없다.

》ADVICE ① 계좌송금은 위임계약이다.
③ 현금 계좌송금의 경우에는 입금기장을 마친 시점에서 예금계약이 성립한다.
④ 입금의뢰인은 언제든지 위임계약을 해지하고 계좌송금 철회를 할 수 있다.

29 착오송금에 대한 설명으로 옳지 않은 것은?

① 금융회사는 착오송금의 경우, 수취인의 동의 없이 송금인에게 돈을 돌려줄 수 있다.
② 수취인은 금전을 돌려줄 민사상 반환의무가 발생한다.
③ 송금인은 수취인의 동의 없이는 자금을 돌려받을 수 없다.
④ 송금인은 수취인이 반환을 거부할 경우 부당이득반환청구의 소를 제기할 수 있다.

》ADVICE ① 금융회사는 수취인의 동의 없이 송금인에게 임의로 돈을 돌려줄 수 없다.

30 착오송금 반환지원제도에 대한 설명으로 옳지 않은 것은?

① 23. 12. 31 이후 발생한 5만 원 이상 5천만 원 이하 착오송금의 경우 신청가능하다.

② 착오송금시 먼저 금융회사를 통해 수취인에게 반환을 요청하여야 한다.

③ 착오송금일로부터 3개월 이내에 신청해야 한다.

④ 예금보험공사 홈페이지 내 착오송금 반환지원 사이트 접속해 온라인 신청하거나 예금보험공사 본사 상담센터 방문해 신청할 수 있다.

>ADVICE ③ 착오송금일로부터 1년 이내에 신청해야 한다.

31 통장·증서의 교부에 관한 설명으로 옳은 것은?

① 예금통장이나 증서를 소지하고 있다는 사실만으로 소지인이 금융회사에 예금의 반환을 청구할 수는 없다.

② 금융회사가 과실로 예금통장이나 증서 소지자에게 예금을 지급한 경우에도 면책받을 수 있다.

③ 예금통장이나 증서를 소지하고 있지 않으면 그 실질적 권리자임을 입증한 경우에도 예금의 반환을 청구할 수 없다.

④ 양도성예금증서나 표지어음 등은 그 증서 소지자에게만 발행대전을 지급할 수 없다.

>ADVICE ② 금융회사가 과실 없이 예금통장이나 증서 소지자에게 예금을 지급한 경우에는 채권의 준점유자에 대한 변제에 해당되어 면책이 될 뿐이다.

③ 예금통장이나 증서를 소지하고 있지 않다 하더라도 그 실질적 권리자임을 입증한 경우에는 예금의 반환을 청구할 수 있다.

④ 양도성예금증서나 표지어음 등은 그 성격이 유가증권이므로 원칙적으로 그 증서 소지자에게만 발행대전을 지급할 수 있다.

32 금융회사가 예금지급에 관하여 면책을 주장하기 위한 요건이 아닌 것은?

① 비밀번호가 일치할 것
② 금융기관의 과실일 것
③ 인감 또는 서명이 일치할 것
④ 채권의 준점유자에 대한 변제일 것

> **ADVICE** 예금의 면책 요건
> ㉠ 채권의 준점유자에 대한 변제일 것
> ㉡ 인감 또는 서명이 일치할 것
> ㉢ 비밀번호가 일치할 것
> ㉣ 금융기관이 선의 · 무과실일 것

33 예금의 지급에 대한 설명으로 옳지 않은 것은?

① 예금주가 금융회사에 대하여 예금의 지급을 청구하는 행위는 의사의 통지라는 것이 통설이다.
② 예금주의 청구에 의하여 금융회사가 예금을 지급함으로써 예금계약이 소멸한다.
③ 무기명채권은 변제 장소의 정함이 없으면 채무자의 현영업소를 지급장소로 한다.
④ 무기명예금을 지급하여야 할 장소는 현영업소이다.

> **ADVICE** ④ 무기명예금을 지급하여야 할 장소는 원칙적으로 계좌개설 영업점이다.

34 금융회사의 면책에 대한 설명으로 옳지 않은 것은?

① 전부채권자 또는 추심채권자가 예금통장 · 증서를 소지하고 있어야만 금융회사가 선의 · 무과실이면 면책된다.
② 인감 또는 서명은 육안으로 상당한 주의를 하여 일치한다고 인정되면 족하다.
③ 선의란 채권의 준점유자에게 변제수령의 권한이 없음을 알지 못한다는 것만으로는 부족하며, 적극적으로 채권의 준점유자에게 수령권한이 있다고 믿었어야 한다.
④ 금융회사가 예금에 관하여 분쟁이 발생한 사실을 알면서 예금을 지급한 때에는 주의의무를 다한 것으로 볼 수 없다.

> **ADVICE** ① 전부채권자 또는 추심채권자는 예금통장 · 증서를 소지하고 있지 않더라도 금융회사가 선의 · 무과실이면 면책된다.

Answer 32.② 33.④ 34.①

35 예금의 지급에 대한 유의사항으로 옳지 않은 것은?

① 예금청구서는 영수증의 역할을 하는 것이므로 예금청구서의 금액 · 비밀번호 · 청구일자 등이 정정된 경우에는 반드시 정정인을 받든가 또는 새로운 전표를 작성하도록 하여야 한다.

② 사고신고를 지연하여 예금주에게 손해를 입혔다면 그 손해를 배상하여야 한다.

③ 예금의 귀속에 관하여 다툼이 있는 경우에는 진정한 예금주가 누구인지에 관하여 소송의 결과 등을 통하여 확인한 후 지급하여야 한다.

④ 금융회사가 폰뱅킹신청 등록시 거래상대방의 본인여부를 확인하는 때는 그 상대방이 거래명의인의 주민등록증을 소지하고 있는지의 여부만 확인하면 된다.

> **ADVICE** ④ 금융회사가 폰뱅킹신청 등록시 거래상대방의 본인여부를 확인하는 때 그 상대방이 거래명의인의 주민등록증을 소지하고 있는지 여부를 확인하는 것만으로는 부족하고, 그 직무수행상 필요로 하는 충분한 주의를 다하여 주민등록증의 진정여부 등을 확인함과 아울러 그에 부착된 사진과 실물을 대조하여야 한다.

36 예금주의 사망시 혈족 상속인 중 제4순위에 해당하는 사람은?

① 피상속인의 직계비속 및 피상속인의 배우자

② 피상속인의 형제자매

③ 피상속인의 4촌 이내의 방계혈족

④ 피상속인의 4촌 이내의 방계혈족

> **ADVICE** 혈족 상속인의 상속순위
> • 제1순위 : 피상속인의 직계비속 및 피상속인의 배우자
> • 제2순위 : 피상속인의 직계존속 및 피상속인의 배우자
> • 제3순위 : 피상속인의 형제자매
> • 제4순위 : 피상속인의 4촌 이내의 방계혈족

Answer 35.④ 36.③

37 현행 상속제도에 대한 설명으로 옳지 않은 것은?

① 공동상속인 간의 상속분은 배우자에게는 1.5, 그 밖의 자녀에게는 1의 비율이다.
② 선순위 상속권자가 1인이라도 있으면 후순위권자는 전혀 상속권을 가지지 못한다.
③ 배우자가 타인과 재혼한 경우에는 인척관계가 소멸되므로 상속인이 될 수 없다.
④ 상속은 사망 사실이 가족관계등록부에 기재된 시점에서 개시된다.

》ADVICE ④ 상속은 사망한 시점에서 개시되며 사망한 사실이 가족관계등록부에 기재된 시점에서 개시되는 것은 아니다.

38 예금주 사망시 상속인 확인 방법으로 옳은 것은?

① 예금주가 유언 없이 사망한 경우에는 가족관계등록사항별 증명서를 징구하여 확인한다.
② 유류분에 대한 상속인의 청구가 있을 수 있으므로 법원의 심판을 통해 유류분권리자를 확인하여야 한다.
③ 자필증서 · 녹음 · 비밀증서에 의한 경우에는 법원의 유언검인심판을 받은 유언검인심판서를 징구하여야 한다.
④ 예금주가 유언 없이 사망한 경우에는 필요시 제적등본을 징구할 수 있다.

》ADVICE ② 유류분에 대한 상속인의 청구가 있을 수 있으므로 가족관계등록사항별 증명서를 징구하여 유류분권리자를 확인하여야 한다.

39 예금주 사망시 상속과 관련된 특수문제에 대한 설명으로 옳지 않은 것은?

① 상속인이 행방불명인 경우, 공유설에 따르면 행방불명인 자의 상속분을 제외한 나머지 부분은 각 상속인에게 지급할 수 있다.
② 특별연고자도 없으면 국고에 귀속된다.
③ 채권신고기간 종료 시까지 상속인이 나타나지 않으면 5년간의 상속인 수색절차를 거쳐 상속인이 없으면 특별연고권자에게 재산을 분여한다.
④ 피상속인이 외국인의 경우에는 예금주의 본국법에 의하여 상속절차를 밟는 것이 원칙이다.

》ADVICE ③ 채권신고기간 종료 시까지 상속인이 나타나지 않으면 2년간의 상속인 수색절차를 거쳐 상속인이 없으면 특별연고권자에게 재산을 분여한다.

Answer 37.④ 38.② 39.③

40 상속재산의 분할방법이 아닌 것은?

① 유언에 의한 분할　　　　　　　　　② 협의분할
③ 소송분할　　　　　　　　　　　　　④ 심판분할

> ADVICE ① 피상속인은 유언으로 상속재산의 분할방법을 정하거나 이를 정할 것을 제3자에게 위탁할 수 있다.
> ② 공동상속인들 간에 상속재산의 분할협의가 이루어지지 않아 가정법원의 심판에 의하여 상속재산을 분할하는 방법이다.
> ④ 공동상속인 간의 협의에 의한 분할로 유언에 의한 분할방법의 지정이 없거나, 피상속인이 5년을 넘지 않는 범위 내에서 상속재산의 분할을 금지하지 않는 한 공동상속인들은 언제든지 협의로 상속재산을 분할할 수 있다.

41 상속포기에 대한 설명으로 옳지 않은 것은?

① 상속인은 상속개시있음을 안 날로부터 1년 내에 상속포기를 할 수 있다.
② 상속인이 상속재산에 대한 처분행위를 한 때에는 단순승인을 한 것으로 본다.
③ 상속인이 기간 내에 한정승인 또는 포기를 하지 아니한 때에는 단순승인을 한 것으로 본다.
④ 상속의 포기는 법원의 상속포기 심판서를 징구하여 확인하여야 한다.

> ADVICE ① 상속인은 상속개시있음을 안 날로부터 3월 내에 포기를 할 수 있다.

42 A가 사망했을 때, 법정상속인 순위가 가장 높은 경우는? (A는 배우자가 있으며, 자녀는 없다.)

① A의 부모　　　　　　　　　　　　② A의 형제자매
③ A의 조부모　　　　　　　　　　　④ A의 배우자 단독

> ADVICE 배우자는 순위에 들어가지 않고, 항상 공동 상속한다. 따라서 법정상속인 순위가 가장 높은 경우는 A의 부모이다.
> ※ 혈족 상속인의 상속순위
> ㉠ 제1순위 : 피상속인의 직계비속 및 피상속인의 배우자
> ㉡ 제2순위 : 피상속인의 직계존속 및 피상속인의 배우자
> ㉢ 제3순위 : 피상속인의 형제자매
> ㉣ 제4순위 : 피상속인의 4촌 이내의 방계혈족

Answer　40.③　41.①　42.①

43 〈보기〉와 같은 상황에서 F가 남긴 상속재산이 6억 원이라면, 배우자 G는 얼마를 상속받게 되는가?

〈보기〉

- F가 사망했다.
- 배우자 G가 있다.
- F의 아버지만 생존해 있다. (어머니는 이미 사망)
- 자녀는 없다.
- 형제자매도 없다.

① 2억 4천만 원
② 2억 6천만 원
③ 3억 4천만 원
④ 3억 6천만 원

>ADVICE 자녀가 없으므로 배우자와 아버지가 공동상속인이다. 민법 제1009조 제2항에 따르면, 배우자와 직계존속의 상속비율은 1.5:1이다. 따라서 배우자는 3억 6천만 원, 아버지는 2억 4천만 원을 받는다.

44 예금채권의 양도에 관한 설명으로 옳지 않은 것은?

① 예금주가 양도금지 특약을 위반하여 예금을 다른 사람에게 양도한 경우, 그 양도는 무효이다.
② 기명식 예금은 지명채권이므로 원칙적으로 그 양도성이 인정된다.
③ 예금을 양도하기 위해서는 양도인과 양수인 사이에 합의만 있으면 된다.
④ 실무상 양도인인 예금주가 예금양도 통지만을 하는 경우가 있으나 이는 양도금지특약을 위반한 것이므로, 당사자 사이에는 유효하나 그 양도로 은행(우체국)에 대항할 수 없다.

>ADVICE ③ 예금을 양도하기 위해서는 양도인과 양수인 사이에 예금양도계약 및 은행(우체국)의 승낙이 있어야 한다.

45 은행(우체국)이 양도승낙의 신청을 받은 경우 해야 할 일이 아닌 것은?

① 승낙서는 2부를 작성하여 1부는 교부하고 1부는 은행(우체국)이 보관하여 향후 분쟁에 대비하여야 한다.
② 당해 예금에 가압류·압류 등이 있는지 확인한다.
③ 양도인인 예금주의 양도의사를 확인한다.
④ 명의변경과 개인(改印)절차를 받을 때에는 실명확인절차를 거칠 필요가 없다.

>ADVICE ④ 명의변경과 개인(改印)절차를 받을 때에도 실명확인절차를 거쳐야 한다.

Answer 43.④ 44.③ 45.④

46 예금채권의 질권설정에 대한 설명으로 옳지 않은 것은?

① 제3자가 질권설정하는 경우에는 은행(우체국)의 승낙을 필요로 한다.

② 은행(우체국)이 질권설정하는 경우에는 자기가 받은 예금에 질권설정하는 것이므로 승낙이라는 특별한 절차를 거치지 않아도 된다.

③ 종전 예금채권에 설정된 담보권은 새로이 성립하는 예금채권에도 동일성이 인정된다.

④ 질권자에게 직접청구권과 변제충당권이 인정되려면 피담보채권과 질권 설정된 채권(예금채권)이 모두 변제기에 있어야 한다.

>ADVICE ③ 종전 예금채권에 설정된 담보권은 새로이 성립하는 예금채권에 미치지 않는다.

47 예금채권의 질권설정에 대한 설명으로 옳은 것은?

① 피담보채권의 변제기보다 예금의 변제기가 먼저 도래하여 예금을 새로이 갱신하는 경우, 다른 종목의 예금으로 바꾸지 않도록 하여야 한다.

② 예금의 변제기보다 피담보채권의 변제기가 먼저 도래한 경우, 질권자에게도 중도해지권이 있다.

③ 예금의 변제기보다 피담보채권의 변제기가 먼저 도래한 경우, 예금을 중도해지할 때 예금주의 동의는 필요없다.

④ 기한갱신을 한 경우 새로운 통장이나 증서에 종전 예금과의 관계를 표시할 필요는 없다.

>ADVICE ② 예금의 변제기보다 피담보채권의 변제기가 먼저 도래한 경우 질권자가 피담보채권의 변제기가 이르렀음을 이유로 그 예금을 중도해지하여 지급청구하는 경우가 있다. 이러한 경우 질권자는 그 예금에 대한 계약당사자가 아니므로 중도해지권이 없다.

③ 예금의 변제기보다 피담보채권의 변제기가 먼저 도래한 경우 예금을 중도해지해서 질권자에게 지급하려면 예금주의 동의가 있어야 한다.

④ 기한갱신을 한 경우 새로운 통장이나 증서에도 질권설정의 뜻을 표시하고 예금거래신청서 및 전산원장에도 역시 같은 뜻의 표시를 하여 종전 예금과의 관계를 명백히 표시해 두어야 할 것이다.

Answer 46.③ 47.①

48 〈보기〉에서 예금에 대한 (가)압류 명령이 송달된 경우의 실무처리절차에 대한 설명으로 옳은 것을 모두 고르면?

〈보기〉

㉠ 압류명령에 진술최고서가 첨부된 경우에는 송달일로부터 10일 이내에 진술서를 작성하여 법원에 제출한다.

㉡ 압류명령의 송달연월일 및 접수시각을 명확히 기록하여야 한다.

㉢ 송달보고서에 기재된 주소를 확인하여야 한다.

㉣ 압류명령상의 표시에 하자가 있는 경우에는 경정결정을 받아오도록 한다.

---

① ㉠, ㉡　　　　　　　　　　　　　　② ㉠, ㉢

③ ㉡, ㉣　　　　　　　　　　　　　　④ ㉢, ㉣

> ADVICE ㉠ 압류명령에 진술최고서가 첨부된 경우에는 송달일로부터 1주일 이내에 진술서를 작성하여 법원에 제출한다.
> ㉢ 압류명령의 송달연월일 및 접수시각을 명확히 기록하고, 송달보고서에 기재된 시각을 확인하여야 한다.

49 압류명령의 접수에 대한 설명으로 옳지 않은 것은?

① 예금에 대한 압류명령의 효력이 발생하는 시기는 그 결정문이 제3채무자인 은행(우체국)에 송달된 때이다.

② 본점에 송달되는 경우 압류명령의 효력이 발생하는 시점은 그 결정문이 본점에 이첩된 때이다.

③ 압류명령을 접수한 본점은 이를 신속하게 소관 영업점에 통지하여 예금이 지급되지 않도록 하여야 한다.

④ 은행(우체국)은 압류결정문의 송달연월일·접수시각을 정확히 기록하고, 송달보고서에 기재된 시각을 확인하여야 한다.

> ADVICE ② 본점에 송달되는 경우 압류명령의 효력이 발생하는 시점은 그 결정문이 본점에 접수된 때이며 해당지점에 이첩된 때가 아니다.

50 압류된 예금의 지급에 대한 설명으로 옳지 않은 것은?

① 추심명령은 전부명령의 경우와는 달리 제3채무자에 대한 송달로서 그 효력이 생긴다.

② 전부채권자에 대한 채권이전 및 채무자의 채무변제효력은 전부명령이 확정된 시점에 발생한다.

③ 예금채권의 환가 방법으로 추심명령과 전부명령이 이용되는 것이 일반적이다.

④ 추심채권자에게 지급함에 있어서는 그 확정여부의 확인이 필요 없다.

> **ADVICE** ② 전부채권자에 대한 채권이전 및 채무자의 채무변제효력은 그 전부명령이 확정되면 전부명령이 제3채무자에게 송달된 때 소급해서 생긴다.

51 예금 거래의 법적 성질과 설명이 바르게 연결되지 않은 것은?

① 상사계약 – 수취인이 보관을 위탁받은 목적물의 소유권을 취득하여 이를 소비한 후 그와 같은 종류·품질 및 수량으로 반환할 수 있는 특약이 붙어 있는 것을 내용으로 하는 계약

② 부합계약 – 계약당사자의 일방이 미리 작성하여 정형화해 둔 일반거래약관에 따라 체결되는 계약

③ 낙성계약 – 계약당사자간의 합의만으로도 성립하는 계약

④ 편무계약 – 당사자의 일방만이 채무를 부담하거나 또는 쌍방이 채무를 부담하더라도 그 채무가 서로 대가적 의미를 갖지 않는 계약

> **ADVICE** ① 금융회사는 상인이므로 금융회사와 체결한 예금계약은 상사임치계약이다. 수취인이 보관을 위탁받은 목적물의 소유권을 취득하여 이를 소비한 후 그와 같은 종류·품질 및 수량으로 반환할 수 있는 특약이 붙어 있는 것을 내용으로 하는 계약을 소비임치계약이라고 한다.

52 〈보기〉에서 설명하는 예금계약은 무엇인가?

〈보기〉

각종 금융거래에 수반하여 발생하는 미정리예금·미결제예금·기타 다른 예금 종목으로 처리가 곤란한 일시적인 보관금 등을 처리하는 예금계정으로, 각각의 대전별로 그 법적 성격이 다르다.

---

① 당좌예금 ② 별단예금
③ 상호부금 ④ 정기적금

>**ADVICE** ① 어음·수표의 지급 사무처리의 위임을 목적으로 하는 위임계약과 금전소비임치계약이 혼합된 계약이다.
③ 일정한 기간을 정하여 부금을 납입하게 하고 기간의 중도 또는 만료 시에 부금자에게 일정한 금전을 급부할 것을 내용으로 하는 약정이다.
④ 월부금을 정해진 회차에 따라 납입하면 만기일에 금융회사가 계약액을 지급하겠다는 계약이다.

53 저축예금에 대한 설명으로 옳지 않은 것은?

① 질권 설정이 금지되어 있다.
② 반환기간이 정해져 있으며, 언제든지 입·출금을 자유롭게 할 수 있다.
③ 최종 입금 또는 출금이 있으면 그 잔액에 대하여 하나의 새로운 예금채권이 성립한다.
④ 예금주가 예금을 양도하거나 질권설정 하려면 사전에 우체국에 통지하고 동의를 받아야 한다.

>**ADVICE** ② 보통예금·저축예금은 반환기간이 정하여지지 않아 언제든지 입·출금을 자유롭게 할 수 있으며 질권 설정이 금지되어 있다는데 그 특징이 있다.

54 〈보기〉에서 설명하는 예금계약으로 바르게 짝지어진 것은?

〈보기〉

ⓐ 일정한 기간을 정하여 부금을 납입하게 하고 기간의 중도 또는 만료 시에 부금자에게 일정한 금전을 급부할 것을 내용으로 하는 약정이다.

ⓑ 어음·수표의 지급 사무처리의 위임을 목적으로 하는 위임계약과 금전소비임치계약이 혼합된 계약이다.

	ⓐ	ⓑ
①	상호부금	당좌예금
②	상호부금	정기예금
③	별단예금	당좌예금
④	별단예금	정기예금

>ADVICE • 별단예금 : 각종 금융거래에 수반하여 발생하는 미정리예금·미결제예금·기타 다른 예금 종목으로 처리가 곤란한 일시적인 보관금 등을 처리하는 예금계정으로, 각각의 대전별로 그 법적 성격이 다르다.
• 정기예금 : 정기예금은 예치기간이 약정된 금전소비임치계약이다.

55 예금거래약관에 대한 설명으로 옳지 않은 것은?

① 계약이 성립되었다고 하기 위해서는 약관을 계약의 내용으로 하기로 하는 합의가 있어야 한다.
② 중요한 내용을 고객에게 설명하는 행동은 어떤 경우에도 생략되어서는 안 된다.
③ 고객에 대하여 부당하게 불리한 조항은 불공정한 약관이다.
④ 약관은 시간, 장소, 거래상대방에 따라 달리 해석되어서는 안 된다.

>ADVICE ② 계약의 성질상 대량·신속하게 업무를 처리하여야 하는 경우 등 설명이 현저히 곤란한 때에는 설명의무를 생략할 수 있다.

Answer 54.① 55.②

56 〈보기〉는 약관의 해석원칙 중 무엇에 해당하는가?

─────────── 〈보기〉 ───────────

기업과 고객이 약관에서 정하고 있는 사항에 대하여 명시적 또는 묵시적으로 약관의 내용과 다르게 합의한 사항이 있는 경우에는 당해 합의사항을 약관에 우선하여 적용하여야 한다는 원칙이다.

① 객관적 · 통일적 해석의 원칙
② 개별약정우선의 원칙
③ 공정성의 원칙
④ 작성자불이익의 원칙

> ADVICE ① 약관은 해석자의 주관이 아니라 객관적 합리성에 입각하여 해석되어야 하며 시간, 장소, 거래상대방에 따라 달리 해석되어서는 안 된다는 원칙이다.
> ④ 약관의 의미가 불명확한 때에는 작성자인 기업 측에 불이익이 되고 고객에게는 유리하게 해석되어야 한다는 원칙이다.

57 예금거래약관에 대한 설명으로 옳지 않은 것은?

① 일반거래약관에 따라 체결되는 계약을 부합계약이라고 부른다.
② 계약 당사자의 일방이 미리 작성하여 정형화 시켜 놓은 계약조항을 일반거래약관이라고 한다.
③ 예금계약에 대해서는 예금별 약관, 예금거래기본약관이 우선적으로 적용되고 그 다음에 당해 예금상품의 약관이 적용된다.
④ 현행 예금거래약관은 단계별 약관체계를 구성하고 있다.

> ADVICE ③ 예금계약에 대해서는 당해 예금상품의 약관이 우선적으로 적용되고 그 약관에 규정이 없는 경우에는 예금별 약관, 예금거래기본약관의 내용이 차례로 적용된다.

58 예금거래의 상대방에 대한 내용으로 옳지 않은 것은?

① 미성년자는 원칙적으로 행위능력이 없다.

② 피성년후견인은 원칙적으로 행위능력이 없다.

③ 후견인은 피성년후견인을 대리하여 피성년후견인이 직접 한 법률행위를 취소할 수 없다.

④ 미성년자가 법정대리인의 동의 없이 법률행위를 한 때에는 법정대리인은 미성년자의 법률행위를 취소할 수 있다.

>ADVICE ③ 후견인은 피성년후견인을 대리하여 피성년후견인이 직접 한 법률행위를 취소할 수 있다.

59 예금거래의 상대방에 대한 내용으로 옳은 것은?

① 미성년자란 18세 미만의 자이다.

② 피성년후견인이란 질병, 장애, 노령 등의 사유로 인한 정신적 제약으로 사무를 처리할 능력이 지속적으로 결여되어 성년후견개시의 심판을 받은 자이다.

③ 피한정후견인이란 질병, 장애, 노령 등의 사유로 인한 정신적 제약으로 사무를 처리할 능력이 부족하여 한정후견개시의 심판을 받은 자이다.

④ 당좌예금거래는 제한능력자의 단독거래가 허용된다.

>ADVICE ① 미성년자란 19세 미만의 자로서, 원칙적으로 행위능력이 없다.

② 피성년후견인이란 질병, 장애, 노령 등의 사유로 인한 정신적 제약으로 사무를 처리할 능력이 지속적으로 결여되어 성년후견개시의 심판을 받은 자로서, 원칙적으로 행위능력이 없다.

④ 당좌예금거래는 어음·수표의 지급사무를 위임하는 계약이므로 제한능력자의 단독거래는 허용하지 않는 것이 원칙이다.

60 대리인, 외국인과의 거래에 대한 설명으로 옳지 않은 것은?

① 외국인이라도 거주자이면 금융회사와의 원화예금거래는 자유이다.
② 예금거래에 관하여는 우리나라법이 적용된다.
③ 모든 예금거래는 예금주 본인과 이루어져야 한다.
④ 중도해지나 예금담보대출의 경우에는 예금주 본인의 의사를 반드시 확인하여야 한다.

⟩ADVICE ③ 모든 예금거래를 예금주 본인과 할 수는 없다. 따라서 예금주의 대리인 또는 예금주의 심부름을 하는 자와 예금 거래를 하는 것은 불가피하다.

61 예금 압류에 대한 설명으로 옳지 않은 것은?

① 압류명령의 효력이 발생하는 시기는 그 결정문이 제3채무자인 은행(우체국)에 송달된 때이다.
② 압류명령을 접수한 본점은 이를 신속하게 소관 영업점에 통지하여 예금이 지급되지 않도록 하여야 한다.
③ 예금에 대한 압류가 있는 경우에 은행(우체국)은 그 압류의 사실을 예금주에게 통지해 줄 의무가 있다.
④ 예금에 대하여 질권이 설정되어 있는 경우에 은행(우체국)은 질권자에게 통지할 필요가 있다.

⟩ADVICE ③ 예금에 대한 압류가 있는 경우에 은행(우체국)이 그 압류의 사실을 예금주에게 통지해 줄 법적인 의무는 없다. 왜냐하면 압류결정문은 이들에게도 송달되기 때문이다.

62 예금 압류에 대한 설명으로 옳지 않은 것은?

① 전부명령은 즉시항고가 확정되어야 그 효력이 생긴다.

② 집행채권자는 압류를 신청할 때에 예금종류와 피압류예금액을 명시하지 않아도 된다.

③ 추심명령은 제3채무자에 대한 송달로서 그 효력이 생긴다.

④ 압류된 예금에 대하여는 즉시 ON-LINE에 주의사고 등록을 하고 원장 등에 압류사실을 기재하여 지급금지조치를 취해야 한다.

>ADVICE ② 집행채권자는 압류를 신청할 때에 예금종류와 피압류예금액을 명시해야 한다.

63 예금주의 사망시 예금의 관리에 대한 설명으로 옳지 않은 것은?

① 같은 순위의 상속인이 여러 사람인 경우에는 최근친을 선순위로 본다.

② 피상속인의 직계비속 및 피상속인의 배우자는 제1순위 상속자이다.

③ 법정상속인 중 직계비속과 배우자와 직계존속은 법정상속의 2분의 1까지 수증자에게 반환을 청구할 수 있다.

④ 상속인이 행방불명인 경우 합유설에 따르면 행방불명인 자의 지분을 제외한 나머지 부분도 지급할 수 없다.

>ADVICE ③ 유증에 의한 경우에 법정상속인 중 직계비속과 배우자는 법정상속의 2분의 1까지, 직계존속은 3분의 1까지 수증자에게 반환을 청구할 수 있다. 이러한 권리를 유류분이라고 한다.

64 〈보기〉의 (   ) 안에 들어갈 숫자로 옳은 것은?

> ───── 〈보기〉 ─────
>
> 상속인은 상속의 개시 있음을 안 날로부터 (   )개월 내에 단순승인이나 한정승인 또는 상속 포기를 할 수 있다.

① 1   ② 3
③ 6   ④ 10

> **ADVICE** ② 상인은 상속의 개시 있음을 안 날로부터 3개월 내에 단순승인이나 한정승인 또는 상속 포기를 할 수 있다. 그러나 그 기간은 이해관계인 또는 검사의 청구에 의하여 가정법원이 이를 연장할 수 있다.

65 착오송금 시 법률관계에 대한 설명으로 옳지 않은 것은?

① 잘못 입금된 돈이라도 수취인이 계좌에 들어온 금원 상당의 예금채권을 취득하게 된다.
② 수취인이 반환을 거부할 경우 송금인은 부당이득반환청구의 소를 제기할 수 있다.
③ 수취인은 금전을 돌려줄 형사상 반환의무가 있다.
④ 송금인은 수취인에 대하여 착오이체 금액 상당의 부당이득반환청구권을 가진다.

> **ADVICE** ③ 수취인은 금전을 돌려줄 민사상 반환의무가 있다.

내부통제 및 금융소비자보호

01 최근 기출문제 분석

2012. 3. 3. 시행

1 금융경제, 과세, 자금세탁방지업무에 대한 설명으로 옳은 것은?

① 채권시장에는 발행주체에 따라 국채시장, 지방채시장, 회사채시장, 환매조건부채권 매매시장이 있다.

② 일반은행으로는 국민은행(KB), 우리은행, 중소기업은행(IBK), 신한은행 등이 있다.

③ 모든 금융소득은 근로소득, 부동산임대소득, 사업소득, 연금소득 등 다른 소득과 합산하여 종합과세 된다.

④ 고객확인제도는 고개별 신원확인, 고객의 실제 당사자 여부 및 금융거래 목적까지 확인할 수 있는 제도이다.

> ADVICE ① 채권시장은 발행주체에 따라 국채시장, 지방채시장, 회사채시장, 금융채시장, 특수채시장 등으로 나눌 수 있다.
> ② 중소기업은행(IBK)은 특수은행에 속한다.
> ③ 개인별 연간 금융소득이 2,000만 원 이하일 경우에는 원천징수(15.4%)하고, 2,000만 원을 초과하는 금융소득은 근로소득, 사업소득, 연금소득 등 다른 소득과 합산하여 누진세율(소득수준에 따라 6~42%의 세율 적용)을 적용 하여 종합과세 한다.

Answer 1.④

2 「금융실명거래 및 비밀보장에 관한 법률」에 의거하여 금융기관이 금융 거래정보를 제공할 때의 업무처리에 대한 설명으로 옳은 것은?

① 금융거래정보 등을 제공한 경우에는 그 내용을 표준양식에 따라 기록·관리하여 10년 동안 보관해야 한다.

② 금융거래정보 등의 제공사실에 대한 통보의무를 위반한 경우에는 3,000만 원 이하의 벌금에 처해진다.

③ 금융거래정보 등을 제공한 경우에는 제공한 날로부터 10일 이내에 그 사실을 명의인에게 서면으로 통보하여야 한다.

④ 통보유예 요청을 받은 경우에는 통보유예 기간이 종료된 날로부터 30일 이내에 정보제공 사실을 명의인에게 서면으로 통보하여야 한다.

> **ADVICE** ① 금융거래정보 등을 제공한 경우에는 그 내용을 표준양식에 따라 기록·관리하여 5년 동안 보관해야 한다.
> ② 금융거래정보 등의 제공사실에 대한 통보의무를 위반한 경우에는 3천만 원 이하의 과태료를 부과한다.
> ④ 거래정보 등을 제공한 경우에는 제공한 날(통보를 유예한 경우에는 통보유예기간이 끝난 날)부터 10일 이내에 제공한 거래정보 등의 주요 내용, 사용 목적, 제공받은 자 및 제공일 등을 명의인에게 서면으로 통보하여야 한다.

3 자금세탁방지제도에 대한 설명으로 옳지 않은 것은?

① 자금세탁이란 일반적으로 '자금의 위법한 출처를 숨겨 적법한 것처럼 위장하는 과정'을 의미한다.

② 의심거래보고제도(STR)의 보고대상에 대해 정해진 기준 금액은 없으며 금융기관이 주관적으로 판단하여 보고한다.

③ 금융정보분석원(KoFIU)은 보고된 혐의거래를 조사·수사하여 법집행기관에 기소 등의 의법조치를 의뢰한다.

④ 고객확인제도(CDD)의 확인대상이 되는 '계좌의 신규 개설'에는 양도성예금증서, 표지어음의 발행, 금고대여 약정도 포함된다.

> **ADVICE** ③ 금융기관 등 보고기관이 의심스러운 거래(혐의거래)의 내용에 대해 금융정보분석원(KoFIU)에 보고하면 KoFIU는 보고된 혐의거래내용과 외환전산망 자료, 신용정보, 외국 FIU의 정보 등 자체적으로 수집한 관련자료를 종합·분석한 후 불법거래 또는 자금세탁행위와 관련된 거래라고 판단되는 때에는 해당 금융거래자료를 검찰청·경찰청·국세청·관세청·금융위·중앙선관위 등 법집행기관에 제공하고, 법집행기관은 거래내용을 조사·수사하여 기소 등의 의법조치를 하게 된다.

Answer 2.③ 3.③

2022. 5. 14. 시행

4 금융실명거래 시 실명확인 방법에 대한 설명으로 옳지 않은 것은?

① 금융회사 본부의 비영업부서 근무직원이라도 실명확인 관련 업무를 처리하도록 지시받은 경우에는 실명확인을 할 수 있다.

② 금융회사의 임·직원이 아닌 대출모집인이나 보험모집인 등 업무 수탁자는 실명확인을 할 수 없다.

③ 대리인을 통하여 계좌개설을 할 경우 본인 및 대리인 모두의 실명 확인증표와 본인의 인감증명서가 첨부된 위임장을 제시받아 실명 확인을 하되 본인의 실명확인증표는 사본으로도 가능하다.

④ 재예치 계좌를 개설할 때에는 기존 계좌 개설 당시에 고객으로부터 징구하여 보관 중인 실명확인증표 사본을 재사용할 수 있다.

>ADVICE ④ 계좌개설시(신규 및 재예치)마다 실명확인증표 원본에 의하여 실명을 확인하여 거래원장, 거래신청서, 계약서 등에 "실명확인필"을 표시하고 확인자가 날인 또는 서명(동시에 다수의 계좌를 개설하는 경우 기실명확인된 실명확인증표 재사용 가능)

2022. 5. 14. 시행

5 〈보기〉에서 자금세탁방지제도에 대한 설명으로 옳은 것을 모두 고른 것은?

─ 보기 ─

㉠ 금융감독원은 금융기관 등으로부터 자금세탁관련 의심거래를 수집·분석하여 불법거래, 자금세탁행위 또는 공중협박 자금 조달행위와 관련된다고 판단되는 금융거래 자료를 법 집행기관에 제공한다.

㉡ 고객확인제도는 금융회사가 고객과 거래 시 자금세탁행위 등의 우려가 있는 경우 실제 당사자 여부 및 금융거래 목적을 확인하는 제도로, 금융실명제가 포함하지 않고 있는 사항을 보완하는 차원에서 「금융실명거래 및 비밀보장에 관한 법률」을 개정하고 이 제도를 도입하였다.

㉢ 고액현금거래보고제도는 1거래일 동안 1천만 원 이상의 현금을 입금하거나 출금한 경우 거래자의 신원과 거래일시, 거래금액 등 객관적 사실을 전산으로 자동 보고하는 것이다.

㉣ 2010년 6월 30일부터 의심거래보고 기준금액이 2천만 원에서 1천만 원으로 하향 조정되고, 2013년 8월 13일부터 의심거래 보고 기준금액이 삭제됨에 따라 의심거래보고 건수는 크게 증가되고 있는 추세이다.

① ㉠, ㉡   ② ㉠, ㉣
③ ㉡, ㉢   ④ ㉢, ㉣

Answer 4.④ 5.④

ADVICE ⊙ 금융정보분석원은 금융기관 등으로부터 자금세탁 관련 의심거래를 수집·분석하여 불법거래, 자금세탁행위 또는 공중협박자금조달행위와 관련된다고 판단되는 금융거래 자료를 법 집행기관에 제공한다.

ⓛ 고객확인제도란 금융회사가 고객과 거래 시 고객의 실지명의(성명, 실명번호) 이외에 주소, 연락처, 실제 소유자 등을 확인하고, 자금세탁 행위 등의 우려가 있는 경우 금융거래 목적 및 자금의 원천 등을 추가로 확인하는 제도이다. 금융실명제가 포함하지 않고 있는 사항을 보완하는 차원에서 「특정금융정보법」에 근거를 두고 2006년 1월 18일부터 이 제도를 도입하였다.

2023. 6. 3. 시행

6 〈보기〉에서 금융거래 비밀보장에 대한 설명으로 옳은 것을 모두 고른 것은?

───── 〈보기〉 ─────

⊙ 금융거래정보제공 관련 서류의 보관기간은 정보제공일로부터 5년간이다.
ⓛ 통보유예기간이 종료되면 즉시 명의인에게 정보제공사실과 통보유예 사유 등을 통보하여야 한다.
ⓒ 과세자료의 제공, 금융회사 내부 또는 금융회사 상호 간에 정보를 제공한 경우에는 그 내용을 기록·관리하여야 한다.
ⓔ 금융회사가 금융거래정보 등을 제공한 경우에는 정보 등을 제공한 날로부터 10일 이내에 명의인에게 서면으로 제공사실을 통보하여야 한다.

① ⊙, ⓛ   ② ⊙, ⓔ
③ ⓛ, ⓒ   ④ ⓒ, ⓔ

ADVICE ⓛ 통보유예기간이 종료되면 종료일로부터 10일 이내에 명의인에게 정보제공사실과 통보유예 사유 등을 통보해야 한다.
ⓒ 과세자료의 제공, 금융회사 내부 또는 금융회사 상호간의 정보제공의 경우에는 기록·관리의무가 면제된다.

Answer   6.②

7 예금자보호에 대한 설명으로 옳지 않은 것은?

① 정부, 지방자치단체(국 · 공립학교 포함), 한국은행, 금융감독원, 예금보험공사, 부보금융회사의 예금
은 보호대상에서 제외한다.

② 주택청약저축, 주택청약종합저축 상품은 보호금융상품이며, 주택청약예금, 주택청약부금은 비보호금
융상품이다.

③ 보호금액 5천만 원은 예금의 종류별 또는 지점별 보호금액이 아니라 동일한 금융회사 내에서 예금
자 1인이 보호받을 수 있는 총 금액이다.

④ 예금보험공사로부터 보호받지 못한 나머지 예금은 파산한 금융회사가 선순위채권을 변제하고 남는
재산이 있는 경우 이를 다른 채권자들과 함께 채권액에 비례하여 분배받는다.

》ADVICE ② 주택 청약예금, 주택청약부금도 보호금융상품이다.

8 〈보기〉에서 「금융실명거래 및 비밀보장에 관한 법률」에 대한 설명으로 옳은 것을 모두 고른 것은?

─────〈보기〉─────

㉠ 금융회사 등은 명의인의 서면상의 동의를 받아 명의인 외의 자에게 거래정보 등을 제공한 경우, 사용
목적은 기록 · 관리해야 할 대상이 아니다.

㉡ 금융회사 직원이 금융거래 비밀보장 의무위반행위를 한 경우, 3천만 원 이하의 과태료를 부과한다.

㉢ 특정인의 금융거래 사실 또는 금융거래정보를 식별할 수 없는 자료라도 비밀보장 대상이 된다.

㉣ 금융회사 업무 종사자는 본인이 취급하는 업무에 의하여 직접적 또는 간접적으로 금융거래 정보를 알
게 된 경우에 비밀보장 의무가 있다.

① ㉠, ㉢   ② ㉠, ㉣

③ ㉡, ㉣   ④ ㉢, ㉣

》ADVICE ㉡ 금융회사의 직원이 불법 차명거래 알선 · 중개 행위를 하거나 금융거래 비밀보장의무 위반행위를 한 경우에는 5
년 이하의 징역 또는 5천만 원 이하의 벌금에 처한다.

㉢ 비밀보장의 대상이 되는 금융거래정보 또는 자료란 특정인의 금융거래사실(누가 어느 금융회사 등 어느 점포와 금융
거래를 하고 있다는 사실)과 금융회사가 보유하고 있는 금융거래 내용을 기록 · 관리하고 있는 모든 장표 · 전산기록
등의 원본 · 사본(금융거래자료) 및 그 기록으로부터 알게 된 것(금융거래정보), 당해 정보만으로 명의인의 정보 등을
직접 알 수 없으나 다른 정보와 용이하게 결합하여 식별할 수 있는 것을 말한다.

Answer 7.② 8.②

9 **자금세탁방지제도에 대한 설명으로 옳지 않은 것은?**

① 이 제도는 「국제조세조정에 관한 법률」에 따라 금융거래 상대방의 금융정보 교환 의무, 인적 사항 확인 절차, 과태료 규정 등을 정의 하고 있다.

② 의심거래보고(STR)를 허위로 하는 경우, 1년 이하의 징역 또는 1천만 원 이하의 벌금에 처한다.

③ 고객확인제도(CDD)는 금융회사가 고객과 거래 시 고객의 실지명의(성명, 실명번호) 이외에 주소, 연락처, 실제 소유자 등을 확인하는 제도이다.

④ 강화된 고객확인제도(EDD)는 차등화된 고객 확인을 실시하여 고객의 실지명의(성명, 실명번호) 및 CDD 확인 이외에 금융거래 목적·거래자금의 원천 등까지 추가로 확인하는 제도이다.

> **ADVICE** ① 자금세탁방지제도란 국내·국제적으로 이루어지는 불법자금의 세탁을 적발·예방하기 위한 법적·제도적 장치로서 사법제도, 금융제도, 국제협력을 연계하는 종합 관리시스템을 의미한다. 자금세탁(Money Laundering)의 개념은 일반적으로 "자금의 위법한 출처를 숨겨 적법한 것처럼 위장하는 과정"을 의미하며, 각국의 법령이나 학자들의 연구목적에 따라 구체적인 개념은 다양하게 정의되고 있다. 우리나라의 경우 "불법재산의 취득·처분사실을 가장하거나 그 재산을 은닉하는 행위 및 탈세목적으로 재산의 취득·처분사실을 가장하거나 그 재산을 은닉하는 행위"로 규정(「특정 금융거래정보의 보고 및 이용 등에 관한 법률」 제2조 제4호 및 5호, 「범죄수익은닉의 규제 및 처벌 등에 관한 법률」 제3조 참조)하고 있다.

Answer 9.①

10 다음 밑줄 친 내용에 대한 설명으로 옳은 것은?

―――――――――――――――――〈보기〉――――――――――――――――――

금융소비자보호법은 개별업법에서 일부 금융상품에 한정하여 적용하고 있는 <u>금융상품 6대 판매원칙</u>을 모든 금융상품으로 확대하여 적용하였다.

① 예금성 상품의 경우, 수익률 등 변동 가능성이 없는 상품에 한정하여 적합성의 원칙이 적용된다.
② 적정성의 원칙에 따르면 소비자에게 부적합한 금융상품 계약체결의 권유를 금지하여야 한다.
③ 소비자가 설명을 요청하는 경우뿐만 아니라 계약체결을 권유할 경우에도 상품의 중요사항을 설명하여야 한다.
④ 소비자가 오인할 우려가 있는 허위사실 등을 알리는 행위를 금지하는 것은 불공정 영업행위 금지에 해당한다.

▶ADVICE 금융상품 6대 판매원칙
　　㉠ 적합성의 원칙 : 소비자의 재산상황, 금융상품 취득·처분 경험 등의 정보를 파악하고 이에 비추어 부적합한 금융상품 계약체결의 권유를 금지
　　㉡ 적정성의 원칙 : 소비자가 자발적으로 구매하려는 금융상품이 소비자의 재산상황 투자 경험, 신용 및 변제계획 등에 비추어 부적정할 경우 이를 고지하고 확인
　　㉢ 설명의무 : 계약체결을 권유하거나 소비자가 설명을 요청하는 경우 상품의 중요사항을 설명
　　㉣ 불공정영업행위 금지 : 판매업자등이 금융상품 판매 시 우월적 지위를 이용하여 소비자의 권익을 침해하는 행위 금지
　　㉤ 부당권유행위 금지 : 금융상품 계약체결 권유 시 소비자가 오인할 우려가 있는 허위 사실 등을 알리는 행위를 금지
　　㉥ 허위·과장광고 금지 : 금융상품 또는 판매업자등의 업무에 관한 광고 시 필수 포함사항 및 금지행위 등

Answer　10.③

1 내부통제의 목적이 아닌 것은?

① 운영의 목적　　　　　　　　　② 보고의 목적
③ 준법의 목적　　　　　　　　　④ 통제의 목적

> ADVICE 내부통제의 목적
> 　　㉠ 운영의 목적
> 　　㉡ 보고의 목적
> 　　㉢ 준법의 목적

2 내부통제의 5가지 요소에 해당하지 않는 것은?

① 자율적 환경　　　　　　　　　② 정보 및 소통
③ 모니터링　　　　　　　　　　　④ 리스크평가

> ADVICE 내부통제는 통제환경, 리스크평가, 통제활동, 정보 및 소통, 모니터링의 5가지 요소로 구성된다.

3 내부통제에 대한 설명으로 옳지 않은 것은?

① 영업활동 시 중요한 오류 및 일탈행위 가능성을 감소시키고 오류 등이 실제 발생하는 경우 시의적절하게 감지하여 시정조치를 할 수 있다.
② 「금융회사의 지배구조에 관한 법률」에는 금융회사가 효과적인 내부통제제도를 구축·운영해야 하는 법적인 근거를 제시하고 있다.
③ 이사회, 경영진이 직원 등을 통제하기 위한 일련의 과정 또는 수단이다.
④ 1997년 이후부터 내부통제의 중요성이 강조되기 시작했다.

> ADVICE ③ 이사회, 경영진 및 직원 등 조직의 모든 구성원들이 지속적으로 실행·준수하도록 하는 일련의 통제과정이다.

Answer　1.④ 2.① 3.③

4   〈보기〉에서 설명하는 내부통제의 구성요소로 옳은 것은?

────── 〈보기〉 ──────

목표달성에 부정적인 영향을 미치는 리스크를 통제하기 위한 정책 및 절차 수립 등 제도의 구축과 운영을 말한다. 적절한 직무분리, 각종 한도 설정, 예외 적용 시 특별 승인절차 등의 방법이 있다.

① 통제환경   ② 리스크평가
③ 통제활동   ④ 모니터링

> **ADVICE** ① 내부통제에 적합한 조직구조, 효과적인 내부통제가 이루어지도록 유인하는 보상체계, 적절한 인사 및 연수정책, 이사회의 내부통제에 대한 관심 방향, 임직원의 성실성과 자질 등 환경적 요인이다. 조직 내 모든 구성원이 내부통제시스템의 중요성을 인식하고, 내부통제기준 및 절차를 준수하겠다는 통제문화의 형성이 중요하다.
> ② 조직이 직면하고 있는 리스크를 종류별·업무별로 인식하고 측정, 분석하는 것이다. 효과적인 내부통제시스템 구축을 위해 조직의 목표달성에 부정적인 영향을 미칠 수 있는 리스크를 정확히 인식하고 평가한다.
> ④ 내부통제의 모든 과정은 모니터링되고 지속적으로 수정 및 보완되어야 한다. 내부통제시스템을 상시 모니터링해야 하며, 중요한 리스크에 대한 모니터링은 내부감시기능에 의해 정기적으로 평가되고 일상적인 영업활동의 일부가 되어야 한다.

5   내부통제에 대한 설명으로 옳지 않은 것은?

① 1999년에는 정부와 금융당국에서도 내부통제 수단으로 사외이사와 감사위원회, 준법감시인 및 선진화된 리스크관리 제도 등을 도입하게 되었다.
② 조직 내부에서 강제적으로 마련해야 하는 일련의 통제과정이다.
③ 임직원 모두가 고객재산의 선량한 관리자로서 제반 법규뿐만 아니라 내규까지 철저하게 준수하도록 사전 또는 상시적으로 통제·감독하는 것은 준법감시이다.
④ 「금융회사의 지배구조에 관한 법률」에는 금융회사가 효과적인 내부통제제도를 구축·운영해야 하는 법적인 근거를 제시하고 있다.

> **ADVICE** ② 조직 내부에서 자체적으로 마련하는 일련의 통제과정이다.

Answer   4.③ 5.②

6 내부통제기준에 포함되어야 하는 사항이 아닌 것은?

① 업무의 분장 및 조직구조
② 임직원의 금융관계법령 위반행위 등을 방지하기 위한 절차나 기준
③ 내부통제와 관련하여 이를 수행하는 전문성을 갖춘 인력과 지원조직
④ 상품 또는 서비스에 대한 광고의 제작 비용

>**ADVICE** 내부통제기준에 포함되어야 하는 사항
　　㉠ 업무의 분장 및 조직구조
　　㉡ 임직원이 업무를 수행할 때 준수하여야 하는 절차
　　㉢ 내부통제와 관련하여 이사회, 임원 및 준법감시인이 수행하여야 하는 역할
　　㉣ 내부통제와 관련하여 이를 수행하는 전문성을 갖춘 인력과 지원조직
　　㉤ 경영의사결정에 필요한 정보가 효율적으로 전달될 수 있는 체제의 구축
　　㉥ 임직원의 내부통제기준 준수 여부를 확인하는 절차·방법과 내부통제기준을 위한 임직원의 처리
　　㉦ 임직원의 금융관제기준의 제정 또는 변경 절차
　　㉧ 준법감시인의 임면 절차
　　㉨ 이해상충을 계법령 위반행위 등을 방지하기 위한 절차나 기준
　　㉩ 내부통관리하는 방법 및 절차 등
　　㉪ 상품 또는 서비스에 대한 광고의 제작 및 내용과 관련한 준수사항
　　㉫ 「금융회사의 지배구조에 관한 법률」 제11조 제1항에 따른 임직원 겸직이 연대 손해배상 면제요건(제11조 제4항)
　　　을 충족하는지에 대한 평가·관리
　　㉬ 그 밖에 내부통제기준에서 정하여야 할 세부적인 사항으로서 금융위원회가 정하여 고시하는 사항

7 준법감시제도에 대한 설명으로 옳지 않은 것은?

① 1997년 외환위기 이후 준법감시제도가 국내에 도입되는 분위기가 조성되었다.
② 금융회사는 내부통제기준의 준수 여부를 점검하고 내부통제기준을 위반하는 경우 이를 조사하는 등 내부통제 관련 업무를 총괄하는 사람을 1명 이상 두어야 한다.
③ 우정사업본부는 준법감시담당관을 준법감시인으로 정하고 있다.
④ 법규범 위반을 조직적으로 사후에 방지하는 것이다.

>ADVICE ④ 법규범 위반을 조직적으로 사전에 방지하는 것이다.

8 금융실명거래에 대한 설명으로 옳지 않은 것은?

① 1993년 금융실명제가 실시되었다.
② 실명이란 주민등록표상의 성명 및 주민등록번호, 사업자등록증에 기재된 법인명 및 등록번호 등을 의미한다.
③ 후선부서 직원은 어떤 경우에도 실명을 확인할 수 없다.
④ 실명확인자는 실제로 고객의 실명을 확인한 금융회사의 직원이다.

>ADVICE ③ 실명확인자는 실명확인업무에 대한 권한·의무가 주어진 영업점(본부의 영업부서 포함) 직원(계약직, 시간제 근무자, 도급직 포함)이며 후선부서 직원(본부직원, 서무원, 청원경찰 등)은 실명확인할 수 없으나 본부부서 근무직원이 실명확인 관련 업무를 처리하도록 지시 또는 명령받은 경우는 실명확인을 할 수 있다.

9 원칙적으로 금융거래의 실명을 확인할 수 있는 사람은?

① 영업점 직원   ② 대출모집인
③ 카드모집인   ④ 서무원

>ADVICE 실명확인자는 실제로 고객의 실명을 확인한 금융회사의 직원이다. 후선부서 직원(본부직원, 서무원, 청원경찰 등)은 실명확인할 수 없으나 본부부서 근무직원이 실명확인 관련 업무를 처리하도록 지시 또는 명령받은 경우는 실명확인을 할 수 있다. 금융회사 등의 임원 및 직원이 아닌 업무수탁자(대출모집인, 카드모집인, 보험모집인, 공제모집인 등) 등은 실명확인을 할 수 없다.

Answer 7.④ 8.③ 9.①

10 개인의 실명확인증표가 될 수 없는 것은?

① 운전면허증
② 여권
③ 경로우대증
④ 가족관계증명서

> **ADVICE** 개인의 경우에는 주민등록증이 원칙이다. 다만, 국가기관, 지방자치단체, 유아교육법·초·중등교육법·고등교육법에 의한 학교의 장이 발급한 것으로 성명, 주민등록번호가 기재되어 있고 부착된 사진에 의하여 본인임을 확인할 수 있는 유효한 증표(운전면허증, 여권, 청소년증, 경로우대증, 노인복지카드, 장애인복지카드, 학생증 등)도 실명확인증표가 될 수 있다.

11 실명확인증표에 대한 설명으로 옳지 않은 것은?

① 사업자등록증, 고유번호증, 사업자등록증명원이 실명확인증표가 된다.
② 임의단체의 경우에는 납세번호증 또는 고유 번호증이 있는 경우만 실명확인증표가 된다.
③ 외국인의 경우에는 외국인등록증, 여권 등이 실명확인증표가 된다.
④ 개인의 경우에는 주민등록증이 원칙이다.

> **ADVICE** ② 임의단체의 경우에는 납세번호 또는 고유번호가 있는 경우에는 납세번호증 또는 고유번호증이 실명확인증표가 된다. 다만 납세번호 또는 고유번호가 없는 경우에는 대표자 개인의 실명확인증표가 된다.

12 계좌에 의한 실명확인 원칙으로 옳지 않은 것은?

① 대리인을 통하여 계좌개설을 할 경우 인감증명서가 첨부된 위임장을 징구해야 한다.
② 인감증명서, 위임장, 가족관계확인서류 등 징구서류는 사유 발생일 이후 발급분을 징구하고, 해당 서류의 유효기간은 발행일로부터 1개월 이내로 제한한다.
③ 인감증명서상 인감과 거래인감이 상이할 경우에는 계좌개설신청서에 거래 인감을 별도 날인해야 한다.
④ 계좌개설시에는 실명확인증표 사본 등 실명확인에 필요한 관련 서류를 첨부·보관해야 한다.

> **ADVICE** ③ 인감증명서, 위임장, 가족관계확인서류 등 징구서류는 사유 발생일 이후 발급분을 징구하고, 해당 서류의 유효기간은 발행일로부터 3개월 이내로 제한한다.

Answer 10.④ 11.② 12.②

13　비대면 실명확인 방식에 대한 설명으로 옳은 것은?

① 비대면 실명확인 대상 금융거래는 계좌개설에 한정된다.
② 대리인도 비대면 실명확인적용 대상자에 해당된다.
③ 국가보훈등록증은 실명확인증표로 인정받을 수 없다.
④ 비대면 실명확인은 법인은 불가능하다.

> **ADVICE** ② 비대면 실명확인적용 대상자는 명의자 본인에 한정하고 대리인은 제외된다.
> ③ 인정 대상 실명확인증표는 주민등록증, 운전면허증(모바일운전면허증 포함), 여권 또는 외국인등록증, 국가보훈등록증(모바일국가보훈등록증 포함)이다.
> ④ 비대면 실명확인의 적용 대상으로 개인뿐만 아니라 법인도 가능하다.

14　비대면 실명확인 방식에 대한 설명으로 옳지 않은 것은?

① 거래자와의 영상통화 등을 통해서는 확인이 불가능하다.
② 전자금융거래법에 따른 접근매체 전달업무 위탁기관 등을 통하여 실명확인증표 확인이 가능하다.
③ 거래자의 실명확인증표 사본을 제출받아 확인한다.
④ 금융실명법상 실명확인을 거쳐 거래자 명의로 금융회사에 이미 개설된 계좌와의 거래를 통해 확인이 가능하다.

> **ADVICE** ① 거래자와의 영상통화 등을 통해 확인 가능하다.

15　실명확인 생략이 가능한 거래가 아닌 것은?

① 100만 원 이상의 원화 송금
② 통장, 거래카드 등으로 입출금하는 경우
③ 각종 공과금 등의 수납
④ 보험 공제거래, 여신거래

> **ADVICE** 실명확인 생략이 가능한 거래
> ㉠ 실명이 확인된 계좌에 의한 계속 거래
> ㉡ 각종 공과금 등의 수납
> ㉢ 100만 원 이하의 원화 송금(무통장입금 포함) 또는 그에 상당하는 외국통화 매입·매각
> ㉣ 보험 공제거래, 여신거래

16 비밀보장의 대상에서 제외되는 금융거래가 아닌 것은?

① 순수한 대출거래 · 보증 · 담보내역 등에 관한 정보 및 자료
② 특정명의인의 전화번호, 주소, 근무처 등이 포함된 금융거래 자료 또는 정보
③ 금융거래에 관한 단순통계자료
④ 대여금고 이용에 관한 정보

>**ADVICE** 비밀보장의 대상에서 제외되는 금융거래
　　　㉠ 금융거래에 관한 단순통계자료
　　　㉡ 성명, 주민등록번호, 계좌번호, 증서번호 등이 삭제된 다수 거래자의 금융거래 자료로서 특정인에 대한 금융거래 정보를 식별할 수 없는 자료
　　　㉢ '93. 8. 12 이전에 거래된 무기명, 가명의 금융거래
　　　㉣ 순수한 대출거래 · 보증 · 담보내역 등에 관한 정보 및 자료
　　　㉤ 신용카드 발급, 가맹점 가입, 카드를 이용한 매출, 현금서비스, 기타 회원, 가맹점 및 채무관리 등에 관한 정보 및 자료
　　　㉥ 대여금고 이용에 관한 정보
　　　㉦ CCTV화면 관련 정보

17 금융거래에 대한 비밀보장에 대한 내용으로 옳지 않은 것은?

① 금융회사 등의 업무에 종사하면서 금융거래 정보를 간접적으로 알게 된 경우에는 비밀보장의 의무를 지지 않는다.
② 당해 정보만으로 명의인의 정보 등을 직접 알 수 없으나 다른 정보와 용이하게 결합하여 식별할 수 있는 정보도 비밀보장의 대상이다.
③ 정보 요구자가 특정인의 성명, 주민등록번호, 계좌번호 등을 삭제하는 조건으로 요구한 당해 특정인의 식별 가능한 금융거래 자료 또는 정보는 비밀보장의 대상이다.
④ 금융회사 종사자는 명의인의 서면상 요구나 동의 없이는 금융거래정보 또는 자료를 타인에게 제공하거나 누설할 수 없다.

>**ADVICE** ① 금융회사 업무에 종사하면서 금융거래 정보를 알게 된 자는 본인이 취급하는 업무에 의하여 직접적으로 알게 된 경우뿐만 아니라 간접적으로 알게 된 경우에도 비밀보장의 의무를 지게 된다.

18 금융실명법상 정보제공이 가능한 경우가 아닌 것은?

① 명의인의 서면상의 요구나 동의를 받은 경우
② 경찰의 요청에 의한 경우
③ 조세에 관한 법률의 규정에 의하여 소관관서장의 요구에 의한 거래정보 등을 제공하는 경우
④ 동일 금융회사의 내부 또는 금융회사 상호간에 업무상 필요한 정보 등을 제공하는 경우

> ADVICE ② 법원의 제출명령 또는 법관이 발부한 영장에 의한 경우

19 금융사가 금융거래정보를 제공할 때 확인해야 할 사항이 아닌 것은?

① 요구 대상 거래기간   ② 요구인의 주민등록번호
③ 사용목적   ④ 요구의 법적 근거

> ADVICE 금융사가 금융거래정보를 제공할 때 확인해야 할 사항
> ㉠ 명의인의 인적 사항(성명, 주민등록번호, 계좌번호, 수표 · 어음 등 유가증권의 증서번호 등 중 하나)
> ㉡ 요구 대상 거래기간
> ㉢ 요구의 법적 근거
> ㉣ 사용목적
> ㉤ 요구하는 거래정보의 내용
> ㉥ 요구하는 기관의 담당자 및 책임자의 성명과 직책 등 인적사항

20 정보제공을 요구할 수 있는 경우로 옳지 않은 것은?

① 명의인이 서면상의 요구나 동의에 의한 정보제공
② 법원의 제출명령 또는 법관이 발부한 영장에 의하여 거래정보를 요구하는 경우
③ 부동산거래와 관련한 소득세 또는 법인세의 탈루혐의가 인정되는 자의 필요한 거래정보를 금융기관의 장이 요구하는 경우
④ 체납액 1천만 원 이상인 체납자의 재산조회를 위하여 필요한 거래정보를 국세청장 등이 요구하는 경우

> ADVICE ③ 부동산거래와 관련한 소득세 또는 법인세의 탈루혐의가 인정되는 자의 필요한 거래정보를 세무관서의 장이 요구하는 경우

21 금융실명거래 위반에 대한 처벌 및 제재에 대한 설명으로 옳지 않은 것은?

① 금융회사의 직원이 불법 차명거래 알선·중개 행위를 한 경우에는 5년 이하의 징역 또는 5천만 원 이하의 벌금에 처한다.

② 실명거래의무 위반행위를 하거나 설명의무 위반행위를 한 경우에는 3천만 원 이하의 과태료를 부과한다.

③ 금융회사의 직원이 금융거래 비밀보장의무 위반행위를 한 경우에는 5년 이하의 징역 또는 5천만 원 이하의 벌금에 처한다.

④ 금융거래 정보 제공 내용 기록·관리의무 위반행위를 한 경우에는 5천만 원 이하의 과태료를 부과한다.

〉ADVICE ④ 금융거래 정보 제공 내용 기록·관리의무 위반행위를 한 경우에는 3천만 원 이하의 과태료를 부과한다.

22 금융실명거래 위반에 대한 처벌 및 제재 중 과태료 부과 행위가 아닌 것은?

① 실명거래의무 위반행위를 하거나 설명의무 위반행위

② 금융 거래정보의 제공사실 통보의무 위반행위

③ 금융거래 정보 제공 내용 기록·관리의무 위반행위

④ 금융거래 비밀보장의무 위반행위

〉ADVICE ④ 금융회사의 직원이 불법 차명거래 알선·중개 행위를 하거나 금융거래 비밀보장의무 위반행위를 한 경우에는 5년 이하의 징역 또는 5천만 원 이하의 벌금에 처한다.

23 금융정보분석기구에 대한 설명으로 옳지 않은 것은?

① 우리나라의 금융정보분석기구는 금융정보분석원이다.

② 국세청·관세청·경찰청·금융감독원 4개 기관의 전문 인력으로 구성되어 있다.

③ 외국의 FIU와의 협조 및 정보교류도 담당한다.

④ 각 국가별로 FIU를 두고 있다.

〉ADVICE ② 법무부·금융위원회·국세청·관세청·경찰청·금융감독원 등 관계기관의 전문 인력으로 구성되어 있다.

Answer 21.④ 22.④ 23.②

24 〈보기〉에서 설명하는 제도는 무엇인가?

〈보기〉

금융거래와 관련하여 수수한 재산이 불법재산이라고 의심되는 합당한 근거가 있거나 금융거래의 상대방이 자금세탁행위를 하고 있다고 의심되는 합당한 근거가 있는 경우 이를 금융정보분석원장에게 보고토록 한 제도이다.

① 고액현금거래보고
② 의심거래보고제도
③ 고객확인제도
④ 소비자보호제도

> **ADVICE** ② 금융거래(카지노에서의 칩 교환 포함)와 관련하여 수수한 재산이 불법재산이라고 의심되는 합당한 근거가 있거나 금융거래의 상대방이 자금세탁행위를 하고 있다고 의심되는 합당한 근거가 있는 경우 이를 금융정보분석원장에게 보고토록 한 제도이다. 불법재산 또는 자금세탁행위를 하고 있다고 의심되는 합당한 근거의 판단주체는 금융회사 종사자이며, 그들의 주관적 판단에 의존하는 제도라는 특성이 있다.

25 의심거래보고제도에 대한 설명으로 옳지 않은 것은?

① 금융회사가 금융거래의 상대방과 공모하여 의심거래보고를 하지 않거나 허위보고를 하는 경우에는 6개월의 범위 내에서 영업정지처분이 가능하다.
② 의심거래보고를 허위보고 하는 경우 1년 이하의 징역 또는 1천만 원 이하의 벌금에 처한다.
③ 불법재산 또는 자금세탁행위를 하고 있다고 의심되는 합당한 근거의 판단주체는 금융회사 종사자이다.
④ 의심거래보고를 미보고하는 경우 5천만 원 이하의 과태료 부과가 가능하다.

> **ADVICE** ④ 의심거래보고를 미보고하는 경우 3천만 원 이하의 과태료 부과가 가능하다.

Answer 24.② 25.④

26 의심거래보고제도에 대한 설명으로 옳지 않은 것은?

① 보고책임자는 온라인으로 보고하거나 문서 · 전자기록매체로 제출하되, 긴급한 경우에는 우선 전화나 Fax로 보고하고 추후 보완할 수 있다.

② 금융거래의 상대방이 자금세탁행위를 하고 있다고 의심되는 합당한 근거가 있는 경우 이를 관세처장에게 보고해야 한다.

③ 의심거래보고를 하지 않는 경우에는 관련 임직원에 대한 징계 및 기관에 대한 시정명령과 과태료 부과 등 제재처분이 가능하다.

④ 금융회사 등의 영업점 직원은 업무지식과 전문성, 경험을 바탕으로 고객의 평소 거래상황, 직업, 사업내용 등을 고려하여 취급한 금융거래가 의심거래로 판단되면 그 내용을 보고책임자에게 보고한다.

> **ADVICE** ② 금융거래와 관련하여 수수한 재산이 불법재산이라고 의심되는 합당한 근거가 있거나 금융거래의 상대방이 자금세탁행위를 하고 있다고 의심되는 합당한 근거가 있는 경우 이를 금융정보분석원장에게 보고해야 한다.

27 고액현금거래보고의 보고 기준 및 보고 기한에 대한 설명으로 옳지 않은 것은?

① 금융회사 등은 금융거래 등의 상대방에게 보고 기준금액 이상의 현금을 지급하거나 영수한 날로부터 3개월 이내에 금융정보분석원장에게 보고해야 한다.

② 기준 금액은 1천만 원 원화이다.

③ 1백만 원 이하의 원화송금 금액은 기준금액 산정 시 제외된다.

④ 1백만 원 이하의 선불카드 거래 금액은 기준금액 산정 시 제외된다.

> **ADVICE** ① 금융회사 등은 금융거래 등의 상대방에게 보고 기준금액 이상의 현금을 지급하거나 영수한 날로부터 30일 이내에 금융정보분석원장에게 보고해야 한다.

Answer　26.② 27.①

28 고액현금거래보고에 대한 설명으로 옳은 것은?

① 3거래일 동안 1천만 원 이상의 현금을 입금하거나 출금한 경우 거래자의 신원과 거래일시, 거래금액 등 객관적 사실을 전산으로 자동 보고토록 하고 있다.

② 우리나라는 2010년에 이 제도를 처음 도입하였다.

③ 도입 당시는 보고 기준금액이 5천만 원이었으나, 2019년 7월부터는 1천 만 원으로 단계적으로 인하하여 운영하고 있다.

④ 일정금액 이상의 현금 거래를 금융정보분석기구에 보고토록 한 제도이다.

> **ADVICE** ① 1거래일 동안 1천만 원 이상의 현금을 입금하거나 출금한 경우 거래자의 신원과 거래일시, 거래금액 등 객관적 사실을 전산으로 자동 보고토록 하고 있다.
> ② 우리나라는 2006년에 이 제도를 처음 도입하였다.
> ④ 일정금액 이상의 현금 거래를 금융정보분석기구에 보고토록 한 제도이다.

29 고액현금거래보고 기준금액 산정 시 제외거래에 해당하지 않는 것은?

① 1천만 원 이하에 해당하는 외국통화 매입 · 매각 금액

② 「금융실명법」상 실명확인 생략 가능한 각종 공과금 등을 수납한 금액

③ 1백만 원 이하의 원화송금 금액

④ 은행지로장표에 의하여 수납한 금액

> **ADVICE** 고액현금거래보고 기준금액 산정 시 제외거래
> ㉠ 1백만 원 이하의 원화송금(무통장입금 포함) 금액
> ㉡ 1백만 원 이하에 해당하는 외국통화 매입 · 매각 금액
> ㉢ 「금융실명법」상 실명확인 생략 가능한 각종 공과금 등을 수납한 금액
> ㉣ 법원공탁금, 정부 · 법원보관금, 송달료를 지출한 금액
> ㉤ 은행지로장표에 의하여 수납한 금액
> ㉥ 1백만 원 이하의 선불카드 거래 금액

30 고객확인제도에 대한 설명으로 옳지 않은 것은?

① 2014년 5월 「특정금융정보법」 개정을 통해 국제기준에 따른 실제 소유자의 정의와 고객확인업무 수행 시 실제 소유자를 확인하도록 의무사항이 추가되었다.
② 고객확인 과정에서 정보의 제공 및 관련 서류의 제출을 거부하는 경우 금융거래를 거절할 수 있다.
③ 금융기관은 계좌의 신규개설이나 1백만 원 이상의 일회성 금융 거래 시 고객의 신원을 확인해야 한다.
④ 보험기간의 만료 시 보험계약자, 피보험자 또는 보험수익자에 대하여 만기환급금이 발생하지 아니하는 보험계약 등은 고객확인의무 면제 대상

>**ADVICE** ③ 금융기관은 계좌의 신규개설이나 1천만 원 이상의 일회성 금융 거래 시 고객의 신원을 확인해야 한다.

31 고객확인제도에서 고객확인의무 면제 대상에 해당하지 않는 것은?

① 「금융실명법」 상 실명확인 생략 가능한 각종 공과금 등의 수납
② 1000만 원 이하에 상당하는 외국통화의 매입·매각
③ 법원공탁금, 정부·법원 보관금, 송달료를 지출한 금액
④ 100만 원 이하의 원화 송금

>**ADVICE** ② 100만 원 이하에 상당하는 외국통화의 매입·매각

32 고객확인제도에서 개인의 신원확인사항이 아닌 것은?

① 실지명의
② 주소
③ 생년월일 및 국적
④ 연락처

>**ADVICE** 고객별 신원확인사항

구분	신원확인사항
개인	실지명의 (금융실명법 제2조 제4호의 실지명의), 주소, 연락처
영리법인	실지명의, 업종, 본점 및 사업장 소재지, 연락처, 대표자 성명, 생년월일 및 국적
비영리법인 및 기타 단체	실지명의, 업종, 본점 및 사업장 소재지, 연락처, 대표자 성명, 생년월일 및 국적
외국인 및 외국단체	위의 분류에 의한 각각의 해당 사항, 국적, 국내 거소 또는 사무소 소재지

Answer 30.③ 31.② 32.③

33 강화된 고객확인의무에 대한 설명으로 옳지 않은 것은?

① 금융회사는 고객과 거래유형에 따른 자금세탁 위험도를 평가하고 위험도에 따라 차등화된 고객확인을 실시함으로써 자금세탁위험을 보다 효과적으로 관리할 수 있다.

② 2020년부터 강화된 FATF 국제기준을 반영하여 금융회사는 고객확인 시 실제 소유자 여부를 확인하는 사항이 추가되었다.

③ 실제 당사자 여부 및 금융거래 목적과 거래자금의 원천 등을 확인하도록 하는 제도이다.

④ 고객확인을 거부하는 고객에 대해 신규거래 거절 및 기존 거래 종료가 의무화되도록 하였다.

> **ADVICE** ② 2016년부터 강화된 FATF 국제기준을 반영하여 금융회사는 고객확인 시 실제 소유자 여부를 확인하는 사항이 추가되었다.

34 강화된 고객확인제도에서 추가된 항목은?

① 성명   ② 연락처
③ 실제소유자에 관한 사항   ④ 거래목적

> **ADVICE** 실명확인제도와 고객확인제도 비교

금융실명법	특정금융정보법상 고객확인제도(CDD)	
	(2006.1월 도입)	고위험고객 : 강화된 고객확인(EDD*)
성명, 주민번호	성명, 주민번호 + 주소, 연락처 + 실제소유자에 관한 사항 (2016.1.1.부터 시행)	성명, 주민번호, 주소, 연락처 실제소유자에 관한 사항 + 거래목적, 거래자금의 원천

35 금융상품의 유형에 대한 설명으로 옳은 것은?

① 대출성은 은행법상 대출 및 이와 유사한 것으로서 대통령령으로 정하는 것이다.

② 보장성은 자본시장법상 금융투자상품 및 이와 유사한 것으로서 대통령령으로 정하는 것이다.

③ 예금성은 보험업법상 보험상품 및 이와 유사한 것으로서 대통령령으로 정하는 것이다.

④ 투자성은 은행법상 예금 및 이와 유사한 것으로서 대통령령으로 정하는 것이다.

> **ADVICE** ② 투자성은 자본시장법상 금융투자상품 및 이와 유사한 것으로서 대통령령으로 정하는 것이다.
> ③ 보장성은 보험업법상 보험상품 및 이와 유사한 것으로서 대통령령으로 정하는 것이다.
> ④ 예금성은 은행법상 예금 및 이와 유사한 것으로서 대통령령으로 정하는 것이다.

Answer   33.② 34.④ 35.①

36 금융회사등의 업종 구분 중 직접 판매업자가 아닌 것은?

① 은행
② 보험사
③ 증권사
④ 투자자문업자

>ADVICE ④ 투자자문업자는 자문업자에 해당한다.

37 〈보기〉에서 설명하는 것은 무엇인가?

---- 〈보기〉 ----

금융회사와 금융소비자의 중간에서 금융상품 판매를 중개하거나 금융회사의 위탁을 받아 판매를 대리하는 자

① 직접판매업자
② 판매대리중개업자
③ 자문업자
④ 투자자중개업자

>ADVICE ① 자신이 직접 계약의 상대방으로서 금융상품에 관한 계약 체결을 영업으로 하는자
③ 금융소비자가 본인에게 적합한 상품을 구매할 수 있도록 자문을 제공

38 〈보기〉는 금융상품판매업자 등의 영업행위 준수사항 중 무엇에 해당하는가?

---- 〈보기〉 ----

판매업자 등이 금융상품 판매 시 우월적 지위를 이용하여 소비자의 권익을 침해하는 행위 금지

① 부당권유행위 금지
② 적합성의 원칙
③ 불공정영업행위 금지
④ 허위·과장광고 금지

>ADVICE ① 금융상품 계약 체결 권유 시 소비자가 오인할 우려가 있는 허위 사실 등을 알리는 행위를 금지
② 소비자의 재산상황, 금융상품 취득·처분 경험 등의 정보를 파악하고 이에 비추어 부적합한 금융상품 계약 체결의 권유를 금지
④ 금융상품 또는 판매업자 등의 업무에 관한 광고 시 필수 포함사항 및 금지행위 등

Answer   36.④ 37.② 38.③

39 금융소비자보호를 위한 장치에 대한 설명으로 옳지 않은 것은?

① 설명의무 위반에 따른 손해배상청구 소송 시 고의·과실에 대한 입증 책임은 금융회사에 있다.
② 일정기간 내 소비자가 금융상품 계약을 철회하는 경우 금융상품 판매자는 이미 받은 금전·재화 등을 소비자에게 반환하여야 한다.
③ 분쟁조정이 신청된 사건에 대하여 소송이 진행 중일 경우 법원이 그 소송을 중지할 수 있다.
④ 소비자가 신청한 소액분쟁(권리·이익의 가액이 1천만 원 이내)은 분쟁조정 완료 시 까지 금융회사의 제소를 금지한다.

> **ADVICE** ④ 조정이탈금지제도에 따라 소비자가 신청한 소액분쟁(권리·이익의 가액이 2천만 원 이내)은 분쟁조정 완료 시 까지 금융회사의 제소를 금지할 수 있다.

40 금융소비자보호를 위한 장치가 아닌 것은?

① 청약철회권   ② 소송중지제도
③ 조정이탈금지제도   ④ 영업비밀 준수 원칙

> **ADVICE** ① 일정기간 내 소비자가 금융상 품 계약을 철회하는 경우 금융상품 판매자는 이미 받은 금전·재화 등을 소비자에게 반환하여야 한다.
> ② 분쟁조정이 신청된 사건에 대하여 소송이 진행 중일 경우 법원이 그 소송을 중지할 수 있다.
> ③ 소비자가 신청한 소액분쟁(권리·이익의 가액이 2천만 원 이내)은 분쟁조정 완료 시 까지 금융회사의 제소를 금지할 수 있다.

41 금융상품 유형 별 청약 철회 숙려 기간에 대한 설명이다. (   ) 안에 들어갈 말을 차례대로 나열한 것은?

상품 구분	상품 유형 별 숙려 기간
보장성	보험증권 수령일로부터 ( )과 청약일로부터 30일 중 먼저 도래하는 기간 이내
투자성 · 금융상품자문	계약서류 제공일 또는 계약체결일로부터 ( ) 이내
대출성	계약서류 제공일, 계약체결일 또는 계약에 따른 금전 · 재화 등 제공일로부터 ( ) 이내

① 15일   7일   14일
② 15일   10일   30일
③ 20일   7일   30일
④ 20일   7일   14일

>ADVICE 금융상품 유형 별 청약 철회 숙려 기간

상품 구분	상품 유형 별 숙려 기간
보장성	보험증권 수령일로부터 15일과 청약일로부터 30일 중 먼저 도래하는 기간 이내
투자성 · 금융상품자문	계약서류 제공일 또는 계약체결일로부터 7일 이내
대출성	계약서류 제공일, 계약체결일 또는 계약에 따른 금전 · 재화 등 제공일로부터 14일 이내

42 금융소비자보호법에서 규정하고 있는 금융상품의 유형 중 〈보기〉의 내용에 부합하는 것은?

─────── 〈보기〉 ───────
• 자본시장법상 금융투자상품 및 이와 유사한 것으로서 대통령령으로 정하는 것
• 펀드, 신탁 등

① 대출성   ② 예금성
③ 투자성   ④ 보장성

>ADVICE 금융상품 유형

구분	개념	대상(예시)
예금성	은행법상 예금 및 이와 유사한 것으로서 대통령령으로 정하는 것	예 · 적금
대출성	은행법상 대출 및 이와 유사한 것으로서 대통령령으로 정하는 것	주택대출, 신용대출 등
투자성	자본시장법상 금융투자상품 및 이와 유사한 것으로서 대통령령으로 정하는 것	펀드, 신탁 등
보장성	보험업법상 보험상품 및 이와 유사한 것으로서 대통령령으로 정하는 것	생명보험, 손해보험 등

Answer 41.① 42.③

43 우체국금융 소비자 보호 적용을 받지 않는 상품을 바르게 짝지은 것은?

① 예금성상품, 대출성상품　　　　　② 예금성상품, 보장성상품

③ 대출성상품, 투자성상품　　　　　④ 투자성상품, 보장성상품

>ADVICE 금소법 대비 우체국금융 소비자 보호 적용상품 비교

관련 규정	금융소비자 보호법	우체국금융소비자 보호	비고
상품관련법률	은행법, 보험법, 자본시장법, 여신법 등	우체국 예금 · 보험법	※ 우체국판매상품중펀드, 하이브리드체크카드는 금소법준용
예금성상품	○	○	
대출성상품	○	×	
투자성상품	○	×	
보장성상품	○	○	

44 금융소비자보호법에서 규정하고 있는 금융상품 6대 판매원칙 중 〈보기〉의 내용에 해당하는 것은?

─────────〈보기〉─────────

• 소비자의 재산상황, 금융상품 취득 · 처분 경험 등의 정보를 파악하고 이에 비추어 부적합한 금융상품 계약 체결의 권유를 금지
• 금융투자상품, 변액보험 등 일부 상품에 도입되어 있던 해당 원칙을 모든 금융상품으로 확대

① 적합성의 원칙　　　　　② 적정성의 원칙

③ 설명의무　　　　　④ 불공정영업행위 금지

>ADVICE ② 소비자가 자발적으로 구매하려는 금융상품이 소비자의 재산상황, 투자 경험, 신용 및 변제계획 등에 비추어 부적정할 경우 이를 고지하고 확인
　　　③ 계약 체결을 권유하거나 소비자가 설명을 요청하는 경우 상품의 중요사항을 설명
　　　④ 판매업자 등이 금융상품 판매 시 우월적 지위를 이용하여 소비자의 권익을 침해하는 행위 금지

45 〈보기〉에서 「금융실명거래 및 비밀보장에 관한 법률」에 대한 설명으로 옳은 것을 모두 고른 것은?

> ───────────── 〈보기〉 ─────────────
>
> ㉠ 실명이 확인된 계좌에 의한 계속거래는 실명을 확인하지 않을 수 있다.
> ㉡ 공과금 수납 및 500만 원 이하의 송금 등의 거래로서 대통령령으로 정하는 거래는 실명을 확인하지 않을 수 있다.
> ㉢ 누구든지 불법재산의 은닉, 자금세탁행위를 목적으로 타인의 실명으로 금융거래를 하여서는 아니 된다.
> ㉣ 실명이 확인된 계좌 또는 외국의 관계법에 따라 이와 유사한 방법으로 실명이 확인된 계좌에 보유하고 있는 금융자산은 명의자의 소유로 추정한다.

① ㉠

② ㉠, ㉡

③ ㉠, ㉢

④ ㉠, ㉢, ㉣

>ADVICE ㉡ 공과금 수납 및 100만 원 이하의 송금 등의 거래로서 대통령령으로 정하는 거래는 실명을 확인하지 않을 수 있다.

46 내부통제의 구성요소 중 〈보기〉에서 설명하는 것은?

> ───────────── 〈보기〉 ─────────────
>
> 목표달성에 부정적인 영향을 미치는 리스크를 통제하기 위한 정책 및 절차 수립 등 제도의 구축과 운영을 말한다. 적절한 직무분리, 각종 한도 설정, 예외 적용 시 특별 승인절차 등의 방법이 있다.

① 통제환경

② 리스크평가

③ 통제활동

④ 모니터링

>ADVICE ① 내부통제에 적합한 조직구조, 효과적인 내부통제가 이루어지도록 유인하는 보상체계, 적절한 인사 및 연수정책, 이사회의 내부통제에 대한 관심 방향, 임직원의 성실성과 자질 등 환경적 요인이다.
> ② 조직이 직면하고 있는 리스크를 종류별·업무별로 인식하고 측정, 분석하는 것이다.
> ④ 내부통제의 모든 과정은 모니터링되고 지속적으로 수정 및 보완되어야 한다. 내부통제시스템을 상시 모니터링해야 하며, 중요한 리스크에 대한 모니터링은 내부감시기능에 의해 정기적으로 평가되고 일상적인 영업활동의 일부가 되어야 한다.

47 내부통제의 구성요소와 설명이 바르게 연결된 것은?

① 리스크평가 – 중요한 리스크에 대한 모니터링은 내부감시기능에 의해 정기적으로 평가되고 일상적인 영업활동의 일부가 되어야 한다.

② 모니터링 – 내부통제에 적합한 조직구조, 효과적인 내부통제가 이루어지도록 유인하는 보상체계, 적절한 인사 및 연수정책, 이사회의 내부통제에 대한 관심 방향, 임직원의 성실성과 자질 등 환경적 요인이다.

③ 통제환경 – 조직이 직면하고 있는 리스크를 종류별 · 업무별로 인식하고 측정, 분석하는 것이다.

④ 정보와 의사소통 – 구성원이 본연의 책임과 역할을 적절히 수행하기 위해서는 적절한 정보가 수집 · 관리되고, 필요한 사람에게 신속하게 제공될 수 있는 시스템을 갖추어야 한다.

> ADVICE ① 리스크평가 – 조직이 직면하고 있는 리스크를 종류별 · 업무별로 인식하고 측정, 분석하는 것이다.
>
> ② 모니터링 – 내부통제의 모든 과정은 모니터링되고 지속적으로 수정 및 보완되어야 한다. 내부통제시스템을 상시 모니터링해야 하며, 중요한 리스크에 대한 모니터링은 내부감시기능에 의해 정기적으로 평가되고 일상적인 영업활동의 일부가 되어야 한다.
>
> ③ 통제환경 – 내부통제에 적합한 조직구조, 효과적인 내부통제가 이루어지도록 유인하는 보상체계, 적절한 인사 및 연수정책, 이사회의 내부통제에 대한 관심 방향, 임직원의 성실성과 자질 등 환경적 요인이다.

48 준법감시제도에 대한 설명으로 옳지 않은 것은?

① 준법감시란 법령, 기업윤리, 사내규범 등의 법규범을 철저히 준수해 사업운영을 완전하게 하기 위한 것으로, 법규범 위반을 조직적으로 사전에 방지하는 것이다.

② 준법감시인이란 내부통제기준의 준수 여부를 점검하고 내부통제기준을 위반하는 경우 이를 조사하는 등 내부통제 관련 업무를 총괄하는 자를 말한다.

③ 준법감시인이 필요하다고 판단되는 경우 조사결과를 감사위원회 또는 감사에게 보고할 수 있다

④ 우정사업본부는 우체국장을 준법감시인으로 정하고 있다.

> ADVICE ④ 우정사업본부는 준법감시담당관을 준법감시인으로 정하고 있다.

49 금융거래에 대한 비밀보장에 대한 설명으로 옳지 않은 것은?

① 사용목적에 필요한 최소한의 범위 내에서 인적사항을 명시하는 등 법령이 정하는 방법 및 절차에 따라 금융거래정보제공이 가능하다.

② 금융회사가 금융거래정보 등을 제공한 경우에는 정보 등을 제공한 날로부터 10일 이내에 제공한 거래정보 등을 명의인에게 서면으로 통보하여야 한다.

③ 과세자료의 제공, 금융회사 내부 또는 금융회사 상호간의 정보를 명의인 이외의 자에게 제공하는 경우, 그 내용을 기록·관리하여야 한다.

④ 금융회사의 직원이 불법 차명거래 알선·중개 행위를 하거나 금융거래 비밀보장의무 위반행위를 한 경우에는 5년 이하의 징역 또는 5천만 원 이하의 벌금에 처한다.

> **ADVICE** ③ 금융회사가 명의인 이외의 자로부터 정보의 제공을 요구받았거나 명의인 이외의 자에게 정보 등을 제공하는 경우, 그 내용을 기록·관리하여야 한다. 다만, 과세자료의 제공, 금융회사 내부 또는 금융회사 상호간의 정보제공의 경우에는 기록·관리의무가 면제된다.

50 〈보기〉에서 설명하는 제도는 무엇인가?

〈보기〉

국내·국제적으로 이루어지는 불법자금의 세탁을 적발·예방하기 위한 법적·제도적 장치로서 사법제도, 금융제도, 국제협력을 연계하는 종합 관리시스템을 의미한다.

---

① 자금세탁방지제도　　　　　　　　② 비밀보장제도
③ 준법감시제도　　　　　　　　　　④ 금융실명거래제도

> **ADVICE** ① 자금세탁방지제도란 국내·국제적으로 이루어지는 불법자금의 세탁을 적발·예방하기 위한 법적·제도적 장치로서 사법제도, 금융제도, 국제협력을 연계하는 종합 관리시스템을 의미한다. 자금세탁(Money Laundering)의 개념은 일반적으로 "자금의 위법한 출처를 숨겨 적법한 것처럼 위장하는 과정"을 의미하며, 각국의 법령이나 학자들의 연구 목적에 따라 구체적인 개념은 다양하게 정의되고 있다.

51 〈보기〉에서 설명하는 제도는 무엇인가?

---〈보기〉---

일정금액 이상의 현금 거래를 KoFIU에 보고토록 한 제도이다. 1거래일 동안 1천만 원 이상의 현금을 입금하거나 출금한 경우 거래자의 신원과 거래일시, 거래금액 등 객관적 사실을 전산으로 자동 보고토록 하고 있다.

---

① 비밀보장제도　　　　　　　　　② 금융실명거래제도
③ 의심거래보고제도　　　　　　　④ 고액현금거래보고

> **ADVICE** ④ 우리나라는 2006년에 고액현금거래보고 제도를 처음 도입하였으며, 도입 당시는 보고 기준금액을 5천만 원으로 하였으나, 2008년부터는 3천만 원, 2010년부터는 2천만 원, 2019년 7월부터는 1천만 원으로 단계적으로 인하하여 운영하고 있다. 금융기관이 자금세탁의 의심이 있다고 주관적으로 판단하여 의심되는 합당한 사유를 적어 보고하는 의심거래보고제도와는 구별된다.

52 고액현금거래보고의 기준 금액은 얼마인가?

① 1천만 원 원화　　　　　　　　　② 5천만 원 원화
③ 1억 원 원화　　　　　　　　　　④ 10억 원 원화

> **ADVICE** ① 고액현금거래보고의 기준 금액은 1천만 원 원화이다.

53 고액현금거래보고 기준금액 산정 시 제외거래에 해당하지 않는 것은?

① 2백만 원 이하의 선불카드 거래 금액
② 은행지로장표에 의하여 수납한 금액
③ 1백만 원 이하에 해당하는 외국통화 매입·매각 금액
④ 법원공탁금, 정부·법원보관금, 송달료를 지출한 금액

> **ADVICE** 고액현금거래보고 기준금액 산정 시 제외거래
> ㉠ 1백만 원 이하의 원화송금(무통장입금 포함) 금액
> ㉡ 1백만 원 이하에 해당하는 외국통화 매입·매각 금액
> ㉢ 「금융실명법」상 실명확인 생략 가능한 각종 공과금 등을 수납한 금액
> ㉣ 법원공탁금, 정부·법원보관금, 송달료를 지출한 금액
> ㉤ 은행지로장표에 의하여 수납한 금액
> ㉥ 1백만 원 이하의 선불카드 거래 금액

54 강화된 고객확인의무에 대한 설명으로 옳지 않은 것은?

① 2016년부터 고객확인을 거부하는 고객은 경찰에 신고하도록 의무화되었다.
② 위험기반 접근법에 기초하여 위험이 낮은 고객에 대해서는 간소화된 고객확인으로 고객확인에 수반되는 비용과 시간을 절약하는 반면, 고위험 고객에 대하여는 강화된 고객확인을 실시한다.
③ 고위험 고객 거래목적과 거래자금의 원천을 추가로 확인해야 한다.
④ 실제 당사자 여부 및 금융거래 목적과 거래자금의 원천 등을 확인하도록 하는 제도이다.

> **ADVICE** ① 2016년부터 고객확인을 거부하는 고객에 대해 신규거래 거절 및 기존 거래 종료가 의무화되도록 하였다.

---

01   최근 기출문제 분석

2019. 10. 19. 시행

1   A씨의 2018년 귀속 금융소득 현황이 다음과 같을 때 종합소득 산출세액으로 옳은 것은?

> • 정기예금 이자 : 55,100,000원
> • 우리사주 배당금 : 20,000,000원
> • 환매조건부채권 이자(RP) : 30,000,000원
> • 농업회사법인 출자금 배당 : 10,000,000원
>
> 단, 종합소득 공제는 5,100,000원, 누진 공제액은 5,220,000원으로 한다.

① 9,580,000원
② 11,980,000원
③ 14,380,000원
④ 16,780,000원

>**ADVICE** 개인별 연간 금융소득(이자 · 배당 소득)이 2천만 원 이하일 경우에는 원천징수하고, 2천만 원을 초과하는 금융소득은 2천만 원에 대하여는 원천징수세율(14%)을 적용하고 2천만 원을 초과하는 금액은 다른 종합소득(근로소득 · 사업소득 · 연금소득 등)과 합산하여 누진세율을 적용하여 종합과세 한다.
> 제시된 금융소득 중 우리사주 배당금과 농업회사법인 출자금 배당은 「조세특례제한법」에 의한 비과세 금융소득이므로 종합과세에서 제외된다. 따라서 A씨의 종합소득산출세액을 계산하면 아래와 같다.
> • 총 금융소득 = 5,510만 원 + 3,000만 원 = 8,510만 원
> • 총 금융소득 − 종합소득 공제 = 8,510만 원 − 510만 원 = 8,000만 원
> • 2,000만 원에 대한 원천징수 : 2,000만 원 × 0.14 = 280만 원
> • 2,000만 원을 초과하는 금액 6,000만 원 : 582만 원 + (6,000만 원 − 4,600만 원) × 0.24 = 918만 원
> • A씨의 종합소득산출세액 = 280만 원 + 918만 원 = 1,198만 원

Answer   1.②

2 예금자보호법에서 정한 예금보험제도에 대한 설명으로 옳은 것은?

① 은행, 보험회사, 종합금융회사, 수협은행, 외국은행 국내지점은 보호대상 금융회사이다.

② 외화예금, 양도성예금증서(CD), 환매조건부채권(RP), 주택청약저축은 비보호 금융상품이다.

③ 서울시가 시중은행에 가입한 정기예금 1억 원은 5천만 원 한도 내에서 예금자보호를 받는다.

④ 금융회사가 예금을 지급할 수 없게 되면 법에 의해 금융감독원이 대신하여 예금을 지급하는 공적 보험제도이다.

> **ADVICE** ② 외화예금은 보호 금융상품이다.

　　※ 보호 금융상품과 비보호 금융상품

구분	보호 금융상품	비보호 금융상품
은행	• 요구불예금(보통예금, 기업자유예금, 당좌예금 등) • 저축성예금(정기예금, 주택청약예금, 표지어음 등) • 적립식예금(정기적금, 주택청약부금, 상호부금 등) • 외화예금 • 예금보호대상 금융상품으로 운용되는 확정기여형 퇴직연금제도 및 개인형퇴직연금제도의 적립금 • 개인종합자산관리계좌(ISA)에 편입된 금융상품 중 예금보호 대상으로 운용되는 금융상품 • 원본이 보전되는 금전신탁 등	• 양도성예금증서(CD), 환매조건부채권(RP) • 금융투자상품(수익증권, 뮤추얼펀드, MMF등) • 은행 발행채권 • 주택청약저축, 주택청약종합저축 등 • 확정급여형 퇴직연금제도의 적립금 • 특정금전신탁 등 실적배당형 신탁 • 개발신탁
보험 회사	• 개인이 가입한 보험계약 • 퇴직보험 • 변액보험계약 특약 • 변액보험계약 최저사망보험금·최저연금적립금·최저중도인출금 등 최저보증 • 예금보호대상 금융상품으로 운용되는 확정기여형 퇴직연금제도 및 개인형퇴직연금제도의 적립금 • 개인종합자산관리계좌(ISA)에 편입된 금융상품 중 예금보호 대상으로 운용되는 금융상품 • 원본이 보전되는 금전신탁 등	• 보험계약자 및 보험료납부자가 법인인 보험계약 • 보증보험계약 • 재보험계약 • 변액보험계약 주계약(최저사망보험금·최저연금적립금·최저중도인출금 등 최저보증 제외) 등 • 확정급여형 퇴직연금제도의 적립금

③ 정부·지방자치단체·한국은행·금융감독원·예금보험공사 및 부보금융회사의 예금은 보호대상에서 제외된다.

④ 예금보험공사는 예금보험제도를 통해 금융회사의 보험료, 정부와 금융회사의 출연금, 예금보험기금채권 등으로 예금보험기금을 조성해두었다가 금융회사가 고객들에게 예금을 지급하지 못하는 경우에 대신 지급해 준다.

1 예금보험공사의 보호대상 금융회사가 아닌 것은?

① 농협은행

② 외국은행 국내지점

③ 수협은행

④ 신용협동조합

> ADVICE ④ 농협은행, 수협은행 및 외국은행 국내지점은 보호대상 금융회사이지만 농·수협 지역조합, 신용협동조합, 새마을금고는 현재 예금보험공사의 보호대상 금융회사는 아니며, 관련 법률에 따른 자체 기금에 의해 보호된다.

2 예금자보호 제도에 대한 설명으로 옳지 않은 것은?

① 예금보험공사는 예금보험 가입 금융회사가 취급하는 '예금' 등만을 보호한다.

② 우체국은 예금보험공사의 보호대상 금융회사이다.

③ 예금보험은 공적보험이다.

④ 보호대상 금융회사는 은행, 보험회사, 투자매매업자·투자중개업자, 종합금융회사, 상호저축은행이다.

> ADVICE ② 우체국의 경우 예금보험공사의 보호대상 금융회사는 아니지만, 「우체국예금·보험에 관한 법률」 제4조(국가의 지급 책임)에 의거하여 우체국예금(이자 포함)과 우체국보험 계약에 따른 보험금 등 전액에 대하여 국가에서 지급을 책임지고 있다.

Answer 1.④ 2.②

3 은행의 금융상품 중 비보호금융상품이 아닌 것은?

① 양도성예금증서   ② 환매조건부채권

③ 주택청약저축   ④ 표지어음

>ADVICE 은행의 금융상품 중 비보호금융상품
- 양도성예금증서(CD), 환매조건부채권(RP)
- 금융투자상품(수익증권, 뮤추얼펀드, MMF 등)
- 은행 발행채권
- 주택청약저축, 주택청약종합저축 등
- 확정급여형 퇴직연금제도의 적립금
- 특정금전신탁 등 실적배당형 신탁
- 개발신탁

4 종합금융회사의 금융상품 중 보호금융상품인 것은?

① 뮤추얼펀드   ② 종금사 발행채권

③ 어음관리계좌   ④ 기업어음

>ADVICE 종합금융회사의 금융상품 중 보호금융상품 : 발행어음, 표지어음, 어음관리계좌(CMA)

5 비보호금융상품이 아닌 것은?

① 금현물거래예탁금   ② 개발신탁

③ 신용부금   ④ 주식워런트증권

>ADVICE ③ 신용부금은 상호저축은행 및 상호저축은행중앙회의 보호금융상품이다.

6 〈보기〉에서 보호금융상품을 모두 고른 것은?

> ─────────────〈보기〉─────────────
>
> ㉠ 발행어음   ㉡ 상호저축은행중앙회 발행 자기앞수표
> ㉢ 원본이 보전되는 금전신탁   ㉣ 변액보험계약 특약
> ㉤ 퇴직보험

① ㉠   ② ㉠, ㉡
③ ㉠, ㉡, ㉢, ㉣   ④ ㉠, ㉡, ㉢, ㉣, ㉤

>ADVICE 모두 보호금융상품에 해당한다.

7 예금자보호의 보호한도에 대한 설명으로 옳지 않은 것은?

① 보호금액 5천만 원은 예금의 종류별 또는 지점별 보호금액이 아니라 동일한 금융회사 내에서 예금자 1인이 보호받을 수 있는 총 금액이다.
② 예금자 1인이라 함은 개인만을 의미한다.
③ 예금의 지급이 정지되거나 파산한 금융회사의 예금자가 해당 금융회사에 대출이 있는 경우에는 예금에서 대출금을 먼저 상환시키고 남은 예금을 기준으로 보호한다.
④ 원금과 소정이자를 합하여 1인당 5천만 원까지만 보호되며 초과금액은 보호되지 않는다.

>ADVICE ② 예금자 1인이라 함은 개인뿐만 아니라 법인도 대상이 된다.

8 금융소득 종합과세에 대한 설명으로 옳은 것은?

① 개인별 연간 금융소득이 2천만 원 이하일 경우에는 원천징수한다.
② 2천만 원을 초과하는 금융소득은 2천만 원에 대하여는 원천징수세율을 적용하고 2천만 원을 초과하는 금액은 다른 종합소득과 분리하여 분리과세한다.
③ 1998년부터 일시 유보되었다가 2001년부터 다시 실시되고 있다.
④ 금융소득에는 이자와 배당 소득이 포함된다.

>ADVICE ② 2천만 원을 초과하는 금융소득은 2천만 원에 대하여는 원천징수세율을 적용하고 2천만 원을 초과하는 금액은 다른 종합소득(근로소득·사업소득·연금소득 등)과 합산하여 누진세율을 적용하여 종합과세 한다.

Answer   6.④ 7.② 8.②

9 〈보기〉에서 설명하고 있는 소득의 종류는?

> ───────── 〈보기〉 ─────────
>
> • 해당 과세기간에 발생하는 이자소득, 배당소득, 사업소득, 근로소득, 연금소득, 기타소득
> • 개인별로 합산하여 종합소득세율에 의해 신고·납부 원칙

① 임대소득　　　　　　　　　　　② 양도소득
③ 금융소득　　　　　　　　　　　④ 종합소득

> ➤ADVICE　① 근로자가 퇴직함으로 인하여 지급받는 퇴직금
> 　　　　　② 자산을 양도함으로 인하여 발생하는 소득

10 소득의 종류와 과세방법 대한 설명으로 옳지 않은 것은?

① 소득세법은 개인의 소득을 종합소득, 퇴직소득, 양도소득으로 구분한다.
② 소득세법은 소득종류별로 과세방법을 다르게 규정하고 있다.
③ 이자소득 등 종합소득 중 비과세소득과 분리과세소득을 제외한 소득을 합산하여 누진세율을 적용하는 방법을 종합과세라고 한다.
④ 2010년부터 부동산 임대 소득은 종합소득 중 기타소득에 포함하여 과세한다.

> ➤ADVICE　④ 2010년부터 부동산 임대 소득은 종합소득 중 사업소득에 포함하여 과세한다.

11 분리과세 금융소득이 아닌 것은?

① 장기주택마련저축의 이자·배당
② 재외동포전용투자신탁 등의 배당
③ 세금우대종합저축의 이자·배당
④ 투융자집합투자기구 투자자 배당소득

> ➤ADVICE　① 「소득세법」에 의한 비과세 금융소득에 해당한다.

12 종합과세에서 제외되는 금융소득 중 비과세 금융소득에 해당하는 것이 아닌 것은?

① 농어가목돈마련저축의 이자
② 경과규정에 의한 국민주택채권 등 이자
③ 개인연금저축의 이자 · 배당
④ 직장공제회 초과반환금

> **ADVICE** 비과세 금융소득
>   ㉠ 「소득세법」에 의한 비과세 금융소득
>   • 「공익신탁법」에 의한 공익신탁의 이익
>   • 장기저축성보험의 보험차익
>   ㉡ 「조세특례제한법」에 의한 비과세 금융소득
>   • 개인연금저축의 이자 · 배당
>   • 장기주택마련저축의 이자 · 배당
>   • 비과세종합저축의 이자 · 배당 (1명당 저축원금 5천만 원 이하)
>   • 조합 등 예탁금의 이자 및 출자금에 대한 배당
>   • 재형저축에 대한 이자 · 배당
>   • 농어가목돈마련저축의 이자
>   • 우리사주조합원이 지급 받는 배당
>   • 농업협동조합근로자의 자사출자지분 배당
>   • 영농 · 영어조합법인의 배당
>   • 농업회사법인 출자금의 배당
>   • 재외동포전용 투자신탁 등의 배당(1억 원 이하)
>   • 녹색예금, 녹색채권의 이자와 녹색투자신탁등의 배당
>   • 경과규정에 의한 국민주택채권 등 이자
>   • 개인종합자산관리계좌(ISA)에서 발생하는 금융소득(이자소득과 배당소득)의 합계액 중 200만 원 또는 400만 원 까지의 금액

Answer   12.④

13 〈보기〉에서 비과세 금융소득은 모두 몇 개인가?

> ──────────── 〈보기〉 ────────────
> ㉠ 녹색예금, 녹색채권의 이자와 녹색투자신탁등의 배당
> ㉡ 재형저축에 대한 이자·배당
> ㉢ 실지명의가 확인되지 아니하는 이자
> ㉣ 장기저축성보험의 보험차익
> ㉤ 영농·영어조합법인의 배당
> ㉥ 고위험고수익투자신탁 등에 대한 이자 배당

① 1개   ② 2개
③ 3개   ④ 4개

>ADVICE ㉠㉡㉣ 비과세 금융소득
> ㉢㉤㉥ 분리과세 금융소득

14 「소득세법」에 의한 분리과세 금융소득이 아닌 것은?

① 직장공제회 초과반환금
② 금융소득이 개인별로 연간 2천만 원 이하인 경우
③ 부동산 경매입찰을 위하여 법원에 납부한 보증금 및 경락대금에서 발생하는 이자
④ 특정사회기반시설 집합투자기구 투자자 배당소득

>ADVICE ④ 「조세특례제한법」에 의한 분리과세 금융소득에 해당한다.

15 금융소득의 과세제도에 대한 내용으로 옳지 않은 것은?

① 금융소득이란 금융자산의 저축이나 투자에 대한 대가를 말하며, 이자소득과 배당소득을 합하여 말한다.
② 이자소득은 총수입금액이 되며 비과세되는 이자소득도 포함한다.
③ 금융소득 중 비과세 및 분리과세 소득을 제외한 금융소득이 2천만 원을 초과하는 경우 금융소득 전체를 종합과세 한다.
④ 종합과세기준금액(2천만 원)의 초과여부를 계산함에 있어서 배당소득에 대해 배당가산(Gross-up)하지 않은 금액으로 한다.

>ADVICE ② 이자소득은 총수입금액이 되며 비과세되는 이자소득은 포함하지 않는다.

Answer   13.③ 14.④ 15.②

16 1,200만 원 초과 ~ 4,600만 원 이하의 과세표준의 세율은 얼마인가?

① 6%   ② 15%

③ 24%   ④ 35%

>ADVICE 종합소득세 기본세율

귀속연도 과세표준	2021~2022년		귀속연도 과세표준	2023년~	
	세율	누진공제액		세율	누진공제액
1,200만 원 이하	6%	−	1,400만 원 이하	6%	−
1,200만 원 초과 ~4,600만 원 이하	15%	108만 원	1,400만 원 초과 ~5,000만 원 이하	15%	126만 원
4,600만 원 초과 ~8,800만 원 이하	24%	522만 원	5,000만 원 초과 ~8,800만 원 이하	24%	576만 원
8,800만원 초과 ~1억5천만 원 이하	35%	1,490만 원	8,800만 원 초과 ~1억5천만 원 이하	35%	1,544만 원
1억5천만 원 초과 ~3억 원 이하	38%	1,940만 원	1억5천만 원 초과 ~3억 원 이하	38%	1,994만 원
3억원 초과 ~5억 원 이하	40%	2,540만 원	3억 원 초과 ~5억 원 이하	40%	2,594만 원
5억 원 초과 ~10억 원 이하	42%	3,540만 원	5억 원 초과 ~10억 원 이하	42%	3,594만 원
10억 초과	45%	6,540만 원	10억 초과	45%	6,594만 원

17 금융소득의 과세제도에 대한 내용으로 옳은 것은?

① 종합과세대상 금융소득이 발생한 경우 발생년도 다음해 5월 1일부터 5월 31일까지 주소지 관할세 무서에 종합소득세 확정 신고·납부하여야 한다.

② 신고하지 않거나 불성실하게 신고하는 경우에는 신고불성실 가산세 또는 납부불성실 가산세를 부담하게 된다.

③ 산출세액 공식은 (금융소득 2천만 원×14%)+(종합소득 과세표준×기본세율)이다.

④ 귀속연도가 2023년이고 과세표준이 3억 원 초과~5억 원 이하인 경우 누진공제액은 2,594만 원이다.

>ADVICE ① 종합과세대상 금융소득이 발생한 경우 발생년도 다음해 6월 1일부터 6월 30일까지 주소지 관할세무서에 종합소 득세 확정 신고·납부하여야 한다.

18 K의 2023년 귀속 금융소득 현황이 〈보기〉와 같을 때 종합소득산출세액은?

─────── 〈보기〉 ───────

근로소득 총급여액(연봉) : 5,500만 원

사업소득 : 2,000만 원

공제 내역은 다음과 같다.

기본공제(본인) : 150만 원

보험료공제 : 100만 원

의료비공제 : 200만 원

① 650만 원   ② 720만 원

③ 810만 원   ④ 900만 원

>ADVICE 총급여액은 5,500만 원이고, 총급여 5,000만 원 초과 부분은 500만 원이다.

    근로소득공제 = 1,200만 원 + (500만 원 × 15%) = 1,200만 원 + 75만 원 = 1,275만 원

    근로소득 = 총급여액 − 근로소득공제 = 5,500만 원 − 1,275만 원 = 4,225만 원

    사업소득은 2,000만 원이므로 종합소득금액은 4,225만 원 + 2,000만 원 = 6,225만 원이 된다.

    총 공제 금액은 450만 원이므로 과세표준은 6,225 − 450 = 5,775만 원이 된다.

    5,000만 초과 ~ 8,800만 이하 구간의 세율은 24%이고, 누진공제 576만 원이다.

    따라서 종합소득산출세액은 (5,775만 원 × 0.24) − 576만원 = 810만 원

19 금융정보자동교환을 위한 국제 협정에 대한 설명으로 옳지 않은 것은?

① 국내 금융회사들은 매달 정기적으로 상대국 거주자 보유 계좌정보를 국세청에 제출하고 있다.

② 한−미간 국제 납세의무 준수 촉진을 위한 협정은 2016년 9월 국회 비준에 따라 발효되었다.

③ 다자간 금융정보자동교환 협정은 2024년 4월 기준으로 우리나라를 포함한 전 세계 110여개 관할권이 동 협정에 참여하고 있다.

④ 금융정보자동교환을 위한 국제 협정을 이행하기 위하여 국내 금융거래회사등은 관리하고 있는 금융계좌 중 계좌보유자가 보고대상 '해외 납세의무자'에 해당하는지 여부를 확인하는 실사 절차를 수행해야 한다.

>ADVICE ① 국내 금융회사들은 매년 정기적으로 상대국 거주자 보유 계좌정보를 국세청에 제출하고 있다.

20 〈보기〉에서 설명하는 보고대상 금융계좌의 종류는 무엇인가?

〈보기〉

위험보장을 목적으로 우연한 사건 발생에 관하여 발행인이 금전 또는 그 밖의 급여를 지급할 것을 약정하고 대가를 수수하는 현금가치가 있는 보험계약

---

① 예금계좌   ② 수탁계좌
③ 자본지분   ④ 현금가치 보험계약

> **ADVICE** ① 금융거래회사등이 은행업에 따른 은행업무 또는 이와 유사한 업무를 운영하는 과정에서 관리하는 예금 · 적금 · 부금 등 계좌, 예금증서 또는 이와 유사한 증서로 증명되는 계좌
> ② 타인의 이익을 위해 투자 목적으로 금융상품을 보유하거나 금융계약을 체결하기 위해 개설된 계좌
> ③ 금융거래회사등인 조합의 경우에는 조합의 자본 또는 수익에 대한 지분

21 〈보기〉에서 설명하는 협정은 무엇인가?

〈보기〉

2016년 9월 국회 비준에 따라 발효되었으며, 국세청은 국내 금융거래회사 등으로부터 미국 거주자 등의 금융정보를 수집하여 2016년 12월 미국 과세당국과 금융정보를 상호교환 하였고, 2017년부터는 매년 6월 국내 금융거래회사 등으로부터 금융정보를 수집하여 9월에 상호교환하고 있다.

---

① MCAA협정   ② FATCA협정
③ 정보교환협정   ④ 자유무역협정

> **ADVICE** ② 2010년 3월 미국은 해외금융회사에 대해 자국 납세자의 금융정보 보고를 의무화하는 조항(FATCA)을 신설하고 동 정보교환을 위해 2012년부터 다른 나라들과 정부간 협정 체결을 추진하였다. 우리나라는 2012년 4월 한미 재무장관 회의에서 상호교환 방식으로 '금융정보자동교환 협정'을 체결하기로 하고 협상을 진행하여 2014년 3월 협정문에 합의하였으며 2015년 6월 양국 간 정식 서명하였다.

Answer   20.④ 21.②

22 예금자보호에 대한 설명으로 옳지 않은 것은?

① 농·수협 지역조합, 신용협동조합, 새마을금고는 현재 예금보험공사의 보호대상 금융회사가 아니다.
② 예금보험공사는 예금보험 가입 금융회사가 취급하는 모든 금융상품을 보호한다.
③ 예금보험은 예금자를 보호하기 위한 목적으로 법에 의해 운영되는 공적보험이다.
④ 정부, 지방자치단체(국·공립학교 포함), 한국은행, 금융감독원, 예금보험공사, 부보금융회사의 예금은 보호대상이 아니다.

> **ADVICE** ② 예금보험공사는 예금보험 가입 금융회사가 취급하는 '예금' 등만을 보호한다. 여기서 꼭 알아두어야 할 점은 모든 금융상품이 보호대상 '예금' 등에 해당하지 않는다는 것이다. 예를 들어 실적 배당형 상품인 투자신탁 상품은 보호대상 금융상품이 아니다.

23 예금자보호에 대한 설명으로 옳은 것은?

① 원금과 소정이자를 합하여 1인당 5천만 원까지만 보호되며 초과금액은 보호되지 않는다.
② 확정기여형퇴직연금제도 또는 개인퇴직연금제도의 적립금을 합하여 가입자 1인당 최고 5천만 원(세전)까지 다른 예금과 별도로 보호된다.
③ 보호금액 5천만 원(외화예금 포함)은 예금의 종류별 또는 지점별 보호금액이다.
④ 예금자보호제도는 예금의 전액을 보호하지 않고 일정액만을 보호하고 있다.

> **ADVICE** ③ 보호금액 5천만 원(외화예금 포함)은 예금의 종류별 또는 지점별 보호금액이 아니라 동일한 금융회사 내에서 예금자 1인이 보호받을 수 있는 총 금액이다.

24 금융거래회사등이 국세청에 보고하여야 하는 금융계좌가 아닌 것은?

① 예금계좌   ② 수탁계좌

③ 연금계약   ④ 양도성 채권계좌

> ADVICE

구분	개요
예금계좌	금융거래회사 등이 은행업에 따른 은행업무 또는 이와 유사한 업무를 운영하는 과정에서 관리하는 예금·적금·부금 등 계좌, 예금증서 또는 이와 유사한 증서로 증명되는 계좌(보험회사가 보유하는 투자보증계약 또는 보유금액에 대해 이자를 지급하거나 적립하는 유사계약 포함) – 금융시장에서 거래되고 금융회사를 통해 유통·보유되는 양도성 채권상품(양도성 예금증서 등 증서식 예금상품을 포함)은 예금계좌에서 제외
수탁계좌	타인의 이익을 위해 투자 목적으로 금융상품을 보유하거나 금융계약을 체결하기 위해 개설된 계좌(자본시장법에 따른 신탁업자가 금융상품 또는 금융계약을 수탁하기 위해 체결한 신탁계약 포함) – 보험계약 또는 연금계약인 경우에는 수탁계좌로 보지 않음
자본지분 채무지분	• 금융거래회사등인 조합의 경우에는 조합의 자본 또는 수익에 대한 지분 • 금융거래회사등인 신탁의 경우에는 신탁에 대한 통제권을 가지는 자 또는 수익자의 자본에 대한 지분
현금가치 보험계약	위험보장을 목적으로 우연한 사건 발생에 관하여 발행인이 금전 또는 그 밖의 급여를 지급할 것을 약정하고 대가를 수수하는 현금가치가 있는 보험계약
연금계약	발행인이 1인 이상인 개인의 기대수명 전부 또는 일부에 기초하여 일정기간 동안 금전 또는 그 밖의 급여를 지급할 것을 약정하는 계약

25 다자 간 금융정보자동교환 협정(MCAA협정)에 대한 설명으로 옳지 않은 것은?

① 우리나라는 2014년 10월 독일 베를린에서 동 협정에 서명하였다.
② 전 세계 110여개 관할권이 동 협정에 참여하고 있다.
③ 국세청은 2017년부터 다자간 협정에 따라 협정 참여 관할권들과 금융정보를 상호교환하고 있다.
④ 매년 6월 국내 금융거래회사 등으로부터 금융정보를 수집하여 9월에 상호교환하고 있다.

> ADVICE ④ 한–미간 국제 납세의무 준수 촉진을 위한 협정(FATCA협정)에 대한 설명이다.

Answer   24.④   25.④

26 금융소득 종합과세에 대한 설명으로 옳지 않은 것은?

① 금융소득이란 이자소득과 배당소득을 합하여 말한다.
② 2천만 원을 초과하는 금융소득은 다른 종합소득과 합산하여 누진세율을 적용하여 종합과세 한다.
③ 비과세되는 금융소득도 과세대상이다.
④ 종합과세기준금액(2천만 원)의 초과여부를 계산함에 있어서 배당소득에 대해 배당가산(Gross-up)하지 않은 금액으로 한다.

>ADVICE ③ 비과세되는 금융소득은 과세대상이 아니다.

제3편

우체국금융 상품

01 최근 기출문제 분석

2008. 8. 31. 시행

1 다음에서 설명하는 예금상품이 아닌 것은?

> 우체국예금 상품 중 국영금융기관으로서의 공적인 역할 제고를 위한 예금으로서 정부정책 지원 및 금융소외계층, 사회적 약자를 지원하기 위한 예금이다.

① 행복지킴이통장　　　　　　　　② 정부보관금통장
③ 장병내일준비적금　　　　　　　　④ 이웃사랑정기예금

>**ADVICE** 공익형 상품에 대한 설명이다.

　　우체국은 총 12종의 예금상품을 통해 금융소외계층의 기초생활 보장을 위한 수급금 압류방지 통장과 서민·소상공인 등 금융소외계층의 자산형성을 지원하기 위한 특별 우대이율을 제공 중에 있다.

　　※ 공익형 예금상품의 종류
　　　㉠ 수시입출식 예금 : 행복지킴이통장, 국민연금안심통장, 공무원연금평생안심통장, 호국보훈지킴이통장, 청년미래든든통장, 희망지킴이통장, 건설하나로통장, 우체국취업이룸통장
　　　㉡ 적립식 예금 : 새출발자유적금, 장병내일준비적금
　　　㉢ 거치식 예금 : 이웃사랑정기예금, 소상공인정기예금
　　　▶ 본 기출문제는 연금저축을 묻는 문제였으나 법규가 폐지되어 본 문제로 교체하였음

Answer　1.②

2 우체국의 금융상품에 대한 설명으로 옳은 것은?

① 듬뿍우대저축은 수시 입·출금이 가능한 요구불성 예금으로 예금액별 차등금리를 적용한다.

② 이웃사랑정기예금은 장기기증자, 헌혈자(5회 이상), 입양자 등을 가입대상으로 하며, 최소 가입기간은 1년이다.

③ 챔피언정기예금은 우체국 창구를 통해 가입해야 하는 만기일시지급식 정기예금이다.

④ 달달하이(high) 적금은 가입대상이 개인으로 1년 만기로 높은 금리를 제공하는 스마트뱅킹 전용 적립식 예금이다.

> **ADVICE** ② 이웃사랑정기예금의 최소 가입기간은 6개월이다.
>
> ③ 챔피언정기예금은 우체국 창구 또는 실명의 개인인 경우 인터넷뱅킹이나 스마트뱅킹을 통해서 가입이 가능한 월이자지급식, 만기일시지급식의 정기예금이다.
>
> ④ 웰빙우대저축 예금은 판매 종료된 상품이다.

3 우체국예금상품에 대한 설명으로 옳은 것은?

① 우체국 예금상품의 이자율은 한국은행에서 정하는 기기준금리에 우대이자율을 더하여 결정한다.

② 우체국에서 취급하는 예금상품은 입출금이 자유로운 예금, 거치식예금, 적립식예금으로 구분된다.

③ 우체국은 예금상품 개발 시 수익성, 공공성, 안정성, 소비자보호 이 4가지를 고려한다.

④ 우체국의 예금상품도 예금보험공사의 보호대상이다.

> **ADVICE** ① 예금상품의 이자율은 「우체국예금·보험에 관한 법률」에 따라 고시하는 기본이자율에 우대이자율을 더하여 정한다.
>
> ② 우체국에서 취급하는 예금상품은 크게 입출금이 자유로운 예금, 거치식예금, 적립식예금, 기타예금으로 구분된다.
>
> ④ 우체국의 경우 예금보험공사의 보호대상 금융회사는 아니지만, 우체국예금(이자 포함)과 우체국보험 계약에 따른 보험금 등 전액에 대하여 국가에서 지급을 책임지고 있다.
>
> ▶ 본 기출문제는 우체국재형저축에 관한 문제였으나 상품이 폐지되어 본 문제로 교체하였음

Answer 2.① 3.③

4 우체국의 예금상품에 대한 설명으로 옳지 않은 것은?

① 우체국 편리한 e정기예금의 이자지급 방식은 만기일시지급식이다.

② 2040$^{+\alpha}$ 정기예금의 가입 금액은 1만 원 이상 1억 원 이하로 한다.

③ 시니어 싱글벙글 정기예금은 여유자금 추가입금과 긴급자금 분할해지가 가능하다.

④ 우체국 다드림적금은 가입대상은 개인이며 주거래 이용 실적이 많을수록 우대 혜택이 커지는 적립식 예금이다.

> **ADVICE** 2040$^{+\alpha}$정기예금은 20~40대 직장인과 카드 가맹점, 법인 등의 안정적 자금운용을 위해 급여이체 실적, 카드 가맹점 결제계좌 이용, 우체국예금, 보험, 우편 우수고객 등 일정 조건에 해당하는 경우 우대금리를 제공하는 정기예금으로 가입금액은 1만 원 이상으로 한도에는 제한이 없다.

5 〈보기〉의 우체국 예금상품에 대한 설명으로 옳은 것을 모두 고른 것은?

─── 〈보기〉 ───

㉠ 2040$^{+\alpha}$ 자유적금의 저축한도는 계좌당 매분기 5천만 원 이내에서 가능하다.
㉡ 기업든든 MMDA 통장은 입출금이 자유로우며, 예치기간에 따라 금리를 차등 적용하는 상품이다.
㉢ 다드림 통장은 패키지별 금융거래 실적에 따라 우대이율을 추가 제공한다.
㉣ 우체국 새출발 자유적금은 가입자 조건에 해당할 경우 패키지종류에 상관없이 우대이율 연 0.2%p를 추가 제공한다.

① ㉠㉡

② ㉠㉣

③ ㉡㉢

④ ㉢㉣

> **ADVICE** ㉠ 2040$^{+\alpha}$ 자유적금은 20~40대 직장인과 카드 가맹점 등의 자유로운 목돈 마련과 우체국예금의 안정적 성장을 위한 적립식 예금으로, 저축한도는 1인당 매 분기 5천만 원 범위 내에서 가능하다.
> ㉡ 기업든든 MMDA 통장의 가입대상은 법인, 고유번호증을 부여받은 단체, 사업자등록증을 가진 개인사업자 등을 대상으로 예치금액 별로 차등 금리를 적용하는 기업 MMDA 상품으로 입출금이 자유로운 예금이다.

Answer 4.② 5.④

2018. 7. 21. 시행

6 우체국 예금상품에 대한 설명으로 옳은 것은?

① 시니어 싱글벙글 정기예금은 분할 해지가 불가능하다.
② 우체국국민연금안심통장과 우체국생활든든통장은 압류금지 전용 통장이다.
③ 우체국 다드림적금의 가입대상은 개인, 개인사업자, 단체, 법인이다.
④ 우체국 아이LOVE 적금은 가입 고객을 대상으로 우체국 주니어보험을 무료로 가입해 준다.

> **ADVICE** ① 시니어 싱글벙글 정기예금의 가입대상은 실명의 개인이며 여유자금 추가입금과 긴급자금 분할해지가 가능한 정기예금으로 만 50세 이상 중년층 고객을 위한 우대금리 및 세무, 보험 등 부가서비스를 제공한다.
> ② 우체국 행복지킴이통장, 우체국 희망지킴이통장, 우체국 국민연금안심통장, 우체국 공무원연금평생안심통장, 우체국 호국보훈지킴이통장은 압류금지 전용 통장이다.
> ③ 우체국 다드림적금의 가입대상은 실명의 개인이며 주거래 고객 확보 및 혜택 제공을 목적으로 각종 이체 실적 보유 고객, 장기거래 등 주거래 이용 실적이 많을수록 우대 혜택이 커지는 적립식 예금이다.

2019. 10. 19. 시행

7 우체국 예금상품 및 체크카드에 대한 설명으로 옳은 것을 모두 고른 것은?

> ㉠ 법인용 체크카드의 현금 입출금 기능은 개인사업자에 한하여 선택 가능하다.
> ㉡ 우체국 소상공인정기예금은 노란우산에 가입하거나 신용카드 가맹점 결제계좌 약정 시 우대금리를 제공한다.
> ㉢ 우체국 매일모아 e적금, 달달하이(high) 적금, 우체국 파트너든든 정기예금, 2040$^{+\alpha}$ 정기예금은 우체국 창구를 통한 가입이 불가하다.
> ㉣ 우체국 개이득 체크카드는 전 가맹점 0.3%, OTT · 패션 · 멤버십 30% 할인이 가능한 카드이다.

① ㉠, ㉡   ② ㉡, ㉢
③ ㉢, ㉣   ④ ㉠, ㉣

> **ADVICE** ㉠ [O] 우체국 체크카드 법인용 상품 중 '정부구매' 체크카드의 경우 현금카드 기능이 지원되지 않으며, '성공파트너', 'e-나라도움', 'Biz플러스' 체크카드의 현금 입출금 기능은 개인사업자에 한하여 선택이 가능하다.
> ㉡ [X] 우체국 소상공인정기예금은 실명의 개인 또는 개인사업자인 소상공인 · 소기업 대표자를 대상으로 노란우산가입, 우체국 수시입출식 예금 실적에 따라 우대금리를 제공하는 서민자산 형성 지원을 위한 공익형 정기예금이다.
> ㉢ [X] 우체국 매일모아 e적금과 달달하이(high) 적금은 우체국 창구를 통한 가입이 불가능하지만, 우체국 파트너든든 정기예금과 2040+α 정기예금은 우체국 창구에서도 신규가입 및 해지가 가능하다.
> ㉣ [O] 우체국 개이득 체크카드는 전 가맹점 0.3%, OTT · 패션 · 멤버십 30% 할인 및 디자인 특화 카드이다.

Answer 6.④ 7.④

8 우체국 체크카드에 대한 설명으로 옳은 것은?

① 법인의 우체국 체크카드 월 사용한도는 기본 한도 1억 원, 최대 한도 3억 원이다.

② Biz플러스 체크카드는 신차 구매, 전 가맹점 0.3% 포인트 적립 등 개인사업자 및 소상공인을 위한 맞춤형 혜택을 제공하는 카드이다.

③ 라이프플러스 체크카드의 교통기능은 일반 카드일 경우에는 선불, 하이브리드 카드일 경우에는 후불 적용된다.

④ 우체국 체크카드는 카드 유효기간의 만료 또는 회원 본인이 사망하거나 피성년후견인 · 피한정후견인으로 우체국에 신고 등록된 경우, 효력이 상실된다.

> ADVICE ① 법인의 우체국 체크카드 월 사용한도는 기본 한도 2천만 원, 최대 한도 3억 원이다.
> ② Biz플러스 체크카드는 주유소, 신차구매 등 개인사업자 · 소상공인을 위한 맞춤형 혜택을 제공하는 법인카드이다.
> ③ 라이프플러스 체크카드는 쇼핑, 레저, 반려동물 업종 등 캐시백 또는 유니마일 적립 선택이 가능한 카드로 교통카드 기능은 없다.

9 우체국 예금상품에 대한 설명으로 옳은 것을 모두 고른 것은?

> ㉠ e-Postbank정기예금은 자동이체 약정, 체크카드 이용실적, 자동 재예치 실적에 따라 우대금리를 제공한다.
> ㉡ 「중소기업협동조합법」에서 정하는 소기업 · 소상공인 공제금 수급자는 우체국 행복지킴이통장 가입 대상이다.
> ㉢ 입양자는 이웃사랑정기예금과 우체국 새출발자유적금 패키지 중 새출발 행복 상품에 가입할 수 있다.
> ㉣ 우체국 하도급지킴이통장은 공사대금 및 입금이 하도급자와 근로자에게 기간 내 집행될 수 있도록 관리, 감독하기 위한 압류방지 전용 통장이다.

① ㉠, ㉡   ② ㉠, ㉣
③ ㉡, ㉢   ④ ㉢, ㉣

> ADVICE ㉠ e-Postbank정기예금 : 가입대상은 실명의 개인이며 인터넷뱅킹, 스마트뱅킹으로 가입이 가능한 온라인 전용상품으로 온라인 예 · 적금 가입, 자동이체 약정, 체크카드 이용실적에 따라 우대금리를 제공하는 정기예금이다.
> ㉣ 우체국 하도급지킴이통장 : 가입대상은 법인 및 사업자등록증을 소지한 개인사업자, 고유번호(또는 납세번호)를 부여받은 단체로 조달청에서 운영하는 '정부계약 하도급관리시스템'을 통해 발주한 공사대금 및 입금이 하도급자와 근로자에게 기간 내 집행될 수 있도록 관리, 감독하기 위한 전용통장이다.

Answer   8.④ 9.③

10 〈보기〉에서 체크카드에 대한 설명으로 옳은 것을 모두 고른 것은?

─────────── 〈보기〉 ───────────

ⓐ 우체국 법인용 체크카드에는 지역화폐카드, Biz플러스 등이 있다.

ⓑ 우체국 체크카드의 발급대상은 개인카드의 경우 우체국 수시 입출식 통장을 보유한 만 12세 이상의 개인이다.

ⓒ 고객의 신용등급에 따라 소액의 신용공여가 부여된 하이브리드형 카드를 발급받아 이용할 수 있다.

ⓓ 증권사나 종합금융회사의 MMF를 결제계좌로 하는 체크카드도 발급이 가능하다.

① ㉠, ㉡   ② ㉠, ㉣
③ ㉡, ㉢   ④ ㉢, ㉣

ADVICE ㉠ 우체국 법인용 체크카드에는 성공파트너, e-나라도움, 정부구매, Biz플러스가 있다.

㉣ 증권사나 종금사의 CMA를 결제계좌로 하는 발급이 불가능하다. 우체국 체크카드 결제계좌는 현재 우체국 요구불 예금으로 지정하도록 되어있다(국민 행복 전용카드와 같이 계좌없이 바우처 사용만을 위한 특수상품 제외).

11 〈보기〉에서 우체국 예금상품에 대한 설명으로 옳은 것은 모두 몇 개인가?

─────────── 〈보기〉 ───────────

㉠ 우체국 희망지킴이통장 : 기초생활보장, 기초(노령)연금, 장애인연금, 장애(아동)수당 등의 기초생활 수급권 보호를 위한 압류방지전용통장

㉡ 이웃사랑정기예금 : 사회 소외계층과 사랑나눔 실천자 및 읍·면 단위 지역에 거주하는 농어촌 지역 주민의 경제생활 지원을 위한 공익형 정기예금

㉢ 우체국 편리한 e정기예금 : 만 50세 이상 중년층 고객을 위한 우대이율 및 세무, 보험 등 부가서비스를 제공하는 정기예금

㉣ 우체국 다드림적금 : 주거래 고객 확보 및 혜택 제공을 목적으로 각종 이체 실적 보유 고객, 우체국예금 우수고객, 장기거래 등 주거래 이용 실적이 많을수록 우대 혜택이 커지는 자유적립식 예금

① 1개   ② 2개
③ 3개   ④ 4개

ADVICE ㉠ 우체국 행복지킴이통장에 대한 설명이다.

㉢ 가입대상은 실명의 개인으로 보너스입금, 비상금 출금, 자동 재예치, 만기 자동해지 서비스로 편리한 목돈 활용이 가능한 디지털전용 정기예금

Answer   10.③ 11.②

12 우체국예금 상품에 대한 설명으로 옳은 것은?

① 우체국 생활든든 통장은 산업재해 보험급여 수급권자의 보험급여에 한해 입금이 가능한 수시입출식 예금이다.

② 우체국 가치모아적금은 예금주에게 매주 알림저축 서비스를 통해 편리하게 목돈 모으기가 가능한 적립식 예금이다.

③ 이웃사랑정기예금은 종이통장 미발행, 친환경 활동 및 기부참여시 우대혜택을 제공하는 ESG 연계 정기예금이다.

④ 우체국 편리한e정기예금은 보너스 입금, 비상금 출금, 자동 재예치, 만기 자동해지 서비스로 편리한 목돈 활용이 가능한 디지털전용 정기예금이다.

>ADVICE ① 우체국 생활든든통장은 50세 이상 실명의 개인으로 50세 이상 고객의 기초연금, 급여, 용돈 수령 및 체크카드 이용 시 금융 수수료 면제, 우체국 보험료 자동이체 또는 공과금 자동이체 시 캐시 백, 창구소포 할인쿠폰 등 다양한 서비스를 제공하는 시니어 특화 입출금이 자유로운 예금이다.

② 우체국 가치모아적금은 실명의 개인으로 여행자금, 모임회비 등 목돈 마련을 위해 여럿이 함께 저축 할수록 우대혜택이 커지고 다양한 우대 서비스를 제공하는 적립식 예금이다. 예금주에게 매월 자동이체 저축현황을 알려주는 자동이체 알림 서비스, 모임추천번호에 등록한 인원 현황을 알려주는 모임적금 알림 서비스, 고객이 통장명칭을 자유로이 선정 할 수 있는 통장별칭 서비스 등 다양한 우대서비스 제공한다.

③ 이웃사랑정기예금은 국민기초생활수급자, 장애인, 한부모가족, 소년소녀가정, 조손가정, 다문화가정 등 사회 소외계층과 장기기증희망등록자, 골수기증희망등록자, 헌혈자, 입양자 등 사랑나눔 실천자 및 농어촌 지역(읍·면 단위 지역 거주자) 주민의 경제생활 지원을 위한 공익형 정기예금이다.

13 우체국 체크카드에 대한 설명으로 옳은 것은?

① 법인용 체크카드의 현금 입출금 기능은 법인, 임의단체에 한하여 선택 가능하다.

② 개인 체크카드 발급대상은 우체국 거치식예금 통장을 보유한 만12세 이상의 개인이다.

③ 위탁업체를 통하여 발급받은 경우, 고객이 카드 수령 후 우체국을 직접 방문하여 사용 등록하여야만 효력이 발생한다.

④ 우체국 체크카드는 일반적인 직불 전자지급 수단에 의한 지불결제, 현금카드 기능 외에도 상품별 특성에 따라 다양한 기능 추가 및 발급 형태의 선택이 가능하다.

Answer 12.④ 13.④

>ADVICE ① 법인용 체크카드의 현금 입출금 기능은 개인사업자에 한하여 선택 가능하다.

② 우체국 체크카드 발급대상은 12세 이상이며, 소액신용 및 후불교통 기능이 부여되어 있는 하이브리드 체크카드의 가입 연령은 18세 이상이다.

③ 위탁 체를 통하여 후 발급 받은 경우에는 카드 수령 후 회원 본인이 우체국 창구 방문, 인터넷 뱅킹, 우체국뱅킹, ARS을 통하여 사용 등록하여야 효력이 발생한다.

2024. 7. 20. 시행

14 〈보기〉에서 우체국 예금상품에 대한 설명으로 옳은 것을 모두 고른 것은?

─── 〈보기〉 ───

㉠ 저축예금은 개인과 법인 고객을 대상으로 하는 입출금이 자유로운 예금이다.

㉡ 듬뿍우대저축예금은 개인고객을 대상으로 예치 금액별로 차등 금리를 적용하는 개인 MMDA 상품이다.

㉢ 우체국 청년미래든든통장은 가입대상이 18세부터 30세까지 실명의 개인이며 대학생·사회초년생 등에게 다양한 혜택을 제공한다.

㉣ 우체국 생활든든통장은 가입대상이 50세 이상 실명의 개인이며 시니어 특화예금이다.

① ㉠, ㉡   ② ㉠, ㉢

③ ㉡, ㉣   ④ ㉢, ㉣

>ADVICE ㉠ 저축예금은 보통예금처럼 예치금액, 예치기간 등에 아무런 제한이 없고 입출금이 자유로우면서도 보통예금보다 높은 이자를 받을 수 있는 예금이다. 가계우대성 금융상품으로 가계의 여유자금을 초단기로 예치하거나 입출금이 빈번한 자금을 운용하기에 적합하다.

㉢ 우체국 청년미래든든통장은 18세 이상~35세 이하 실명의 개인으로 대학생·취업준비생·사회초년생의 안정적인 사회 진출 지원을 위해 금리우대, 수수료 면제, 창구소포 할인쿠폰 등 다양한 혜택을 제공하는 입출금이 자유로운 예금이다.

15 우체국 적립식 예금에 대한 설명으로 옳지 않은 것은?

① 달달하이(high) 적금은 1개월 또는 2개월의 초단기로 가입하는 스마트뱅킹 전용 적립식 예금으로 가입대상은 실명의 개인이다.

② 우체국 마미든든 적금은 우체국 수시입출식 예금에서 월 30만 원 이상 이 적금으로 자동이체약정을 할 경우, 부가서비스로 우체국쇼핑 할인쿠폰을 제공한다.

③ 우체국 아이LOVE적금은 가입 고객을 대상으로 우체국 주니어보험 무료가입, 통장명 자유 선정, 자동 재예치 등의 부가서비스를 제공 한다.

④ 2040$^{+\alpha}$ 자유적금은 여행 자금, 모임회비 등 목돈 마련을 위해 여럿이 함께 자유롭게 저축할수록 다양한 우대 서비스를 제공하는 적립식 예금이다.

> **ADVICE** ④ 우체국 가치모아적금은 실명의 개인으로 여행자금, 모임회비 등 목돈 마련을 위해 여럿이 함께 저축할수록 우대 혜택이 커지고 다양한 우대 서비스를 제공하는 적립식 예금이다.

16 우체국 공익형 예금상품에 대한 설명으로 옳지 않은 것은?

① 우체국 새출발자유적금의 새출발 행복 패키지는 기초생활수급자, 근로장려금수급자, 장애수당수급자에게 우대금리를 제공하는 공익형 적립식 예금이다.

② 우체국 국민연금안심통장은 가입대상이 실명의 개인이며 국민연금 수급권자의 연금수급 권리를 보호하기 위한 압류 방지 전용 통장이다.

③ 우체국 건설하나로통장의 가입대상은 자격 확인 증빙서류를 통해 건설업 종사자임을 알 수 있는 실명의 개인 또는 개인사업자이다.

④ 우체국 장병내일준비적금은 국군 병사의 군 복무 중 목돈 마련을 지원하고 금융 실적에 따라 우대 금리를 제공하는 적립식 예금이다.

> **ADVICE** ① 가입대상은 새출발자유적금 패키지 구분별로 아래 표에서 정하는 대상자로 구분하며 사회 소외계층 및 농어촌 고객의 생활 안정과 사랑 나눔실천(헌혈자, 장기기증자 등), 국민 행복 실현을 위해 우대금리 등의 금융혜택을 적극 지원하는 공익형 적립식 예금이다.

패키지구분	새출발 희망	새출발 행복
가입대상자	기초생활수급자, 근로장려금수급자, 장애인연금·장애수당·장애아동수당수급자, 한부모가족지원보호대상자, 소년소녀가장, 북한이탈주민, 결혼이민자	헌혈자, 입양자, 장기·골수기증자,다자녀가정, 부모봉양자,농어촌읍면단위거주자, 개인신용평점 상위92%초과개인, 협동조합종사자, 소상공인

17 〈보기〉에서 설명하는 우체국 거치식 예금을 바르게 짝지은 것은?

> ─────── 〈보기〉 ───────
>
> ㈎ 가입기간(연, 월, 일 단위) 및 이자 지급방식(만기일시지급식, 월이자지급식)을 자유롭게 선택할 수 있는 고객맞춤형 정기예금이다.
>
> ㈏ 가입대상은 실명의 개인으로 인터넷뱅킹, 스마트뱅킹을 통해 가입이 가능한 온라인 전용 상품이며 온라인 예·적금 가입, 자동이체 약정, 체크카드 이용 실적에 따라 우대금리를 제공하는 정기예금이다.

	㈎	㈏
①	이웃사랑정기예금	e-Postbank정기예금
②	이웃사랑정기예금	우체국 편리한 e정기예금
③	챔피언정기예금	e-Postbank정기예금
④	챔피언정기예금	우체국 편리한 e정기예금

> **ADVICE** ㈎ 가입대상은 우체국 창구를 통해 가입하는 경우 가입대상에 제한이 없고, 인터넷뱅킹·스마트뱅킹을 통해 가입 경우에는 실명의 개인이며 가입기간(연, 월, 일 단위 가입) 및 이자 지급방식 (만기일시지급식, 월이자지급식)을 자유롭게 선택할 수 있는 고객맞춤형 정기 예금이다.
>
> ㈏ 가입대상은 실명의 개인으로 인터넷뱅킹, 스마트뱅킹 또는 우체국 창구를 통해 가입하고 별도의 통장 발행 없이 전자금융 채널(인터넷뱅킹, 스마트뱅킹, 폰뱅킹, 자동화기기)을 통해 거래하는 입출금이 자유로운 예금이다.

18 우체국 체크카드에 대한 설명으로 옳은 것은?

① 법인용 체크카드의 기본 사용한도는 일 1천만 원, 월 2천만 원이며, 최대 사용한도는 일 5천만 원, 월 3억 원이다.

② 법인용 체크카드의 발급대상은 일반법인, 개인사업자, 고유번호 또는 납세번호가 있는 단체(임의단체)이다.

③ 개이득 체크카드는 음식점·대형마트 5%, 약국·골프 10%, 영화·숙박 15% 할인 등 생활형 실속 혜택을 제공한다.

④ 행복한 체크카드는 환경부 인증 친환경 카드로 디지털콘텐츠 서비스 이용 시 최대 20% 캐시백 제공 등 다양한 혜택이 있다.

> **ADVICE** ① 법인용 체크카드의 기본 사용한도는 일 600만 원, 월 2천만 원이며, 최대 사용한도는 일 1억 원, 월 3억 원이다.
>
> ③ 개이득 체크카드는 전 가맹점 0.3%, OTT·패션·멤버십 30% 할인 및 디자인 특화 카드이다.
>
> ④ 행복한 체크카드는 병·의원, 약국, 학원, 마트, 문화 10% 캐시백, 우편서비스 12% 캐시백 등 의료 혜택 특화 카드이다.

Answer 17.③ 18.②

1 우체국 예금상품에 대한 설명으로 옳지 않은 것은?

① 우체국은 예금상품 개발 시 수익성, 공공성, 안정성, 소비자보호를 고려한다.
② 수익성뿐만 아니라 국민경제의 공익증진 및 금융시장 발전에 기여하는 방안, 소비자보호의 관점도 고려되어야 한다.
③ 우체국에서 취급하는 예금상품은 크게 입출금이 자유로운 예금, 거치식예금, 적립식예금, 기타예금으로 구분된다.
④ 예금상품의 이자율은 「우체국예금·보험에 관한 법률」에 따라 고시하는 기본이자율에 따른다.

》ADVICE ④ 예금상품의 이자율은 「우체국예금·보험에 관한 법률」에 따라 고시하는 기본이자율에 우대이자율을 더하여 정한다.

2 우체국 예금상품에 대한 설명으로 옳지 않은 것은?

① 우체국 다드림통장은 결산기 평균 잔액이 100만 원 이상인 경우 우대이율을 적용받는다.
② 우체국 생활든든통장의 가입대상은 50세 이상의 실명의 개인이다.
③ 우체국 공무원연금평생안심통장은 예금 평균 잔액이 100만 원 이상인 경우 최고 연 0.2%p 우대이율을 제공받을 수 있다.
④ 우체국 정부보관금통장은 출납공무원이 배치된 국가기관으로 정부보관금의 효율적인 자금관리를 위한 전용통장이다.

》ADVICE ① 우체국 다드림통장은 결산기 평균 잔액이 50만 원 이상인 경우 우대이율을 적용받는다.

Answer 1.④ 2.①

3 〈보기〉에서 우체국 예금상품에 대한 설명으로 옳은 것을 모두 고르면?

---〈보기〉---

ⓞ 저축예금은 법인을 대상으로 하여 입출금이 자유로운 예금이다.
ⓛ 듬뿍우대저축예금은 개인고객을 대상으로 예치 금액별로 동일한 금리를 적용하는 개인 MMDA 상품으로 입출금이 자유로운 예금이다.
ⓒ e-Postbank예금은 별도의 통장 발행 없이 전자금융 채널을 통해 거래하는 입출금이 자유로운 예금이다.
ⓔ 보통예금은 가입대상에 제한이 없고 예입과 지급에 있어서 특별한 조건을 붙이지 않고 입출금이 자유로운 예금이다.

① ㉠, ㉡   ② ㉠, ㉢
③ ㉡, ㉣   ④ ㉢, ㉣

ADVICE ㉠ 저축예금은 개인고객을 대상으로 하여 입출금이 자유로운 예금이다.
ㄴ 듬뿍우대저축예금은 개인고객을 대상으로 예치 금액별로 차등 금리를 적용하는 개인 MMDA 상품으로 입출금이 자유로운 예금이다.

4 〈보기〉에서 설명하는 예금의 종류로 옳은 것은?

---〈보기〉---

가입대상은 실명의 개인으로 인터넷뱅킹, 스마트뱅킹 또는 우체국 창구를 통해 가입하고 별도의 통장 발행 없이 전자금융 채널을 통해 거래하는 입출금이 자유로운 예금이다.

① 저축예금   ② 듬뿍우대저축예금
③ 보통예금   ④ e-Postbank예금

ADVICE ① 저축예금은 개인고객을 대상으로 하여 입출금이 자유로운 예금이다.
② 듬뿍우대저축예금은 개인고객을 대상으로 예치 금액별로 차등 금리를 적용하는 개인 MMDA 상품으로 입출금이 자유로운 예금이다.
③ 보통예금은 가입대상에 제한이 없고 예입과 지급에 있어서 특별한 조건을 붙이지 않고 입출금이 자유로운 예금이다.

Answer 3.④ 4.④

5 e-Postbank예금에서 우체국 체크카드 이용실적이 20만 원 이상인 경우 우대이율은 얼마인가?

① 0.1% ② 0.2%

③ 0.3% ④ 0.4%

> **ADVICE** e-Postbank예금 우대조건

우대조건	우대이율
결산기 평균 잔액 50만 원 이상	0.2
우체국 급여성 이체 기준에 해당하는 실적이 있는 경우	0.1
우체국 스마트뱅킹으로 이체·출금 거래실적이 있을 시	0.1
우체국 체크카드 이용실적이 20만 원 이상인 경우	0.1

6 우체국 예금상품 중 〈보기〉의 설명에 해당하는 것은?

─────〈보기〉─────

가입대상은 실명의 개인이며 공무원연금, 별정우체국연금 수급권자의 연금수급 권리를 보호하기 위한 「압류방지 전용 통장」으로 관련 법령에 따라 공무원연금공단, 별정우체국연금관리단에서 입금하는 수급금에 한하여 입금이 가능한 예금이다.

① 우체국 페이든든+통장 ② 우체국 공무원연금평생안심통장

③ 우체국 호국보훈지킴이통장 ④ 우체국 생활든든통장

> **ADVICE** ① 우체국예금 모바일 어플리케이션인 '우체국페이' 이용 실적 등에 따라 우대혜택을 제공하는 통장으로 실명의 개인으로 가입하는 개인통장과 개인사업자, 법인으로 가입하는 사업자 통장으로 구분한다.
> ③ 가입대상은 실명의 개인이며 독립·국가유공자의 보훈급여금 등 수급 권리를 보호하기 위한 「압류방지 전용 통장」으로 관련 법령에 따라 가입자에게 지급되는 보훈급여금, 참전명예수당, 고엽제수당 등 정기 급여에 한하여 입금이 가능한 예금이다.
> ④ 가입대상은 50세 이상 실명의 개인으로 50세 이상 고객의 기초연금, 급여, 용돈 수령 및 체크카드 이용 시 금융수수료 면제, 우체국 보험료 자동이체 또는 공과금 자동이체 시 캐시백, 창구소포 할인쿠폰 등 다양한 서비스를 제공하는 시니어 특화 입출금이 자유로운 예금이다.

Answer 5.① 6.②

7 우체국 행복지킴이통장의 가입대상에 해당하지 않는 것은?

① 기초생활 수급자
② 한부모가족지원 보호대상자
③ 긴급지원 대상자
④ 고유번호증을 부여받은 단체

>ADVICE 우체국 행복지킴이통장의 가입대상
ㄱ 「국민기초생활보장법」에서 정하는 기초생활 수급자
ㄴ 「기초연금법」에서 정하는 기초(노령)연금 수급자
ㄷ 「장애인연금법」에서 정하는 장애인연금 수급자
ㄹ 「장애인복지법」에서 정하는 장애수당, 장애아동수당 수급자
ㅁ 「한부모가족지원법」에서 정하는 한부모가족지원 보호대상자
ㅂ 「국민건강보험법」에서 정하는 요양비등 보험급여수급자
ㅅ 「긴급복지지원법」에서 정하는 긴급지원 대상자
ㅇ 「어선원 및 어선 재해보상보험법」에서 정하는 어선원보험의 보험급여 지급대상자
ㅈ 「노인장기요양보험법」에서 정하는 **특별현금급여비** 수급자
ㅊ 「건설근로자의 고용개선 등에 관한 법률」에서 정하는 건설근로자 퇴직공제금 수급자
ㅋ 「아동수당법」에서 정하는 아동수당, 영아수당 수급자
ㅌ 「중소기업협동조합법」에서 정하는 소기업·소상공인 공제금 수급자
ㅍ 「아동복지법」에서 정하는 자립수당 수급자
ㅎ 「재난적의료비 지원에 관한 법률」에서 정하는 재난적의료비 지원금액 수급자
㉮ 「자동차손해배상보장법」에서 정하는 자동차 사고 피해지원금 수급자
㉯ 「의료급여법」에서 정하는 의료급여 수급자
㉰ 「아동복지법」에서 정하는 자립정착금 수급자
㉱ 「영유아보육법」에서 정하는 양육수당 수급자
㉲ 「구직자 취업촉진 및 생활안정지원에 관한 법률」에서 정하는 구직촉진수당 등 수급자
㉳ 「고용보험법」에서 정하는 실업급여 수급자
㉴ 「산업재해보상보험법」에서 정하는 산업재해보상보험 보험급여 수급자
㉵ 「임금채권보장법」에서 정하는 체불 임금등 대지급금 수급자
㉶ 「장애인복지법」에서 정하는 저소득장애인 진단서 발급비 및 검사비 수급자

Answer   7.④

8 우체국 예금상품에 대한 설명으로 옳지 않은 것은?

① 우체국 국민연금안심통장은 예금 평균 잔액이 50만 원 이상일 경우 0.2%p 우대이율을 제공한다.
② 다드림통장 직장인 패키지 상품 우대이율은 매 결산일 기준으로 조건을 충족하는 경우 최고 연 0.6%p의 우대이율을 제공한다.
③ 우체국 건설하나로통장은 매 결산기간 중 평균잔액 500만 원 이하의 금액에 대해 조건을 충족하는 경우 최고 연 2.0%p의 우대이율을 제공한다.
④ 우체국 생활든든통장은 매 결산기간 중 평균잔액 200만 원 이하의 금액에 대해 조건을 충족하는 경우 최고 연 1.3%p의 우대이율을 제공한다.

>ADVICE ③ 우체국 건설하나로통장은 매 결산기간 중 평균잔액 100만 원 이하의 금액에 대해 조건을 충족하는 경우 최고 연 0.8%p의 우대이율을 제공한다.

9 입출금이 자유로운 우체국 예금상품이 아닌 것은?

① 기업든든MMDA통장　　　　　　　② 우체국 생활든든통장
③ 우체국 하도급지킴이통장　　　　　④ 우체국 새출발자유적금

>ADVICE ④ 우체국 새출발자유적금은 사회 소외계층 및 농어촌 고객의 생활 안정과 사랑 나눔실천(헌혈자, 장기기증자 등), 국민 행복 실현을 위해 우대금리 등의 금융혜택을 적극 지원하는 공익형 적립식 예금이다.

10 입출금이 자유로운 우체국 예금상품인 것은?

① 2040$^{+\alpha}$ 자유적금　　　　　　　② 시니어 싱글벙글 정기예금
③ 우체국 새출발자유적금　　　　　④ 우체국 선거비관리통장

>ADVICE ①② 거치식 예금
　　　　③ 적립식 예금

11 〈보기〉에서 우체국 예금상품에 대한 설명으로 옳은 것은 모두 몇 개인가?

〈보기〉

○ 우체국 생활든든통장 : 가입대상은 50세 이상 실명의 개인으로 시니어 특화 입출금이 자유로운 예금
○ 우체국 페이든든⁺통장 : 가입대상은 18세 이상~35세 이하 실명의 개인으로 대학생·취업준비생·사회초년생의 안정적인 사회 진출 지원을 위해 금리우대, 수수료 면제, 창구소포 할인쿠폰 등 다양한 혜택을 제공하는 입출금이 자유로운 예금
○ 우체국 건설하나로통장 : 가입대상은 자격확인 증빙서류를 통해 건설업 종사자임을 확인할 수 있는 실명의 개인 또는 개인사업자
○ 우체국 정부보관금통장 : 가입대상은 출납공무원이 배치된 국가기관으로 정부보관금의 효율적인 자금 관리를 위한 전용통장

① 1개
② 2개
③ 3개
④ 4개

▶**ADVICE** ○ 우체국 청년미래든든통장 : 가입대상은 18세 이상~35세 이하 실명의 개인으로 대학생·취업준비생·사회초년생의 안정적인 사회 진출 지원을 위해 금리우대, 수수료 면제, 창구소포 할인쿠폰 등 다양한 혜택을 제공하는 입출금이 자유로운 예금

12 우체국 예금상품 중 〈보기〉의 설명에 해당하는 것은?

〈보기〉

• 가입대상은 실명의 개인이며 여유자금 추가입금과 긴급자금 분할해지가 가능한 정기예금으로 50세 이상 중년층 고객을 위한 우대금리 및 세무, 보험 등 부가서비스를 제공한다.
• 이 예금의 상품 우대이율은 조건을 충족하는 경우 최고 연 0.4%p를 제공한다.

① 우체국 파트너든든 정기예금
② 시니어 싱글벙글 정기예금
③ 초록별 사랑 정기예금
④ 우체국 퇴직연금 정기예금

▶**ADVICE** ① 가입대상은 개인, 개인사업자, 법인(금융기관 제외)으로 회전주기(1개월, 3개월, 6개월) 적용을 통해 고객의 탄력적인 목돈운용이 가능하며 우편 계약 고객(우체국 소포, EMS, 우체국쇼핑 공급업체) 및 예금 거래 고객을 우대하는 정기예금이다.
③ 가입대상은 실명의 개인으로 종이통장 미발행, 친환경 활동 및 기부참여 시 우대혜택을 제공하는 ESG 연계 정기예금이다.
④ 「근로자퇴직급여보장법」에서 정한 자산관리업무를 수행하는 퇴직연금사업자를 위한 전용 정기예금이다.

Answer 11.③ 12.②

13 우체국 예금상품 중 거치식 예금이 아닌 것은?

① 챔피언정기예금

② 이웃사랑정기예금

③ 저축예금

④ $2040^{+\alpha}$ 정기예금

>ADVICE ③ 저축예금은 수시입출식 예금이다.

14 우체국 아이LOVE 적금에 대한 설명으로 옳지 않은 것은?

① 가입대상은 19세 미만의 실명의 개인이다.

② 우체국 수시입출식 예금에서 5천 원 미만 잔액을 매월 이 적금으로 자동 저축하는 서비스인 자투리 저축 서비스 제공한다.

③ 가입 고객을 대상으로 우체국 주니어보험 무료가입, 캐릭터통장 및 통장 명 자유선정, 자동 재예치 서비스 등의 부가서비스를 제공한다.

④ 상품 우대이율은 조건을 충족하는 경우 최고 연 1.0%p를 제공한다.

>ADVICE ② 우체국 수시입출식 예금에서 1만 원 미만 잔액을 매월 이 적금으로 자동 저축하는 서비스인 자투리 저축 서비스 제공한다.

15 우체국 새출발자유적금에서 '새출발 희망' 가입대상자가 아닌 것은?

① 기초생활수급자

② 소년소녀가장

③ 북한이탈주민

④ 장기 · 골수기증자

>ADVICE 우체국 새출발자유적금 가입대상자

패키지 구분	새출발 희망	새출발 행복
가입 대상자	기초생활수급자, 근로장려금수급자, 장애인 연금 · 장애수당 · 장애아동수당수급자, 한부모가족 지원보호대상자, 소년소녀가장, 북한 이탈주민, 결혼이민자	헌혈자, 입양자, 장기 · 골수기증자, 다자녀가 정, 부모봉양자, 농어촌 읍면단위 거주자, 개인 신용 평점 상위 92% 초과 개인, 협동조합종사 자, 소상공인

16 〈보기〉에서 우체국 마미든든 적금의 특징으로 옳은 것을 모두 고르면?

───────── 〈보기〉 ─────────

⊙ 가입대상은 실명의 개인으로 일하는 기혼 여성 및 다자녀 가정 등 워킹맘을 우대한다.
ⓒ 종이통장 미발행, 친환경 활동 및 기부참여 시 우대혜택을 제공한다.
ⓒ 예금주에게 매월 자동이체 저축현황을 알려주는 자동이체 알림 서비스를 제공한다.
ⓔ 우체국 수시입출식 예금에서 이 적금으로 월 30만 원 이상 자동이체약정 시 부가서비스로 우체국 쇼핑 할인쿠폰을 제공한다.

① ⊙, ⓒ   ② ⊙, ⓒ
③ ⊙, ⓔ   ④ ⓒ, ⓒ

> **ADVICE** ⓒ 초록별 사랑 정기예금
> ⓒ 우체국 가치모아적금

17 〈보기〉에서 설명하는 우체국 예금상품은 무엇인가?

───────── 〈보기〉 ─────────

1개월 또는 2개월의 초단기로 가입하며 단기간의 소액이지만 높은 금리를 제공하는 스마트뱅킹 전용 적립식 예금

① 우체국 마미든든 적금   ② 달달하이(high) 적금
③ 우체국 다드림적금   ④ 우체국 매일모아 e적금

> **ADVICE** ① 개인으로 일하는 기혼 여성 및 다자녀 가정 등 워킹맘을 우대하고, 다문화·한부모 가정 등 목돈마련 지원과 금융거래 실적 해당 시 우대혜택이 커지는 적립식 예금
> ③ 주거래 고객 확보 및 혜택 제공을 목적으로 각종 이체 실적 보유 고객, 장기거래 등 주거래 이용 실적이 많을수록 우대 혜택이 커지는 적립식 예금
> ④ 매일 저축 및 매주 알림저축 서비스를 통해 소액으로 쉽고 편리하게 목돈 모으기가 가능한 디지털전용 적립식 예금

18 적립식 예금과 설명을 바르게 연결하지 않은 것은?

① 우체국 가치모아적금 : 여행자금, 모임회비 등 목돈 마련을 위해 여럿이 함께 저축 할수록 우대혜택이 커지고 다양한 우대 서비스를 제공하는 적립식 예금

② 2040$^{+\alpha}$ 자유적금 : 매일 저축 및 매주 알림저축 서비스를 통해 소액으로 쉽고 편리하게 목돈 모으기가 가능한 디지털전용 적립식 예금

③ 달달하이(high) 적금 : 개월 또는 2개월의 초단기로 가입하며 단기간의 소액이지만 높은 금리를 제공하는 스마트뱅킹 전용 적립식 예금

④ 우체국 럭키 BC바로 적금 : BC바로카드 제휴이벤트 이용 조건에 따라 BC바로카드 '특별리워드' 혜택을 제공하는 적립식 예금

> **ADVICE** ② 우체국 매일모아 e적금 : 매일 저축 및 매주 알림저축 서비스를 통해 소액으로 쉽고 편리하게 목돈 모으기가 가능한 디지털전용 적립식 예금

19 우체국 다드림통장에 대한 설명으로 옳지 않은 것은?

① 주니어 패키지 가입대상자는 19세 미만 실명의 개인이다.
② 사업자 패키지 가입대상자에는 개인사업자, 법인, 단체뿐만 아니라 금융기관도 포함된다.
③ 실버 패키지 가입대상자는 50세 이상 실명의 개인이다.
④ 베이직 패키지 가입대상자는 개인, 개인사업자, 법인, 단체이다.

> **ADVICE** ② 사업자 패키지 가입대상자는 개인사업자, 법인, 단체이며 금융기관은 포함되지 않는다.

20 우체국 파트너든든 정기예금의 회전주기에 해당하지 않는 것은?

① 1개월   ② 3개월
③ 6개월   ④ 12개월

> **ADVICE** 가입대상은 개인, 개인사업자, 법인(금융기관 제외)으로 회전주기(1개월, 3개월, 6개월) 적용을 통해 고객의 탄력적인 목돈운용이 가능하며 우편 계약 고객(우체국 소포, EMS, 우체국쇼핑 공급업체) 및 예금 거래 고객을 우대하는 정기예금이다.

21 우체국 장병내일준비적금에 대한 설명으로 옳지 않은 것은?

① 만기일은 전역(또는 소집해제) 예정일로 한정한다.

② 매월 50만 원 범위 내에서 적립 가능하다.

③ 취급기관은 총 14개다.

④ 국군병사의 군복무 중 목돈 마련을 지원하고, 금융실적에 따라 우대금리, 부가서비스를 제공하는 적립식 예금이다.

〉ADVICE ② 매월 30만 원 범위 내에서 적립 가능하다.

22 〈보기〉에서 설명하는 우체국 예금상품은 무엇인가?

─────── 〈보기〉 ───────

정부의 관서운영경비를 지급하는 관서운영경비 출납공무원이 교부받은 자금을 예치 사용하기 위해 개설하는 일종의 보통예금

① 우체국 소상공인정기예금   ② 우체국 공무원연금평생안심통장

③ 국고예금   ④ 우체국 호국보훈지킴이통장

〉ADVICE ① 소상공인·소기업 대표자를 대상으로 노란우산가입, 우체국 수시입출식 예금 실적에 따라 우대금리를 제공하는 서민자산 형성 지원을 위한 공익형 정기예금

② 공무원연금, 별정우체국연금 수급권자의 연금수급 권리를 보호하기 위한 「압류방지 전용 통장」으로 관련 법령에 따라 공무원연금공단, 별정우체국연금관리단에서 입금하는 수급금에 한하여 입금이 가능한 예금

④ 독립·국가유공자의 보훈급여금 등 수급 권리를 보호하기 위한 「압류방지 전용 통장」으로 관련 법령에 따라 가입자에게 지급되는 보훈급여금, 참전명예수당, 고엽제수당 등 정기 급여에 한하여 입금이 가능한 예금

23 〈보기〉에서 설명하는 우체국 예금상품은 무엇인가?

> ─────────〈보기〉─────────
>
> 매일 저축(자동이체) 및 매주 알림저축 서비스를 통해 소액으로 쉽고 편리하게 목돈 모으기가 가능한 디지털전용 적립식 예금

① 우체국 매일모아 e적금　　　　　② 우체국 가치모아적금
③ 달달하이(high) 적금　　　　　　④ 우체국 다드림적금

> **ADVICE**　② 여행자금, 모임회비 등 목돈 마련을 위해 여럿이 함께 저축 할수록 우대혜택이 커지고 다양한 우대 서비스를 제공하는 적립식 예금이다.
> ③ 1개월 또는 2개월의 초단기로 가입하며 단기간의 소액이지만 높은 금리를 제공하는 스마트뱅킹 전용 적립식 예금이다.
> ④ 주거래 고객 확보 및 혜택 제공을 목적으로 각종 이체 실적 보유 고객, 장기거래 등 주거래 이용 실적이 많을수록 우대 혜택이 커지는 적립식 예금이다.

24 공익형 예금상품에 대한 설명으로 옳지 않은 것은?

① 공익형 예금상품에는 총 10종이 있다.
② 정부정책 지원 및 금융소외계층, 사회적 약자를 지원하기 위한 예금이다.
③ 금융소외계층의 자산형성을 지원하기 위한 특별 우대이율을 제공한다.
④ 이웃사랑정기예금은 공익형 예금상품으로 적립식 예금에 해당한다.

> **ADVICE**　④ 이웃사랑정기예금은 공익형 예금상품으로 거치식 예금에 해당한다.

25 공익형 예금상품 중 수시입출식 예금이 아닌 것은?

① 국민연금안심통장　　　　　　　② 건설하나로통장
③ 이웃사랑정기예금　　　　　　　④ 청년미래든든통장

> **ADVICE**　공익형 예금상품의 종류
>
> | 구분 | 수시입출식 예금(6종) | 적립식예금(2종) | 거치식예금(2종) |
> |---|---|---|---|
> | 10종 | 행복지킴이통장, 국민연금안심통장, 공무원연금 평생안심통장, 호국보훈지킴이통장, 청년미래 든든통장, 건설하나로통장 | 새출발자유적금, 장병내일준비적금 | 이웃사랑정기예금, 소상공인정기예금 |

Answer　23.①　24.④　25.③

26 우체국 체크카드의 발급대상에 대한 설명으로 옳지 않은 것은?

① 개인형 일반 상품의 가입 연령은 12세 이상이다.
② 고유번호 또는 납세 번호가 없는 단체도 체크카드를 발급받을 수 있다.
③ 우체국 체크카드 발급대상은 개인과 법인으로 구분된다.
④ 하이브리드카드의 경우 18세는 후불교통만 사용가능하다.

>**ADVICE** ② 법인카드의 경우 일반법인, 개인사업자, 고유번호 또는 납세 번호가 있는 단체가 발급 대상이다.

27 우체국 체크카드의 기능이 아닌 것은?

① 현금카드   ② 후불교통
③ 하이브리드   ④ 가족카드

>**ADVICE** 우체국 체크카드 기능

구분	내용
체크카드	결제계좌 잔액범위 내에서 지불결제
현금카드	CD/ATM등 자동화기기를 통해 현금 입·출금
선불교통	㈜티머니(T-money) 제휴 선불교통 기능
하이브리드	후불교통 및 소액신용(최대 30만 원 한도) 결제
해외결제	글로벌 브랜드사와 제휴한 해외가맹점에서 결제
가족카드	본인회원이 발급한 개인형 카드에 가족이 추가 발급하는 카드로 이용에 관한 모든 책임을 본인회원이 부담 ※ 발급대상 : 본인회원의 배우자, 자녀, 자녀의 배우자, 부모, 조부모, 형제자매, 손자녀, 본인회원 배우자의 부모, 배우자의 형제자매
점자카드	시각장애인을 위해 카드 앞면에 카드번호, 상품명, 유효기간 등을 점자로 각인
학생증카드	대학교(원) 학생증에 체크카드 기능이 통합
복지카드	복지포인트가 부여된 임직원이 발급받는 카드로 복지포인트 가맹점에서 결제 시, 복지포인트로 결제 또는 차감이 가능한 카드

28 우체국 체크카드의 기능과 그에 대한 설명으로 바르지 않은 것은?

① 하이브리드 – 후불교통 및 소액신용(최대 30만 원 한도) 결제
② 점자카드 – 시각장애인을 위해 카드 앞면에 카드번호, 상품명, 유효기간 등을 점자로 각인
③ 해외결제 – 글로벌 브랜드사와 제휴한 해외가맹점에서 결제
④ 가족카드 – 본인회원의 배우자, 자녀까지만 발급 가능

》ADVICE ④ 본인회원의 배우자, 자녀, 자녀의 배우자, 부모, 조부모, 형제자매, 손자녀, 본인회원 배우자의 부모, 배우자의 형제자매까지 발급 가능하다.

29 우체국 체크카드의 사용한도에 대한 설명으로 옳은 것은?

① 12세 이상 개인의 기본 일 한도는 5만 원이다.
② 14세 이상 개인의 기본 월 한도는 2천만 원이다.
③ 법인의 최대 월 한도는 3억 원이다.
④ 14세 이상 개인의 최대 월 한도는 5천만 원이다.

》ADVICE ① 12세 이상 개인의 기본 일 한도는 3만 원이다.

※ 우체국 체크카드 사용한도

구분		기본 한도		최대 한도	
		일 한도	월 한도	일 한도	월 한도
개인	12세 이상	3만 원	30만 원	3만 원	30만 원
	14세 이상	6백만 원	2천만 원	5천만 원	5천만 원
법인		6백만 원	2천만 원	1억 원	3억 원

30 우체국 체크카드 중 개인형 상품이 아닌 것은?

① 우체국 다드림 체크카드
② 우체국 어디서나 체크카드
③ 우체국 성공파트너 체크카드
④ 우체국 라이프+플러스 체크카드

》ADVICE ③ 법인형 상품에 해당한다.

Answer 28.④ 29.① 30.③

31 우체국 체크카드의 사용한도에 대한 설명으로 옳지 않은 것은?

① 미성년자(12세-13세)는 14세 이상이 되는 시점에 자동으로 한도가 상향된다.
② 사용한도는 개인과 법인에 따라 차이가 있으며 연회비는 없다.
③ 법인의 기본 월 한도는 14세 이상 개인의 기본 월 한도와 같다.
④ 우체국 체크카드 결제계좌는 현재 우체국 요구불 예금으로 지정하도록 되어있다.

⊃ADVICE ① 미성년자(12세-13세)는 14세 이상이 되는 시점에 자동으로 한도가 상향되지 않는다.

32 〈보기〉에서 설명하는 우체국 체크카드 상품은 무엇인가?

──────── 〈보기〉 ────────

• 실생활 주요 소비업종에서 캐시백 및 우체국 포인트를 제공하는 상품
• 쇼핑 최대 10%, 통신료 3천 원, 문화 5% 캐시백을 제공하며, 식음료 5%, 우체국 10%, 주유 L당 최대 100 포인트 적립
• 국내 전용 / 국내외 겸용(VISA) 선택 가능

① 우체국 우리동네 plus체크카드
② 우체국 라이프+플러스 체크카드
③ 우체국 다드림 체크카드
④ 우체국 어디서나 체크카드

⊃ADVICE ① 지역별 특성을 고려하여 특화 서비스를 제공하는 상품
② 액티브 시니어 대상 행복한 라이프를 위한 카드
③ 포인트 적립 카드로 전 가맹점 0.3%, 우체국 5%, 알뜰폰 통신료 10% 우체국 포인트 적립 및 Oh!Point 가맹점 이용 시 Oh!Point 적립

Answer　31.①　32.④

33 우체국 체크카드에 대한 설명으로 옳은 것은?

① 우체국 체크카드 종류는 개인 18종, 법인 5종이다.
② 하이브리드카드 가입 연령은 19세 이상이다.
③ 체크카드 사업은 2012년 1월부터 시행되었다.
④ 대학교(원) 학생증에 체크카드 기능을 통합할 수 없다.

> ⓐⁱ 🅐🅓🅥🅘🅒🅔 ② 하이브리드카드 가입 연령은 18세 이상이다.
> ③ 체크카드 사업은 2011년 12월부터 시행되었다.
> ④ 대학교(원) 학생증에 체크카드 기능을 통합할 수 있다.

34 〈보기〉에서 우체국 체크카드에 대한 설명으로 옳은 것을 모두 고른 것은?

─────── 〈보기〉 ───────

ㄱ 우체국 Biz 플러스 체크카드, 우체국 성공파트너 체크카드는 법인형 상품이다.
ㄴ 우체국 영리한 PLUS체크카드는 폐플라스틱을 재활용한 친환경카드이다.
ㄷ 법인카드의 경우 개인사업자는 발급대상이 될 수 없다.
ㄹ 우체국 라이프⁺ 플러스 체크카드는 국고보조금을 교부받는 개인에게 발급하는 상품이다.

① ㄱ, ㄴ   ② ㄴ, ㄷ
③ ㄷ, ㄹ   ④ ㄱ, ㄹ

> 🅐🅓🅥🅘🅒🅔 ㄷ 법인카드의 경우 일반법인, 개인사업자, 고유번호 또는 납세 번호가 있는 단체가 발급 대상이다.
> ㄹ 우체국 e-나라도움 체크카드는 국고보조금을 교부받는 개인에게 발급하는 상품이다.

35 우체국 체크카드 중 법인형 상품이 아닌 것은?

① 우체국 e-나라도움 체크카드   ② 우체국 정부구매 체크카드
③ 우체국 동행 카드   ④ 우체국 성공파트너 체크카드

> 🅐🅓🅥🅘🅒🅔 ③ 중증장애인 근로자 대상 출퇴근 비용을 지원하는 상품이다.

Answer   33.① 34.① 35.③

36 우체국 체크카드에 대한 설명으로 옳지 않은 것은?

① 우체국 동행 카드는 중증장애인 근로자 대상 출퇴근 비용을 지원하는 상품이다.
② 우체국 개이득 체크카드는 세로형 카드다.
③ 우체국 브라보 체크카드는 중장년 세대의 Bravo Life를 위한 카드이다.
④ 우체국 BizFit 체크카드는 개인사업자 및 소상공인 대상 사업에 적합한(Fit) 서비스를 제공하는 상품으로 개인은 발급이 불가능하다.

> ADVICE ④ 우체국 BizFit 체크카드는 개인사업자 및 소상공인 대상 사업에 적합한(Fit) 서비스를 제공하는 상품으로 개인도 발급 가능하다.

37 우체국 체크카드에 대한 설명으로 옳은 것은?

① 법인의 기본 일한도는 1천만 원, 최대 일한도는 1억 원이다.
② 14세 이상 개인의 최대 월한도는 3천만 원이다.
③ 다드림 체크카드는 현금카드 기능과 복지카드 기능을 제공한다.
④ 라이프⁺플러스 체크카드는 교통카드 기능과 가족카드 기능이 제공되지 않는다.

> ADVICE ① 법인의 기본 일한도는 6백만 원, 최대 일한도는 1억 원이다.
② 14세 이상 개인의 최대 월한도는 5천만 원이다.
③ 다드림 체크카드는 현금카드 기능만 제공하고, 복지카드 기능은 제공하지 않는다.
④ 라이프⁺플러스 체크카드는 교통카드 기능과 가족카드 기능이 제공되지 않는다.

38 우체국 체크카드의 효력의 발생과 상실에 대한 설명으로 옳지 않은 것은?

① 우체국 체크카드는 회원 본인이 사용 등록한 후부터 효력이 발생한다.
② 위탁 업체를 통하여 후 발급 받은 경우 카드 수령 후 회원 본인이 사용 등록하여야 효력이 발생한다.
③ 회원 본인의 사망한 경우 효력이 상실한다.
④ 법인 회원의 경우 폐업에 따라 신고 등록한 경우 효력이 상실 된다.

> ADVICE ① 우체국 체크카드는 카드를 교부함으로써 효력이 발생한다.

Answer 36.④ 37.④ 38.①

39 우체국 체크카드에 대한 설명으로 옳지 않은 것은?

① 법인고객은 적립 포인트가 30,000포인트 이상시 1,000포인트 단위로 우체국, 우체국예금 고객 센터 및 인터넷뱅킹을 통하여 캐시백 전환 가능하다.
② 우체국 체크카드 대부분의 상품은 캐시백을 제공하지 않는다.
③ 개인은 우체국 체크카드 포인트를 우체국 통합 멤버십 '잇다머니'로 전환 후 잇다머니 가맹점에서 사용 가능하다.
④ 우체국 포인트는 회원기준으로 통합되며, 1포인트는 1원으로 관리된다.

>ADVICE ② 우체국 체크카드는 사용에 따라 부가서비스 혜택으로 캐시백을 제공한다. 상품별로 조건 충족 시, 결제금액의 일정비율 금액을 회원의 결제계좌에 현금으로 돌려주는 제도로 우체국 체크카드 대부분의 상품에서 캐시백을 제공하고 있다.

40 우체국 체크카드 서비스 중 하이브리드 기능에 대한 설명으로 옳지 않은 것은?

① 하이브리드카드는 18세 이상 발급이 가능하나 18세는 후불교통 기능만 사용할 수 있고, 19세부터 신용 결제가 가능하다.
② 체크카드 연결 계좌의 잔액이 부족할 경우 월 10만 원 내에서 신용카드처럼 사용할 수 있다.
③ 우체국 하이브리드카드는 총 6종이다.
④ 우체국 행복한 체크카드는 하이브리드카드 발급이 가능하다.

>ADVICE ② 우체국 체크카드에 소액신용 기능이 결합된 카드로 체크카드 연결 계좌의 잔액이 부족할 경우 일정 한도(월 30만 원) 내에서 신용카드처럼 사용할 수 있다.

41 우체국 체크카드의 해지의 종류와 설명이 바르게 연결된 것은?

① 일반해지-체크카드 결제계좌 해지에 따른 해지
② 당연해지-유효기간 만료에 의한 해지
③ 자동해지-본인 회원 카드 해지 시 가족카드 해지
④ 당연해지-카드 유효기간 내 회원의 요청에 의한 해지

>ADVICE 우체국 체크카드의 해지의 종류
　　㉠ 일반해지 : 카드 유효기간 내 회원의 요청에 의한 해지
　　㉡ 당연해지 : 체크카드 결제계좌 해지에 따른 해지
　　㉢ 자동해지 : 본인 회원 카드 해지 시 가족카드 해지

Answer　39.② 40.② 41.③

42 〈보기〉에서 설명하는 우체국 체크카드 서비스는 무엇인가?

> ─────── 〈보기〉 ───────
>
> 자국통화인 원화(KRW)로 결제되지 않도록 사전에 차단하는 서비스이다.

① 빠른등록 서비스   ② 하이브리드 서비스
③ 해외원화결제 차단 서비스   ④ 해외결제 서비스

>ADVICE ③ 해외에서 원화결제로 인한 추가수수료 발생 부담을 방지하고자, 자국통화인 원화(KRW)로 결제되지 않도록 사전에 차단하는 서비스이다. 설정은 언제든지 변경이 가능하며, 우체국 창구·우체국예금 고객센터·인터넷뱅킹·스마트뱅킹을 통하여 각 카드별로 해외원화결제(DCC) 차단 서비스 설정 및 해제가 가능하다.

43 체크카드의 이용정지 및 일시 제한 사유가 아닌 것은?

① 결제계좌가 지급정지 사유에 해당하는 경우
② 미성년자의 경우 법정대리인이 거래 중단을 요청하는 경우
③ 카드의 부정사용·비정상적인 거래로 판단된 경우
④ 신용등급의 변화가 있는 경우

>ADVICE 체크카드의 이용정지 및 일시 제한 사유
> ㉠ 미성년자의 경우 법정대리인이 거래 중단을 요청하는 경우
> ㉡ 결제계좌가 지급정지 사유에 해당하는 경우
> ㉢ 카드의 부정사용·비정상적인 거래로 판단되거나, 해킹으로 인하여 회원에게 피해가 갈 것이 우려되는 경우

44 우체국 펀드상품에 대한 설명으로 옳지 않은 것은?

① 우체국에서 판매하는 펀드상품은 대부분 수익형 위주로 구성되어 있다.
② 채권형 펀드는 투자하는 채권의 종류에 따라 국공채형, 일반형, 회사채형 등으로 구분된다.
③ 우체국은 2018년 9월부터 우체국 펀드판매를 개시하였다.
④ 총 56종의 펀드상품을 우체국 창구 및 온라인을 통해 판매하고 있다.

>ADVICE ① 우체국에서 판매하는 펀드상품은 대부분 안정형 위주로 구성되어 있다.

Answer   42.③ 43.④ 44.①

45 증권펀드가 아닌 것은?

① 한화단기국공채증권자투자신탁
② 우리단기채권증권투자신탁
③ 한국투자크레딧포커스ESG증권자투자신탁1호
④ 키움프런티어개인용MMF제1호

> **ADVICE** ④ 단기금융펀드에 해당한다.

46 〈보기〉는 우체국 펀드상품 중 무엇에 관한 설명인가?

┌─────────────── 〈보기〉 ───────────────┐

단기채권, CP(기업어음), CD(양도성예금증서) 등 단기금융상품에 투자하는 펀드를 말한다.

└──────────────────────────────────────┘

① 채권형 펀드   ② 채권혼합형 펀드
③ 주식형 펀드   ④ MMF(Money Market Fund)

> **ADVICE** ④ MMF는 단기채권, CP(기업어음), CD(양도성예금증서) 등 단기금융상품에 투자하는 펀드를 말한다. '단기'는 투자 대상 자산의 만기가 단기라는 의미가 아니라 잔존만기가 단기라는 의미다.

47 펀드상품의 유형별 특징에 대한 설명으로 옳지 않은 것은?

① MMF는 수시입출금이 가능하며, 환매수수료가 없다.
② 채권형 펀드는 금리, 듀레이션, 신용등급의 영향에 따라 수익률이 변동한다.
③ 채권형 펀드는 금리하락기에는 편입채권의 가격이 상승하여 수익이 커지고, 금리상승기에는 편입채권의 가격이 하락하여 수익이 작아진다.
④ MMF는 예금자보호 대상 상품이다.

> **ADVICE** ④ MMF는 예금자보호 대상 상품이 아니며, 보유 채권 부도시 원금손실 가능성이 있다.

48 〈보기〉에서 증권펀드는 모두 몇 개인가?

───────── 〈보기〉 ─────────
- ⊙ 홍국멀티플레이30공모주증권자투자신탁
- ⓒ 한국밸류10년투자배당증권투자신탁
- ⓒ 브이아이공모주&배당주10증권투자신탁
- ⓔ DB크레딧알파증권투자신탁제1호
- ⓜ 신영고배당30증권투자신탁

① 2개   ② 3개
③ 4개   ④ 5개

> **ADVICE** 증권펀드(채권혼합형)
> - 홍국멀티플레이30공모주증권자투자신탁(채권혼합)
> - NH-Amundi4차산업혁명30증권투자신탁(채권혼합)
> - 우리중소형고배당30증권투자신탁1호(채권혼합)
> - 브이아이공모주&배당주10증권투자신탁(채권혼합)
> - KB밸류포커스30증권자투자신탁(채권혼합)
> - 한국밸류10년투자배당증권투자신탁(채권혼합)
> - 홍국공모주로우볼채움플러스증권투자신탁1호(채권혼합)
> - NH-Amundi모아모아15증권투자신탁(채권혼합)
> - 신한삼성전자알파증권투자신탁제1호(채권혼합)
> - NH-Amundi모아모아30증권투자신탁(채권혼합)
> - 브이아이실적포커스30증권투자신탁1호(채권혼합)
> - 유진챔피언공모주&배당주30증권투자신탁(채권혼합)
> - DB크레딧알파증권투자신탁제1호[채권혼합]
> - IBKKOSPI200인덱스30증권자투자신탁[채권혼합]
> - 미래에셋스마트롱숏30증권자투자신탁1호(채권혼합)
> - 미래에셋단기채알파증권자투자신탁(채권혼합)
> - 키움차세대모빌리티30증권자투자신탁제1호[채권혼합]
> - 신영고배당30증권투자신탁(채권혼합)
> - 한국투자삼성TOP3증권자투자신탁1호(채권혼합)
> - 우리BIG2플러스증권투자신탁(채권혼합)

49 채권혼합형 펀드에 대한 설명으로 옳지 않은 것은?

① 서로 다른 위험과 기대수익을 가진 자산을 혼합하여 운용하기 때문에 자산배분효과가 크다.
② 집합투자재산의 50% 미만을 주식에 투자하는 펀드이다.
③ 우체국 펀드의 경우 주식편입비 40% 이내 펀드를 판매하고 있다.
④ 채권에의 투자 비중이 더 많아 채권의 안정성과 주식의 수익성을 기대하는 펀드이다.

>ADVICE ③ 우체국 펀드의 경우 주식편입비 30% 이내 펀드를 판매하고 있다.

50 우체국금융 상품에 대한 설명으로 옳지 않은 것은?

① 보통예금은 가입대상에 제한이 없고 예입과 지급에 있어서 특별한 조건을 붙이지 않고 입출금이 자유로운 예금이다.
② 우체국 체크카드 중 소액신용 및 후불교통 기능이 부여되어 있는 하이브리드카드 가입 연령은 18세 이상이다.
③ 공무원연금복지 체크카드는 그린 플랫폼 서비스 제공 상품이다.
④ 우체국에서 판매하는 펀드상품은 안정성 위주로 구성되어 있기 때문에, 원금 손실이 발생하지 않는다.

>ADVICE ④ 우체국에서 판매하는 펀드상품은 대부분 안정형 위주로 구성되어 있지만, 펀드는 원금과 이자, 보험금 등 전액을 보장하는 우체국예금 · 보험 상품과는 달리 운용실적에 따라 손익이 결정되는 실적배당 상품이기 때문에 원금 손실이 발생할 수도 있다.

51 우체국 체크카드에 대한 설명으로 옳은 것은?

① 2025년 1월 판매상품 기준, 우체국 체크카드는 개인 20종, 법인 5종으로 총 25종의 상품을 운영중이다.
② 우체국 체크카드의 사용한도는 개인과 법인에 따라 차이가 있으며 연회비는 없다.
③ 우체국 체크카드 결제계좌는 본인 명의의 타은행 계좌로 설정할 수 있다.
④ 법인카드의 발급 대상은 일반법인, 개인사업자, 고유번호 또는 납세 번호가 없는 단체이다.

>ADVICE ① 2025년 1월 판매상품 기준, 우체국 체크카드는 개인 18종, 법인 5종으로 총 23종의 상품을 운영중이다.
　　　 ③ 우체국 체크카드 결제계좌는 현재 우체국 요구불 예금으로 지정하도록 되어있다.
　　　 ④ 법인카드의 발급 대상은 일반법인, 개인사업자, 고유번호 또는 납세 번호가 있는 단체이다.

Answer 　49.③　50.④　51.②

52 〈보기〉에서 설명하는 우체국 수시입출식 예금을 바르게 짝지은 것은?

〈보기〉

　㉠ 가입대상은 국가에서 지급하는 각종 복지급여 수급자로 저소득층 생활안정 및 경제활동 지원 도모를 목적으로 기초생활보장, 기초(노령) 연금, 장애인 연금, 장애(아동) 수당 등의 기초생활 수급권 보호를 위한 「압류방지 전용 통장」으로 관련 법령에 따라 압류방지 수급금에 한해 입금이 가능한 예금

　㉡ 가입대상은 50세 이상 실명의 개인으로 50세 이상 고객의 기초연금, 급여, 용돈 수령 및 체크카드 이용 시 금융 수수료 면제, 우체국 보험료 자동이체 또는 공과금 자동이체시 캐시백, 창구소포 할인쿠폰 등 다양한 서비스를 제공하는 시니어 특화 입출금이 자유로운 예금

	㉠	㉡
①	우체국 행복지킴이통장	우체국 다드림통장
②	우체국 행복지킴이통장	우체국 생활든든통장
③	우체국 페이든든⁺ 통장	우체국 다드림통장
④	우체국 페이든든⁺ 통장	우체국 생활든든통장

> **ADVICE** • 우체국 페이든든⁺ 통장 : 우체국예금 모바일 어플리케이션인 '우체국페이' 이용 실적 등에 따라 우대혜택을 제공하는 통장으로 실명의 개인으로 가입하는 개인통장과 개인사업자, 법인으로 가입하는 사업자 통장으로 구분
> • 우체국 다드림통장 : 가입대상은 다드림통장 패키지 구분별로 아래 표에서 정하는 대상자로 구분하며 예금, 보험, 우편 등 우체국 이용고객 모두에게 혜택을 제공하는 상품으로 거래 실적별 포인트 제공과 패키지별 우대금리 및 수수료 면제 등 다양한 우대서비스를 제공하는 우체국 대표 입출금이 자유로운 예금

53 우체국 공익형 예금상품에 대한 설명으로 옳은 것은?

① 적립식 예금 상품은 총 6종이다.
② 수시입출식 예금 상품은 총 3종이다.
③ 소상공인정기예금은 거치식예금이다.
④ 소상공인들을 보호하기 위한 예금이다.

> **ADVICE** ① 적립식 예금 상품은 총 2종이다.
> ② 수시입출식 예금 상품은 총 6종이다.
> ④ 정부정책 지원 및 금융소외계층, 사회적 약자를 지원하기 위한 예금이다.

54 〈보기〉에서 설명하는 우체국 거치식 예금을 바르게 짝지은 것은?

---〈보기〉---

ⓐ 가입대상은 개인, 개인사업자, 법인(금융기관 제외)으로 회전주기(1개월, 3개월, 6개월) 적용을 통해 고객의 탄력적인 목돈운용이 가능하며 우편 계약 고객(우체국 소포, EMS, 우체국쇼핑 공급업체) 및 예금 거래 고객을 우대하는 정기예금

ⓑ 가입대상은 실명의 개인으로 보너스입금, 비상금 출금, 자동 재예치, 만기 자동해지 서비스로 편리한 목돈 활용이 가능한 디지털전용 정기예금

ⓐ	ⓑ
① 2040⁺ᵃ정기예금	e-Postbank정기예금
② 우체국 파트너든든 정기예금	e-Postbank정기예금
③ 2040⁺ᵃ정기예금	우체국 편리한e정기예금
④ 우체국 파트너든든 정기예금	우체국 편리한e정기예금

> **ADVICE** • 2040⁺ᵃ정기예금 : 가입대상은 우체국 창구를 통해 가입하는 경우 실명의 개인, 개인사업자, 단체, 법인(금융기관 제외)이고, 인터넷뱅킹·스마트뱅킹을 통해 가입 경우에는 실명의 개인이며 20~40대 직장인과 법인 등의 안정적 자금운용을 위해 급여이체 실적, 체크카드 이용 실적, 우체국예금, 보험, 우편 우수고객 등 일정 조건에 해당하는 경우 우대금리를 제공하는 정기예금
> • e-Postbank정기예금 : 가입대상은 실명의 개인이며 인터넷뱅킹, 스마트뱅킹으로 가입이 가능한 온라인 전용상품으로 온라인 예·적금 가입, 자동이체 약정, 체크카드 이용실적에 따라 우대 금리를 제공하는 정기예금

55 우체국 공익형 예금상품 중 적립식 예금인 것은?

① 행복지킴이통장
② 이웃사랑정기예금
③ 청년미래든든통장
④ 새출발자유적금

> **ADVICE** 공익형 예금상품의 종류

구분	수시입출식 예금(6종)	적립식예금(2종)	거치식예금(2종)
10종	행복지킴이통장, 국민연금안심통장, 공무원연금 평생안심통장, 호국보훈지킴이통장, 청년미래 든든통장, 건설하나로통장	새출발자유적금, 장병내일준비적금	이웃사랑정기예금, 소상공인정기예금

Answer   54.④ 55.④

56 우체국 체크카드에 대한 설명으로 옳지 않은 것은?

① 14세 이상 개인용 체크카드의 기본 사용한도는 일 6백만 원, 월 2천만 원이며, 최대 사용한도는 일 5천만 원, 월 5천만 원이다.

② 개인형 일반 상품의 가입 연령은 12세 이상이며, 소액신용 및 후불교통 기능이 부여되어 있는 하이브리드카드 가입 연령은 18세 이상이다.

③ 우체국 다드림 체크카드는 쇼핑 최대 10%, 통신료 3천원, 문화 5% 캐시백을 제공하며, 식음료 5%, 우체국 10%, 주유L당 최대 100 포인트 적립 서비스를 제공한다.

④ 우체국 라이프플러스⁺ 체크카드는 액티브 시니어를 대상으로 행복한 라이프를 위한 카드이다.

> **ADVICE** ③ 우체국 어디서나 체크카드는 쇼핑 최대 10%, 통신료 3천원, 문화 5% 캐시백을 제공하며, 식음료 5%, 우체국 10%, 주유L당 최대 100 포인트 적립 서비스를 제공한다. 우체국 다드림 체크카드는 포인트 적립 카드로 전 가맹점 0.3%, 우체국 5%, 알뜰폰 통신료 10% 우체국 포인트 적립 및 Oh! Point 가맹점 이용 시 Oh!Point를 적립해준다.

57 〈보기〉에서 우체국 예금상품에 대한 옳은 설명은 모두 몇 개인가?

〈보기〉

ⓒ 듬뿍우대저축예금은 개인고객을 대상으로 예치 금액별로 차등 금리를 적용하는 개인 MMDA 상품으로 거치식 예금이다.

ⓛ 우체국 국민연금안심통장은 기초생활 수급권 보호를 위한 「압류방지 전용 통장」이다.

ⓒ 우체국 청년미래든든통장의 가입대상은 18세 이상~25세 이하 실명의 개인이다.

ⓔ e-Postbank예금은 별도의 통장 발행 없이 전자금융 채널을 통해 거래하는 입출금이 자유로운 예금이다.

① 1개   ② 2개

③ 3개   ④ 4개

> **ADVICE** ⓒ 듬뿍우대저축예금은 개인고객을 대상으로 예치 금액별로 차등 금리를 적용하는 개인 MMDA 상품으로 입출금이 자유로운 예금이다.

ⓛ 우체국 국민연금안심통장은 국민연금 수급권자의 연금수급 권리를 보호하기 위한 「압류방지 전용 통장」이다.

ⓒ 우체국 청년미래든든통장의 가입대상은 18세 이상~35세 이하 실명의 개인이다.

Answer   56.③   57.①

58 우체국 예금상품에 대한 설명으로 옳은 것은?

① 우체국 편리한e정기예금은 보너스입금, 비상금 출금, 자동 재예치, 만기 자동해지 서비스로 편리한 목돈 활용이 가능한 디지털전용 정기예금이다.

② 시니어 싱글벙글 정기예금은 60세 이상 중년층 고객을 위한 우대금리 및 세무, 보험 등 부가서비스를 제공한다.

③ 우체국 매일모아e적금은 여행자금, 모임회비 등 목돈 마련을 위해 여럿이 함께 저축 할수록 우대혜택이 커지고 다양한 우대 서비스를 제공하는 적립식 예금이다.

④ 우체국 청년미래든든통장은 어린이 · 청소년의 목돈 마련을 위해 사회소외 계층, 단체가입, 가족 거래 실적 등에 따라 우대금리를 제공하는 적립식 예금이다.

>ADVICE ② 시니어 싱글벙글 정기예금은 50세 이상 중년층 고객을 위한 우대금리 및 세무, 보험 등 부가서비스를 제공한다.

③ 우체국 가치모아적금은 여행자금, 모임회비 등 목돈 마련을 위해 여럿이 함께 저축 할수록 우대혜택이 커지고 다양한 우대 서비스를 제공하는 적립식 예금이다.

④ 우체국 아이LOVE적금은 어린이 · 청소년의 목돈 마련을 위해 사회소외 계층, 단체가입, 가족 거래 실적 등에 따라 우대금리를 제공하는 적립식 예금이다.

59 우체국 새출발자유적금의 '새출발 행복' 가입 대상자가 아닌 것은?

① 부모봉양자
② 한부모가족지원보호대상자
③ 농어촌 읍면단위 거주자
④ 다자녀가정

>ADVICE 우체국 새출발자유적금 가입대상자

패키지 구분	새출발 희망	새출발 행복
가입 대상자	기초생활수급자, 근로장려금수급자, 장애인 연금 · 장애수당 · 장애아동수당수급자, 한부모가족지원보호대상자, 소년소녀가장, 북한 이탈주민, 결혼이민자	헌혈자, 입양자, 장기 · 골수기증자, 다자녀가정, 부모봉양자, 농어촌 읍면단위 거주자, 개인신용 평점 상위92% 초과 개인, 협동조합종사자, 소상공인

60 우체국 예금상품에 대한 설명으로 옳은 것을 모두 고른 것은?

───────── 〈보기〉 ─────────

㉠ 입양자는 새출발자유적금 중 새출발행복 상품에 가입할 수 있다.

㉡ 우체국 행복지킴이 통장과 우체국 국민연금안심통장은 「압류방지 전용 통장」이다.

㉢ 우체국 하도급지킴이통장의 예금 출금은 '우체국 창구, 전자금융, 자동화기기 등'을 통해 가능하다.

㉣ 다드림통장 실버 패키지 상품은 매 결산일 기준으로 조건을 충족하는 경우 최고 연 0.6%p의 우대이율을 제공한다.

① ㉠, ㉡   ② ㉠, ㉢

③ ㉡, ㉢   ④ ㉡, ㉣

> **ADVICE** ㉢ 예금 출금은 '정부계약 하도급관리시스템'의 이체요청을 통해서만 가능하며 우체국 창구, 전자금융, 자동화기기 등을 통한 출금은 불가하다.
>
> ㉣ 다드림통장 실버 패키지 상품은 매 결산일 기준으로 조건을 충족하는 경우 최고 연 0.3%p의 우대이율을 제공한다.

61 우체국 예금상품에 대한 설명으로 옳지 않은 것은?

① 예금상품의 이자율은 「우체국예금·보험에 관한 법률」에 따라 고시하는 기본이자율에 우대이자율을 더하여 정한다.

② 저축예금과 보통예금은 입출금이 자유로운 예금이다.

③ 우체국 예금사업 개발시 국민경제의 공익증진 및 금융시장 발전에 기여하는 방안, 소비자보호의 관점도 고려되어야 하지만, 이익을 창출할 수 있는지 여부가 가장 중요하다.

④ 우체국에서 취급하는 예금상품은 입출금이 자유로운 예금, 거치식예금, 적립식예금, 기타예금이다.

> **ADVICE** ③ 우체국예금 상품은 예금사업의 영위를 위해 이익을 창출할 수 있도록 수익성이 고려되어야 하며, 수익성뿐만 아니라 국민경제의 공익증진 및 금융시장 발전에 기여하는 방안, 소비자보호의 관점도 고려되어야 한다.

Answer   60.①   61.③

62 40세 이상의 직장인이 가입할 수 있는 우체국 예금상품은 무엇인가?

① 우체국 청년미래든든통장
② 우체국 생활든든통장
③ 기업든든 MMDA 통장
④ 듬뿍우대저축예금

>ADVICE ① 가입대상은 18세 이상~35세 이하 실명의 개인
② 가입대상은 50세 이상 실명의 개인
③ 가입대상은 법인, 고유번호증을 부여받은 단체, 사업자등록증을 가진 개인사업자

63 우체국 예금상품에 대한 설명으로 옳지 않은 것은?

① 우체국 다드림통장 실버 패키지는 55세 실명의 개인만 가입 가능하다.
② 우체국 퇴직연금 정기예금은 우정사업본부가 정한 우체국에 한해 취급이 가능한 상품이다.
③ 소상공인은 우체국 새출발자유적금 중 새출발 행복 패키지에 가입할 수 있다.
④ 우체국 수시입출식 예금에서 우체국 마미든든 적금으로 월 30만 원 이상 자동이체약정 시 부가서비스로 우체국 쇼핑 할인쿠폰을 제공한다.

>ADVICE ① 우체국 다드림통장 실버 패키지는 50세 실명의 개인만 가입 가능하다.

64 우체국 예금상품에 대한 설명으로 옳지 않은 것은?

① 우체국 가치모아적금은 모임추천번호에 등록한 인원 현황을 알려주는 모임적금 알림 서비스를 제공한다.
② 우체국 장병내일준비적금은 매월 30만 원 범위 내에서 적립 가능하며, 「장병내일준비 적금」상품을 판매하는 모든 취급기관을 합산하여 고객의 최대 저축 한도는 월 60만 원까지 가능하다.
③ 2040^{+a}정기예금을 인터넷뱅킹을 통해 가입하는 경우 법인은 가입이 불가능하다.
④ 초록별 사랑 정기예금은 종이통장 미발행, 친환경 활동 및 기부참여 시 우대혜택을 제공하는 ESG 연계 정기예금이다.

>ADVICE ② 우체국 장병내일준비적금은 매월 30만 원 범위 내에서 적립 가능하며, 「장병내일준비 적금」상품을 판매하는 모든 취급기관을 합산하여 고객의 최대 저축 한도는 월 55만 원까지 가능하다.

Answer   62.④ 63.① 64.②

65 〈보기〉에서 우체국 체크카드에 대한 옳은 설명은 모두 몇 개인가?

〈보기〉

⊙ 우체국 하이브리드카드는 총 6종이다.

ⓒ 체크카드 연결 계좌의 잔액이 부족할 경우 월 30만 원 내에서 신용카드처럼 사용할 수 있다.

ⓒ 18세 이상 발급이 가능하며, 발급 즉시 후불교통 기능과 신용 결제가 가능하다.

ⓔ 우체국 다드림 체크카드, 우체국 행복한 체크카드, 우체국 어디서나 체크카드는 하이브리드카드를 발급할 수 있다.

① 1개   ② 2개

③ 3개   ④ 4개

>ADVICE ⓒ 18세 이상 발급이 가능하나 18세는 후불교통 기능만 사용할 수 있고, 19세부터 신용 결제가 가능하다.

66 〈보기〉에서 설명하는 우체국 체크카드 상품은 무엇인가?

〈보기〉

• 제천화폐모아를 시작으로 총 37종을 운영하고 있다.

• 온라인쇼핑 · 홈쇼핑 · 대형마트 · 편의점 · 반려동물 업종 · 레져 / 스포츠 10% 캐시백, 우체국 5% 캐시백 제공한다.

• 가맹점에서 사용 시 충전금액을 우선 차감하며, 충전금액 소진 또는 가맹점이 아닌 곳에서 결제 시 체크카드 결제계좌에서 출금된다.

① 우체국 브라보 체크카드

② 우체국 동행 카드

③ 우체국 우리동네 plus체크카드

④ 우체국 지역사랑 상품권

>ADVICE ④ 지역상권 활성화를 위해 지자체가 발행하고 지자체 행정구역 내에서 사용하는 카드형 상품권으로 제천화폐모아를 시작으로 총 37종을 운영하고 있다.

① 중장년 세대의 Bravo Life를 위한 카드

② 중증장애인 근로자 대상 출퇴근 비용을 지원하는 상품

③ 지역별 특성을 고려하여 특화 서비스를 제공하는 상품

Answer   65.③   66.④

67 〈보기〉에서 설명하는 우체국 체크카드 상품은 무엇인가?

〈보기〉

- 개인사업자 및 소상공인 대상 맞춤형 상품
- 대형마트·전통시장 7%, 주유 L 당 최대 50원, 신차구매 0.55%, 해외 전체 가맹점 1% 캐시백 제공

① 우체국 Biz 플러스 체크카드
② 우체국 국민행복 체크카드
③ 우체국 e-나라도움 체크카드
④ 우체국 건설올패스카드

> **ADVICE** ② 정부에서 지원하는 다양한 국가바우처를 한 장의 카드로 이용 가능한 상품
> ③ 국고보조금을 교부받은 사업자 및 보조사업자 대상으로 발급
> ④ 건설근로자가 건설현장에서 설치된 단말기에 태그하여 출퇴근 기록을 남길 수 있는 기능과 체크카드 기능이 합쳐진 통합 카드

68 우체국 체크카드에 대한 설명으로 옳지 않은 것은?

① 위탁 업체를 통하여 후 발급 받은 경우에는 카드 수령 후 회원 본인이 사용 등록하여야 효력이 발생한다.
② 우체국 브라보 체크카드, 우체국 BizFit 체크카드, 우체국 공무원연금복지 체크카드는 해외원화결제(DCC) 차단 서비스가 기본으로 설정 되어있다.
③ 개인고객의 경우 적립 포인트가 30,000포인트 이상이 되면 1,000포인트 단위로 인터넷뱅킹을 통하여 캐시백 전환이 가능하다.
④ 유효기간이 만료되면 체크카드의 효력이 상실된다.

> **ADVICE** ③ 개인고객의 경우 적립 1포인트 이상 시, 1포인트 단위로 포인트 사용처에서 사용 가능하다.

Answer   67.① 68.③

69 우체국 체크카드에 대한 설명으로 옳은 것은?

① 하이브리드 기능을 이용하면 실물 체크카드를 등기우편으로 수령하기 전에 간편결제 플랫폼에 등록하여 이용할 수 있다.
② 본인 회원 카드 해지 시 가족카드는 이용정지 된다.
③ 우체국 체크카드 중 해외결제가 가능한 상품은 총 17종이며, 브랜드는 VISA이다.
④ e-나라도움, 국민행복 바우처 전용카드는 아파트관리비 자동납부 서비스 신청이 불가능하다.

▶ADVICE ① 빠른 등록 서비스를 이용하면 실물 체크카드를 등기우편으로 수령하기 전에 간편결제 플랫폼에 등록하여 이용할 수 있다.
② 본인 회원 카드 해지 시 가족카드는 자동으로 해지된다.
③ 우체국 체크카드 중 해외결제가 가능한 상품은 총 17종이며, 브랜드는 VISA, Mastercard이다.

70 (   )에 들어갈 말을 순서대로 나열한 것은?

> 우체국 체크카드의 해지는 카드 유효기간 내 회원의 요청에 의해 해지되는 (   ), 체크카드 결제계좌 해지에 따른 (   ), 본인 회원 카드 해지 시 가족카드가 해지되는 (   )가 있다.

① 일반해지　　　　　자동해지　　　　　당연해지
② 자동해지　　　　　당연해지　　　　　일반해지
③ 일반해지　　　　　당연해지　　　　　자동해지
④ 자동해지　　　　　일반해지　　　　　당연해지

▶ADVICE ③ 우체국 체크카드의 해지는 카드 유효기간 내 회원의 요청에 의해 해지되는 일반해지, 체크카드 결제계좌 해지에 따른 당연해지, 본인 회원 카드 해지 시 가족카드가 해지되는 자동해지가 있다. 체크카드 해지 시에는 현금카드 기능도 함께 해지된다.

Answer　69.④　70.③

우체국금융 서비스

2012. 3. 3. 시행

1 다음 중 우체국예금(제휴서비스 포함)에서 제공하는 서비스를 모두 고른 것은?

> ㉠ 경조사 시 경조금을 현금으로 전달
> ㉡ 선물투자를 위한 계좌개설 대행
> ㉢ 스마트폰뱅킹서비스를 통해 한국에서 해외계좌로 이체
> ㉣ USD 타발송금 서비스를 통해 한국에서 해외계좌로 이체

① ㉠㉡   ② ㉡㉢
③ ㉢㉣   ④ ㉠㉣

》ADVICE ㉢ 신한은행의 SWIFT 망을 통해 수취인의 해외은행계좌에 송금한다.
㉣ USD 타발송금 서비스는 고객이 전 세계 모든 은행으로부터 USD를 한국의 수취인 우체국 계좌 또는 주소지로 송금할 수 있는 서비스이다.

2014. 2. 15. 시행

2 우체국에서 판매대행하고 있는 노란우산에 대한 설명으로 옳지 않은 것은?

① 우체국은 청약서 및 제반서류 접수와 부금 수납 등의 업무를 대행한다.
② 수급권 보호를 위해 압류와 담보제공은 금지되지만, 거래 편의를 위해 양도는 허용된다.
③ 공제부금은 월 5만 원에서 70만 원까지 1만원 단위로 납부 가능하며, 기존 소득공제상품과 별도로 최대 연 500만 원까지 추가로 소득공제가 가능하다.
④ 소기업과 소상공인의 생활안정 및 사업재기를 돕기 위해 중소 기업중앙회가 운영하는 공제제도이다.

Answer 1.① 2.②

PADVICE ② 노란우산은 소기업과 소상공인이 폐업이나 노령 등의 생계 위협으로부터 생활의 안정을 기하고 사업재기의 기회를 제공받을 수 있도록 중소기업협동조합법 115조에 의거하여 비영리기관인 중소기업중앙회가 운영하는 공적 공제 제도이다. 수급권 보호를 위해 압류, 담보, 양도가 금지된다.

2018. 7. 21. 시행

3 우체국 해외송금서비스에 대한 설명으로 옳은 것은?

① 머니그램(MoneyGram) 특급송금은 송금 후 약 10분 뒤에 송금번호만으로 수취가 가능하다.
② 유로지로(Eurogiro) 해외송금의 건당 한도는 건당 미화 5만 달러 이하이다.
③ SWIFT와 유로지로(Eurogiro)의 국민인 거주자 해외송금 한도는 연간 10만 달러 이하이다.
④ SWIFT 망을 통해 해외은행 계좌에 송금할 수 있는 한도는 건당 미화 3천 달러 이하이고, 외국인은 송금을 할 수 없다.

PADVICE ② 유로지로(Eurogiro) 해외송금은 건당 미화 5천 달러 이하이다.
③ SWIFT의 국민인 거주자의 해외송금 한도는 SWIFT와 머니그램 합산하여 연간 10만 달러 이하이며, 유로지로(Eurogiro)의 해외송금 한도는 건당 5천 달러 이하이다.
④ SWIFT 망을 통해 해외은행 계좌에 송금할 수 있는 한도는 건당 미화 5천 달러 이하이고, 외국인도 송금을 할 수 있다.

2024. 7. 20. 시행

4 우체국 금융의 제휴 서비스에 대한 설명으로 옳지 않은 것은?

① 우체국은 신용카드사와 업무제휴를 통해 제휴 체크카드를 발급하고 있으며 심사기준으로 별도의 자격 기준을 부여하고 있다.
② 우체국은 증권·선물회사와 업무제휴 계약을 체결하여 전국 우체국 창구에서 고객의 증권·선물 계좌개설을 대행하고 있다.
③ 우체국과 민간은행은 업무제휴를 맺어 제휴 은행 고객이 전국 우체국 창구에서 타행환 거래방식이 아닌 자행 거래방식으로 입·출금 거래를 할 수 있다.
④ 우체국은 카드·캐피탈 회사 등과 개별 이용약정을 통해 전국 우체국에서 CMS 입금 업무를 대행한다.

PADVICE ① 우체국은 신용카드사와의 업무제휴를 통해 우체국예금의 현금카드와 체크카드 기능이 결합된 제휴 체크카드를 발급하거나 우체국예금의 현금카드와 신용카드 기능이 포함된 제휴 신용카드 상품을 출시함으로써 국민들의 카드이용 편의를 도모하고 있다.

Answer   3.① 4.①

02. 우체국금융 서비스 ∎ 227

5 다음의 ( )에서 제공하는 주요 서비스 내용으로 옳은 것은?

> ( )은/는 우체국 특화서비스인 우편환기반 경조금 송금서비스와 핀테크를 접목시킨 간편결제 및 간편 송금 서비스를 제공하는 우체국예금 모바일뱅킹 서비스 앱이다.

① 수신자의 휴대전화 번호만 알면 경조금 및 경조카드를 보낼 수 있다.
② 전체 메뉴를 영어모드로 전환하는 서비스를 제공한다.
③ SWIFT, 국제환 서비스로 해외송금이 가능하다.
④ 증명서 신청 및 발급 등 전자문서지갑 기능을 제공한다.

>ADVICE 우체국페이에 관한 설명이다.
  ※ 우체국페이 주요 서비스

구분		주요서비스
간편결제	우편결제	바코드를 통하여 우체국 우편창구에서 결제
	제로페이	QR코드를 활용하여 제로페이 가맹점에서 상품 및 서비스 결제 *소상공인, 소기업 등 한국간편결제진흥원이 모집한 가맹점
	교통결제	스마트폰 NFC 기능을 활용한 선불충전형 교통카드 서비스
	포인트 결제	바코드를 통하여 우체국 통합멤버십 포인트로 오프라인결제 *생활밀접형 가맹점(카페, 편의점 등)에서 이용 가능
간편송금(이체)	계좌번호 송금	별도 인증 없이 간편인증(핀번호, 생체-지문 등, 패턴)으로 바로 송금
	전화번호 송금	수신자의 계좌번호를 몰라도 전화번호로 바로 송금
	경조송금	전화번호 송금에 온라인 경조사 카드(결혼, 상조 등)와 메시지 첨부
생활금융	모임서비스	통장 잔액 및 입출금 내역이 다수에게 공유되는 모임 회비 관리 서비스
	더치페이	모임 등에서 결제한 내역을 지정하여 다수와 나눠 내기 정산 제공
	경조금배달	지정한 수신자에게 집배원이 현물(현금, 현금증서)과 경조카드 배달
잇다머니	우체국 통합멤버십 포인트 조회·충전·선물·캐시백 서비스 제공	

Answer 5.①

6 〈보기〉에서 우체국 외국환 업무에 대한 설명으로 옳은 것을 모두 고른 것은?

〈보기〉

⊙ 외화배달 서비스 이용 시 외화 수령일은 신청일로부터 3 영업일에서 10 영업일 이내로 지정할 수 있다.

ⓛ 머니그램(MoneyGram)은 송금 후 약 10분 뒤에 송금번호(REF.NO)만으로 수취가 가능한 특급해외송금 서비스이다.

ⓒ 외화환전 예약서비스는 인터넷뱅킹·스마트뱅킹에서 신청 후 모든 우체국 또는 제휴은행 일부 지점에서 현물을 수령할 수 있다.

ⓔ 우체국은 하나은행과 업무 제휴하여 하나은행 SWIFT 망을 통해전 세계 금융기관을 대상으로 해외송금 서비스를 운영하고 있다.

① ㉠, ㉡

② ㉠, ㉣

③ ㉡, ㉢

④ ㉢, ㉣

>**ADVICE** ㉢ 우체국 창구 방문 신청 또는 인터넷뱅킹·스마트뱅킹을 이용하여 환전 거래와 대금 지급을 완료하고, 원하는 수령일자(환전예약 신청 당일 수령은 불가) 및 장소를 선택하여 지정한 날짜에 외화실물을 직접 수령하는 서비스이다. 수령 장소는 고객이 지정한 일부 환전업무 취급 우체국 및 우정사업본부와 환전업무 관련 제휴된 하나은행 지점(환전소)에서 수령할 수 있다.

㉣ 우체국은 신한은행과 제휴하여 신한은행 SWIFT망을 통해 전 세계금융기관을 대상으로 해외송금 서비스를 운영하고 있다.

1 우체국 인터넷뱅킹 금융상품 관련 서비스가 아닌 것은?

① 예금   ② 체크카드
③ 펀드   ④ 주식

>ADVICE 우체국 인터넷뱅킹 금융상품 관련 서비스 : 예금, 체크카드, 외환, 펀드, 오픈뱅킹, 보험

2 우체국이 제공하는 전자금융 서비스는 모두 몇 개인가?

―――――――――――――――――――〈보기〉――――――――――――――――――――

　㉠ 인터넷뱅킹   ㉡ 모바일뱅킹
　㉢ 폰뱅킹   ㉣ CD/ATM

① 1개   ② 2개
③ 3개   ④ 4개

>ADVICE 우체국이 제공하는 전자금융서비스는 크게 인터넷뱅킹, 모바일뱅킹, 폰뱅킹, CD/ATM 등의 서비스가 있다.

Answer   1.④ 2.④

3 우체국의 전자금융 서비스에 대한 설명으로 옳지 않은 것은?

① 전자금융거래라 함은 이용자가 전자적 장치를 통하여 비대면·자동화된 방식으로 직접 이용하는 거래를 말한다.

② 우체국은 우체국뱅킹, 우체국페이 두 가지의 폰뱅킹 서비스를 제공하고 있다.

③ 폰뱅킹에서 지정전화번호 등록 시 고객이 지정한 전화번호로만 자금이체 또는 보험금 지급 등 주요 거래가 가능하다.

④ 전자적 장치에는 휴대폰, 컴퓨터, 현금자동지급기, 자동입출금기, 지급용단말기 등이 있다.

> **ADVICE** ② 우체국은 우체국뱅킹, 우체국페이 두 가지의 모바일뱅킹 서비스를 제공하고 있다.

4 〈보기〉에서 설명하는 우체국 전자금융상품은 무엇인가?

──── 〈보기〉 ────

• 고객이 우체국을 방문하지 않고 스마트폰을 이용하여 우체국예금·보험 및 각종 모바일 금융서비스를 제공받을 수 있는 전자금융서비스를 말한다.

• IC칩 방식(2016년 7월 서비스 종료), VM방식 (2015년 12월 서비스 종료), 스마트폰뱅킹으로 구분된다.

① 폰뱅킹   ② 모바일뱅킹
③ 인터넷뱅킹   ④ ATM

> **ADVICE** ① 고객의 신청에 따라 우체국예금·보험 고객센터를 통해 가정이나 사무실 등에서 다양한 우체국예금·보험 서비스를 전화통화로 간편하게 처리할 수 있는 서비스를 말한다.
> ③ 고객이 우체국 창구에 직접 방문하지 않고 인터넷이 연결된 PC를 이용하여 우체국예금보험 홈페이지에 접속하여 신청에 따라 금융상품 정보 획득, 각종 조회 및 이체, 예금·보험 상품의 가입 등 우체국예금 및 우체국보험에 대한 다양한 금융서비스를 이용할 수 있는 전자금융서비스이다.
> ④ 우체국금융 자동화기기(CD 또는 ATM)을 이용하여 현금입출금, 잔액조회, 계좌이체 등을 통장 및 카드거래(현금 또는 체크) 또는 무통장/무카드 거래로 손쉽게 제공 받을 수 있는 서비스이다.

Answer 3.② 4.②

5 우체국뱅킹에 대한 설명으로 옳지 않은 것은?

① 우체국예금 스마트폰뱅킹 전용 어플리케이션이다.
② 지문/얼굴 등 생체인증을 통해 로그인이 가능하다.
③ 우체국뱅킹을 해지하더라도 인터넷뱅킹 이용 자격은 계속 유지된다.
④ 타 금융 기관 계좌가 없으면 우체국뱅킹 앱 가입이 불가능하다.

>ADVICE ④ 우체국뱅킹 앱 가입 시에는 본인명의 휴대폰과 신분증, 타 금융 기관 계좌가 필요(없을 경우 화상통화로 대체)하다.

6 〈보기〉에서 설명하는 우체국 전자금융상품은 무엇인가?

┌─────────────────── 〈보기〉 ───────────────────┐
│ • 우체국예금 모바일뱅킹에 핀테크를 접목시켜 간편결제 및 간편송금 등 핀테크 서비스를 제공하는 서비 │
│   스이다. │
│ • 우체국 통합멤버십 가입 및 이용이 가능하여 우체국 쇼핑 · 체크카드 등에서 발생한 우체국 포인트를 │
│   통합적으로 관리할 수 있다. │
└───┘

① 우체국페이   ② 우체국뱅킹
③ 폰뱅킹   ④ 인터넷뱅킹

>ADVICE ① 우체국페이는 우체국예금 모바일뱅킹에 핀테크를 접목시켜 간편결제 및 간편송금 등 핀테크 서비스를 제공하는 앱이다. 우체국페이 앱(App)을 통해 현금 또는 카드 없이 스마트폰만으로 지불 결제를 진행하고, 휴대전화번호만 알면 경조카드와 함께 경조금을 보낼 수 있다. 또한, 우체국 통합멤버십 가입 및 이용이 가능하여 우체국 쇼핑 · 체크카드 등에서 발생한 우체국 포인트를 통합적으로 관리할 수 있다.

7 우체국페이의 주요 서비스 중 생활금융에 해당하지 않는 것은?

① 모임서비스   ② 더치페이
③ 잇다머니   ④ 경조금배달

>ADVICE ③ 우체국 통합멤버십 포인트 조회 · 충전 · 선물 · 캐시백 서비스다.
① 통장 잔액 및 입출금 내역이 다수에게 공유되는 모임 회비 관리 서비스
② 모임 등에서 결제한 내역을 지정하여 다수와 나눠내기 정산 제공
④ 지정한 수신자에게 집배원이 현물(현금, 현금증서)과 경조카드 배달

Answer 5.④ 6.① 7.③

8 우체국 인터넷뱅킹 서비스에 대한 설명으로 옳지 않은 것은?

① 인터넷환전과 해외송금을 할 수 있다.
② 환급금대출신청이 가능하다.
③ 국고/통합지방세 조회만 가능하다.
④ 펀드소액투자서비스가 가능하다.

》ADVICE ③ 국고/통합지방세 조회 · 납부가 가능하다.

※ 우체국 인터넷뱅킹 금융상품 관련 서비스

구분	주요 서비스
예금	• (조회), 계좌조회, 거래내역조회, 수표조회 • (이체) 자금이체, 자동이체, 이체결과조회, 이체관리 • (공과금) 국고/통합지방세 조회 · 납부, 지로, 범칙/벌과금, 보험료/연금, 생활/기타요금
체크카드	이용내역 조회, 포인트 조회 및 관리, 카드관리(정보변경, 재발급, 배송조회 등)
외환	환율조회, 인터넷환전, 해외송금
펀드	펀드매매, 펀드계좌관리, 펀드자동이체, 펀드소액투자서비스
오픈뱅킹	오픈뱅킹 등록(계좌/카드/핀테크), 오픈뱅킹 관리/조회/이체, 착오송금반환결과 조회
보험	• (보험관리) 조회, 자동이체, 계약사항변경, 안내장/증명서 • (납입/지급) 보험료선납, 보험료납입, 보험금청구, 지급신청, 예상보험금 조회 • (대출/전자청약) 환급금대출신청, 대출상환신청, 대출내역조회, 전자청약서비스

9 우체국뱅킹의 부가서비스가 아닌 것은?

① 전자문서지갑   ② 착오송금반환
③ 비대면서류제출   ④ 증명서발급

》ADVICE ② 우체국뱅킹의 오픈뱅킹 서비스에 해당한다.

※ 우체국뱅킹의 부가 서비스 … 비대면서류제출, 증명서발급, 전자문서지갑, 고객편의 서비스(모바일번호표, 알뜰폰 가입, 생활혜택)

Answer   8.③ 9.②

10 우체국 인터넷뱅킹 비대면 창구서비스가 아닌 것은?

① 해외거주자 보안매체 재발급   ② 친환경실천가입신청서

③ 카드 부가가치세 내역조회/발급   ④ 대출 신청

> **ADVICE** 우체국 인터넷뱅킹 비대면 창구서비스

구분	주요 서비스
온라인 증명서 발급	• (예금) 소득공제용 납입증명서, 예금잔액증명서, 연도별 금융소득 종합과세자료, 계좌별 종합과세자료, 이자소득 원천징수 내역(예금) • (카드) 소득공제 내역조회/발급, 부가가치세 내역조회/발급 • (펀드) 원천징수내역, 잔액증명
비대면서류 제출	• 퇴직급여 계좌대월 재약정 · 해지, 해외거주자 보안매체 재발급, 개명에 따른 제변경, 해외거주자 사고계좌 해제, 창구방문시 누락 또는 보완서류*, 친환경실천가입신청서 * 우체국과 사전 협의된 서류만 가능

11 우체국 전자금융의 주요 서비스에 대한 설명으로 옳지 않은 것은?

① 우체국 인터넷뱅킹을 통해 경조금 배달이 가능하다.
② 우체국 폰뱅킹을 통해 신용대출 신청과 원리금 상환이 가능하다.
③ 우체국뱅킹 앱을 통해 펀드매매, 펀드계좌관리가 가능하다.
④ 우체국페이를 이용하면 바코드를 통하여 우체국 우편창구에서 결제가 가능하다.

> **ADVICE** ② 우체국 폰뱅킹을 통해 보험 환급금대출 신청과 원리금 상환이 가능하다.

12 우체국 전자금융에 대한 설명으로 옳지 않은 것은?

① 착오송금반환결과 조회는 폰뱅킹을 통해 할 수 있다.
② 우체국 페이를 통해 통장 잔액 및 입출금 내역이 다수에게 공유되는 모임 회비 관리를 할 수 있다.
③ 우체국뱅킹은 공동인증서, 금융인증서, 간편인증, PASS 인증 등을 통해서 로그인이 가능하다.
④ 우체국 폰뱅킹은 고객이 직접 단축코드를 등록하여 편리하게 이용할 수 있다.

> **ADVICE** ① 착오송금반환결과 조회는 인터넷뱅킹을 통해 할 수 있다.

Answer   10.④ 11.② 12.①

13 우체국페이의 간편결제 서비스가 아닌 것은?

① 우편결제   ② 제로페이
③ 교통결제   ④ 보험선납

> **ADVICE** 우체국페이의 간편결제 서비스
>   ㉠ 우편결제 : 바코드를 통하여 우체국 우편창구에서 결제
>   ㉡ 제로페이 : QR코드를 활용하여 제로페이 가맹점에서 상품 및 서비스 결제
>   ㉢ 교통결제 : 스마트폰 NFC 기능을 활용한 선불충전형 교통카드 서비스
>   ㉣ 포인트 결제 : 바코드를 통하여 우체국 통합멤버십 포인트로 오프라인 결제

14 우체국페이의 간편송금 서비스가 아닌 것은?

① 계좌번호 송금   ② 이름 송금
③ 경조 송금   ④ 전화번호 송금

> **ADVICE** 우체국페이의 간편결제 서비스
>   ① 별도 인증 없이 간편인증(핀번호, 생체−지문 등, 패턴)으로 바로 송금
>   ③ 전화번호 송금에 온라인 경조사 카드(결혼, 상조 등)와 메시지 첨부
>   ④ 수신자의 계좌번호를 몰라도 전화번호로 바로 송금

15 우체국페이에 대한 설명으로 옳지 않은 것은?

① QR코드를 활용하여 전국 매장에서 상품 및 서비스 결제가 가능하다.
② 모임 등에서 결제한 내역을 지정하여 다수와 나눠내기 정산을 할 수 있다.
③ 우체국 통합멤버십 포인트 조회 · 충전 · 선물 · 캐시백 서비스를 제공한다.
④ 선불충전형 교통카드 서비스를 이용할 수 있다.

> **ADVICE** ① QR코드를 활용하여 제로페이 가맹점에서 상품 및 서비스 결제가 가능하다. 제로페이 가맹점은 소상공인, 소기업
> 등 한국간편결제진흥원이 모집한 가맹점이다.

16 우체국 전자금융에 대한 설명으로 옳지 않은 것은?

① 우체국보험 모바일 앱을 통해 보험가입, 보험금청구를 할 수 있다.
② 안전등급 고객이 폰뱅킹을 이용할 경우 필요한 보안매체는 OTP(디지털 OTP 포함)와 이체비밀번호
이다.
③ 전화번호이체의 1일 이체한도는 200만 원이다.
④ 일반등급 고객이 모바일뱅킹을 이용할 경우 필요한 보안매체는 우체국이 정한 인증서와 보안카드이다.

>**ADVICE** ③ 전화번호이체, 주소송금(경조금배달), 기부금송금의 이체한도는 1회 200만 원이다.

17 우체국 전자금융에 대한 설명으로 옳은 것은?

① 기부금송금의 이체한도는 1회 300만 원, 1일 500만 원이다.
② 인터넷뱅킹과 모바일뱅킹의 1일 자금이체한도는 별도 적용된다.
③ 경조금배달 이체 한도는 우체국페이 이체한도와 별도 적용 된다.
④ 개인의 인터넷뱅킹 보안등급이 안전등급인 경우 자금이체 한도는 1회 5억 원이다.

>**ADVICE** ① 기부금송금의 이체한도는 1회 200만 원, 1일 300만 원이다.
② 인터넷·모바일의 1일 자금이체한도는 합산하여 처리된다.
④ 개인의 인터넷뱅킹 보안등급이 안전등급인 경우 자금이체 한도는 1회 1억 원이다.

18 전자금융서비스의 전부 또는 일부를 제한할 수 있는 경우가 아닌 것은?

① 계좌 비밀번호를 연속 5회 이상 잘못 입력한 경우
② OTP를 전 금융기관을 통합하여 연속 10회 이상 잘못 입력한 경우
③ 기타 예금거래 기본약관 등에서 정한 거래 제한 사유가 발생한 경우
④ 모바일 인증서에 등록한 PIN, 패턴을 연속 10회 이상 잘못 입력한 경우

>**ADVICE** ④ 계좌 비밀번호, 보안카드 비밀번호, 폰뱅킹 이체비밀번호, 모바일 인증서에 등록한 PIN, 패턴, 생체인증 정보,
OTP(디지털 OTP 포함) 인증번호 등을 연속 5회 이상 잘못 입력한 경우

Answer   16.③ 17.③ 18.④

19 우체국금융 자동화기기에 대한 설명으로 옳지 않은 것은?

① 화상인증 및 지문·얼굴 등 생체인증을 통해 이용고객의 신원확인이 가능하다.
② 상품가입, 체크카드발급, 비밀번호 변경 등의 업무처리는 불가능하다.
③ 무통장, 무카드로도 ATM 거래가 가능하다.
④ 스마트ATM을 통해 공과금과 등록금 납부가 가능하다.

> ADVICE ② 서비스 제공범위가 기존 자동화기기 서비스는 물론 우체국 창구에서만 처리 가능 하던 일부 업무(상품가입, 체크카드발급, 비밀번호 변경 등)까지 확대 되었다.

20 전자금융을 이용한 자금이체에 대한 설명으로 옳지 않은 것은?

① 안정등급 고객이 인터넷뱅킹을 이용하려면, 우체국이 정한 인증서가 필요하다. 이때 우체국이 정한 인증서란 우체국 간편인증서(PIN), 공동인증서, 금융인증서 등이다.
② HSM은 공동인증서 복사방지를 위해 사용하는 보안성이 강화된 스마트카드 USB 저장장치이다.
③ 안전등급 고객이 폰뱅킹을 이용하려면 OTP와 이체비밀번호가 필요하다.
④ 기본등급 고객이 폰뱅킹을 이용하려면 우체국이 정한 인증서가 필요하다.

> ADVICE ④ 기본등급 고객은 폰뱅킹을 이용할 수 없다.

21 우체국금융 서비스에 대한 설명으로 옳은 것을 모두 고르면?

─────────── 〈보기〉 ───────────
ⓐ 휴대전화번호와 이름만 알면 우체국페이로 경조금을 보낼 수 있다.
ⓑ 인터넷뱅킹으로 오픈뱅킹 이용이 가능하다.
ⓒ 현재 이용가능한 모바일뱅킹 서비스는 우체국페이이다.
ⓓ 예금잔액증명서는 온라인에서 발급할 수 있다.

① ㉠, ㉡   ② ㉠, ㉢
③ ㉡, ㉣   ④ ㉢, ㉣

> ADVICE ㉠ 휴대전화번호만 알면 경조카드와 함께 경조금을 보낼 수 있다.
   ㉢ 현재 우체국예금은 어플리케이션 기반의 스마트폰뱅킹인 "우체국뱅킹"과 "우체국페이" 두 가지 모바일뱅킹 서비스를 제공하고 있다.

Answer   19.② 20.④ 21.③

22 스마트 ATM의 창구업무 서비스가 아닌 것은?

① 계좌개설   ② 체크카드 발급
③ 분실신고/해제   ④ 바이오/무통장거래

> ADVICE 우체국 자동화기기 서비스

구분		주요서비스
CD/ATM		• (예금) 입금/출금/조회, 계좌이체/해외송금, 통장/보험정리, 무통장/무카드거래 • (기타) 휴대폰거래, 신용카드, 지로/공과금/대학등록금 납부, 전자통장/T-money거래, 보험서비스 등
스마트ATM	창구업무	• 계좌개설, 체크카드 발급, 보안매체 발급, 인터넷뱅킹 신규가입, 통장(재)발급, 분실신고/해제
	ATM업무	• 예금출금/입금 · 조회, 계좌이체/해외송금, 바이오/무통장거래, 통장정리, 공과금/등록금납부 등

23 인터넷뱅킹과 모바일뱅킹의 자금이체 한도로 옳은 것은?

구분		보안등급		
		안전등급	일반등급	기본등급
개인	1회	(㉠)	1천만 원	(㉢)(인터넷뱅킹) 1천만 원(모바일뱅킹)
	1일	5억 원	(㉡)	3백만 원(인터넷뱅킹) 1천만 원(모바일뱅킹)

	㉠	㉡	㉢
①	1억 원	5천만 원	3백만 원
②	1억 원	1천만 원	1천만 원
③	5억 원	5천만 원	3백만 원
④	5억 원	1천만 원	1천만 원

> ADVICE 인터넷뱅킹과 모바일뱅킹 자금이체 한도

구분			보안등급		
			안전등급	일반등급	기본등급
인터넷뱅킹 모바일뱅킹	개인	1회	1억 원	1천만 원	3백만 원(인터넷뱅킹) 1천만 원(모바일뱅킹)
		1일	5억 원	5천만 원	3백만 원(인터넷뱅킹) 1천만 원(모바일뱅
	법인	1회	10억 원		
		1일	50억 원		

Answer   22.④ 23.①

24 폰뱅킹 자금이체 한도로 옳은 것은?

① 안전등급 개인은 1회 3천만 원까지 이체 가능하다.
② 안전등급 개인은 1일 2억 5천만 원까지 이체 가능하다.
③ 일반등급 개인은 1회 1백만 원까지 이체 가능하다.
④ 일반등급 개인은 1일 3백만 원까지 이체 가능하다.

>ADVICE ① 안전등급 개인은 1회 5천만 원까지 이체 가능하다.
③ 일반등급 개인은 1회 3백만 원까지 이체 가능하다.
④ 일반등급 개인은 1일 5백만 원까지 이체 가능하다.

※ 폰뱅킹 자금이체 한도

구분		보안등급		
		안전등급	일반등급	기본등급
개인	1회	5천만 원	3백만 원	–
	1일	2억5천만 원	5백만 원	–
법인	1회	1억 원	–	–
	1일	5억 원	–	–

25 우체국 자동화기기를 통해 제공받을 수 있는 우체국금융 서비스가 아닌 것은?

① CD / ATM – 바이오 / 무통장거래
② 스마트ATM – 통장재발급
③ CD / ATM – 전자통장 / T-money거래, 보험서비스
④ 스마트ATM – 계좌개설

>ADVICE ① CD / ATM – 지로 / 공과금 / 대학등록금 납부

Answer 24.② 25.①

26 폰뱅킹 자금이체 한도로 옳은 것은?

구분		보안등급		
		안전등급	일반등급	기본등급
개인	1회	(㉠)	3백만 원	–
	1일	2억 5천만 원	5백만 원	–
법인	1회	(㉡)	–	–
	1일	(㉢)	–	–

	㉠	㉡	㉢
①	3천만 원	5천만 원	3억 원
②	3천만 원	5천만 원	1억 원
③	5천만 원	1억 원	3억 원
④	5천만 원	1억 원	5억 원

>ADVICE 폰뱅킹 자금이체 한도

구분		보안등급		
		안전등급	일반등급	기본등급
개인	1회	5천만 원	3백만 원	–
	1일	2억 5천만 원	5백만 원	–
법인	1회	1억 원	–	–
	1일	5억 원	–	–

27 우체국 자동화기기와 주요 서비스가 바르게 연결된 것은?

① CD/ATM – 지로납부
② CD/ATM – 인터넷뱅킹 신규가입
③ 스마트ATM – T-money거래
④ 스마트ATM – 체크카드 발급

>ADVICE ② CD/ATM – 무카드거래
③ 스마트ATM – 인터넷뱅킹 신규가입
④ 스마트ATM – 체크카드 발급

Answer   26.④ 27.①

28 전자금융서비스 이용이 제한되는 사유와 횟수가 바르게 연결된 것은?

① 계좌 비밀번호를 잘못 입력한 경우 – 연속 10회 이상
② 전 금융기관을 통합한 OTP 인증번호를 잘못 입력한 경우 – 연속 10회 이상
③ 폰뱅킹 이체비밀번호 – 연속 10회 이상
④ 생체인증 정보 – 연속 10회 이상

>**ADVICE** ① 계좌 비밀번호를 잘못 입력한 경우 – 연속 5회 이상
　　　　③ 폰뱅킹 이체비밀번호 – 연속 5회 이상
　　　　④ 생체인증 정보 – 연속 5회 이상

29 우체국 통합멤버십에 대한 설명으로 옳지 않은 것은?

① 우체국페이앱에서 회원가입을 통하여 이용할 수 있다.
② 통합멤버십 포인트의 명칭은 "잇다머니"이다.
③ 우체국예금 계좌로 선불 충전이 가능하다.
④ 통합멤버십 관리·결제 등 전체 기능은 폰뱅킹, 인터넷뱅킹을 통해 가능하다.

>**ADVICE** ④ 통합멤버십 관리·결제 등 전체 기능은 우체국페이앱에서만 제공한다.

30 우체국 통합멤버십에 대한 설명으로 옳지 않은 것은?

① 통합멤버십의 1포인트는 1원의 가치를 가진다.
② 충전포인트의 충전한도는 건당 30만 원, 1일 50만 원이며 총 보유한도는 200만 원이다.
③ 통합멤버십 회원의 단독 탈회는 불가능하며 우체국페이 서비스 해지 시만 탈회가 가능하다.
④ 포인트 선물 한도는 건당 10만 원, 1일 30만 원, 월 50만 원이며, 받은 선물 포인트도 재선물이 가능하다.

>**ADVICE** ④ 포인트 선물 한도는 건당 10만 원, 1일 30만 원, 월 50만 원이며, 받은 선물 포인트는 재선물이 불가하다.

31 우체국 통합멤버십 포인트 종류가 아닌 것은?

① 적립포인트   ② 충전포인트
③ 선불포인트   ④ 전환포인트

> ADVICE 우체국 통합멤버십 포인트 종류
> ㉠ 적립포인트 : 우체국 체크카드 서비스 이용과 우체국쇼핑에서 상품 구입, 이벤트 참여로 적립되는 포인트를 말한다.
> ㉡ 충전포인트 : 우체국 계좌 연결 후 계좌이체를 통해 선불 충전한 포인트를 말한다.
> ㉢ 선물포인트 : 통합멤버십 회원 간 보유 포인트를 선물하거나 선물 받은 포인트를 말한다.
> ㉣ 전환포인트 : 통합멤버십 가입 전 고객이 보유한 우체국 체크카드 및 우체국쇼핑 포인트가 통합멤버십 가입으로 통합멤버십 포인트로 전환된 포인트를 말한다.

32 우체국 통합멤버십에 대한 설명으로 옳지 않은 것은?

① 우체국 통합멤버십은 우정사업 서비스를 이용하는 고객만 이용할 수 있다.
② 우체국페이 서비스 해지 시만 탈회가 가능하다.
③ 통합멤버십 포인트는 포인트 차감방식으로 사용이 가능하다.
④ 회원가입은 우체국페이앱에서만 제공한다.

> ADVICE ① 우체국 통합멤버십은 기존 우정사업 서비스를 이용하는 고객여부와 상관없이 멤버십 신규 회원 가입을 통해 이용할 수 있다.

33 우편환에 대한 설명으로 옳지 않은 것은?

① 세금 · 공과금 · 할부금 등 수납, 각종 연금 · 급여 지급, 공과금 자동 이체 및 수표 발행 등의 서비스가 제공된다.
② 우체국에 개설한 우편대체계좌를 통하여 자금 결제를 할 수 있는 제도
③ 금융기관의 온라인망이 설치되어 있지 않은 지역에 대한 송금을 위해 이용된다.
④ 우체국의 우편환 서비스는 온라인환 및 경조금배달서비스로만 이루어져 있다.

> ADVICE ④ 우체국의 우편환 서비스는 크게 통상환, 온라인환 및 경조금배달서비스가 있다.

34 〈보기〉에서 설명하는 해외송금 제도로 옳은 것은?

> ─〈보기〉─
>
> 1973년 유럽 및 북미은행 중심으로 설립된 국제은행간의 금융통신망이다. 은행 간 자금결제 및 메시지교환을 표준화된 양식에 의거 송수신함으로써 신속, 저렴, 안전한 송금 서비스를 제공한다.

① Eurogiro 해외송금　　　　　　　　② MoneyGram 특급송금

③ SWIFT 해외송금　　　　　　　　　④ 간편 해외송금

>ADVICE ③ 우체국은 신한은행과 제휴하여 신한은행 SWIFT망을 통해 전 세계 금융기관을 대상으로 해외송금 서비스를 운영하고 있다. 해외송금 서비스는 수취인의 해외은행계좌로 송금하는 당발송금과 해외은행으로부터 수취인의 한국 우체국계좌로 송금을 받는 타발송금 업무가 있다. 또한, 매월 약정한 날짜에 송금인 명의의 우체국계좌에서 자금을 인출하여 해외의 수취인에게 자동으로 송금해주는 SWIFT 자동송금서비스도 제공하고 있다.

35 MoneyGram 특급송금 서비스에 대한 설명으로 옳지 않은 것은?

① 송금 후 약 10분 뒤에 송금번호만으로 수취가 가능한 특급해외송금 서비스이다.
② 송금통화는 USD 등 13종이다.
③ 송금한도는 국민인 거주자의 경우 연간 10만 불 이하이다.
④ 창구, 인터넷뱅킹, 스마트뱅킹으로 이용 가능하다.

>ADVICE ② 송금통화는 USD이다.

36 우체국 해외송금 서비스와 송금통화의 연결이 옳은 것은?

① SWIFT – USD, EUR
② 유로지로 – USD
③ 머니그램 특급송금 – USD 등 13종
④ 간편 해외송금 – 해당국가 통화

>ADVICE ① SWIFT – USD 등 13종
> ② 유로지로 – USD, EUR
> ③ 머니그램특급송금 – USD

Answer　34.③　35.②　36.④

37 〈보기〉에서 설명하는 해외송금 제도로 옳은 것은?

> ─── 〈보기〉 ───
> • 우정사업자와 민간 금융기관이 회원으로 가입 후 회원 간 쌍무협정을 통해 해외송금 업무를 수행한다.
> • 송금통화는 USD, EUR이다.

① Eurogiro 해외송금　　　　　　② MoneyGram 특급송금
③ SWIFT 해외송금　　　　　　　④ 간편 해외송금

> **ADVICE** ① Eurogiro 해외송금은 유럽지역 우체국 금융기관이 주체가 되어 설립한 Eurogiro社의 네트워크를 사용하는 EDI (전자문서 교환)방식의 국제금융 송금서비스로 우정사업자와 민간 금융기관이 회원으로 가입 후 회원 간 쌍무협정 (Bilateral Agreement)을 통해 해외송금 업무를 수행한다. 계좌와 주소지 송금이 가능하다.

38 우체국 해외송금 서비스에 대한 설명으로 옳지 않은 것은?

① 유로지로 서비스 취급국가는 태국, 필리핀, 스리랑카, 베트남, 몽골이다.
② 간편 해외송금은 스마트뱅킹을 통해서만 가능하다.
③ SWIFT 서비스의 송금 소요시간은 즉시 ~ 2영업일이다.
④ 머니그램 특급송금 서비스는 CD/ATM으로 이용 불가능하다.

> **ADVICE** ③ SWIFT 서비스의 송금 소요시간은 3~5영업일이다.

39 Eurogiro 해외송금 서비스에 대한 설명으로 옳지 않은 것은?

① 계좌와 주소지 송금이 가능하다.
② 송금금액이 5천 불 이하일 경우 한도 제한이 없다.
③ 송금금액이 건당 5천 불을 초과할 경우 연간 10만 불 이하까지 송금 가능하다.
④ 송금 소요시간은 3 ~ 5영업일이다.

> **ADVICE** ③ 송금금액이 건당 5천 불을 초과할 경우 송금이 불가능하다.

Answer　37.①　38.③　39.③

40 간편 해외송금에 대한 설명으로 옳지 않은 것은?

① 취급 국가는 전 세계 대부분이다.
② 스마트뱅킹을 통한 당발송금만 가능하다.
③ ㈜와이어바알리社와 제휴를 통해 제공하는 핀테크 해외송금이다.
④ 건당 5천 불을 초과할 경우 송금이 불가능하다.

>ADVICE ① 취급 국가는 총 43개국이다.

41 해외송금 서비스에 대한 설명으로 옳지 않은 것은?

① 간편 해외송금은 창구 이용이 불가능하다.
② 간편 해외송금은 인터넷뱅킹 이용이 불가능하다.
③ 머니그램 특급송금은 ATM 이용이 불가능하다.
④ 유로지로는 스마트뱅킹 이용이 불가능하다.

>ADVICE ④ 유로지로는 창구, 인터넷뱅킹, CD/ATM, 스마트뱅킹 이용이 가능하다.

42 우체국 환전업무에 대한 설명으로 옳은 것을 모두 고르면?

─────〈보기〉─────

> ⑦ 외화배달 서비스는 우체국 창구 또는 인터넷뱅킹·스마트뱅킹에서 신청 후 지정 우체국 또는 제휴은행 일부 지점에서 현물 수령이 가능한 서비스다.
> ⑥ 외화환전 예약서비스를 통해 환전 가능한 금액은 건당 1백만 원 이내이다.
> ⑥ 외화배달 서비스 신청이 가능한 통화는 10개 통화이다.
> ⑧ 외화배달 서비스 이용시 외화 수령일은 신청일로부터 3영업일에서 10영업일 이내로 지정 할 수 있다.

① ㉠, ㉡   ② ㉠, ㉢
③ ㉡, ㉣   ④ ㉢, ㉣

>ADVICE ㉠ 외화환전 예약서비스는 우체국 창구 또는 인터넷뱅킹·스마트뱅킹에서 신청 후 지정 우체국 또는 제휴은행 일부 지점에서 현물 수령이 가능한 서비스이다.
㉢ 외화배달 서비스 신청이 가능한 통화는 4개 통화이다.

43 외화배달 서비스 신청이 불가능한 통화는 무엇인가?

① 유럽유로(EUR) ② 미국달러(USD)
③ 호주달러(AUD) ④ 중국위안(CNY)

> ADVICE ③ 외화배달 서비스 신청이 가능한 통화는 미국달러(USD), 유럽유로(EUR), 일본엔(JPY), 중국위안(CNY) 총 4개 통화이다.

44 외화환전 예약서비스로 환전할 수 없는 통화는 무엇인가?

① 홍콩달러(HKD) ② 태국바트(THB)
③ 캐나다달러(CAD) ④ 스위스프랑(CHF)

> ADVICE ④ 환전가능 통화는 미국달러(USD), 유럽유로(EUR), 일본엔(JPY), 중국위안(CNY), 캐나다달러(CAD), 호주달러 (AUD), 홍콩달러(HKD), 태국바트(THB), 싱가폴달러(SGD), 영국파운드(GBP) 등 총 10종이다.

45 우체국 제휴서비스에 대한 설명으로 옳지 않은 것은?

① 우체국 CMS 제휴사는 카드사(신한, 롯데, 삼성, 현대), 현대백화점, AXA다이렉트보험, 공무원연금 공단 등 7개이다.
② 우체국 제휴 신용카드의 발급대상은 19세 이상 실명이 인증된 자이다.
③ 제휴은행 고객은 전국의 우체국 창구에서 기존의 타행환 거래 방식이 아닌 자행거래 방식으로 입·출금 거래를 할 수 있다.
④ 전국 우체국 금융 창구를 통해 노란우산 공제에 가입할 수 있다.

> ADVICE ② 우체국 제휴 신용카드의 발급대상은 19세 이상 소득이 있는 자이다.

Answer   43.③ 44.④ 45.②

46 우체국의 제휴 사업 중 창구망개방 서비스가 아닌 것은?

① SWIFT 해외송금

② 환전서비스

③ 증권제휴카드 발급

④ 예금주실명조회서비스

> **ADVICE** ④ 우체국의 제휴 사업 중 시스템 개방 서비스에 해당한다.

※ 창구망 개방

분야	주요업무
창구망공동이용업무	• 창구공동망업무(자동화기기포함)
	• 노란우산판매대행
	• SWIFT 해외송금
	• 환전서비스
	• 특급해외송금(머니그램)
	• 우체국CMS입금업무
카드업무대행서비스	• 신용/체크카드
	• 선불카드(T-Money카드)
증권계좌개설대행서비스	• 증권계좌개설대행
	• 증권제휴카드발급 등

47 우체국이 판매대행하는 노란우산 상품에 대한 설명으로 옳지 않은 것은?

① 사업자등록이 없는 프리랜서는 가입이 불가능하다.

② 가입부금에 대해 연간 최대 600만 원 한도 내에서 소득공제 및 연 복리이율을 적용한다.

③ 가입시점부터 2년간 무료상해보험가입 혜택이 주어진다.

④ 기 가입자 또는 강제 해지 후 1년 미경과 시에는 신규 및 (재)청약이 불가하다.

> **ADVICE** ① 소기업·소상공인 대표자, 무등록 소상공인(사업자등록이 없는 일종의 프리랜서이나 사업소득원천징수영수증 발급이 가능한 자)는 가입이 가능하다.

48 우체국 CMS 업무에 대한 설명으로 옳지 않은 것은?

① 익월 10일까지 해당 회사에 수수료 내역을 통보하고 매달 20일, 해당 회사 계좌에서 수수료를 출금 하여 정산한다.

② 고객은 우체국 창구에서 무통장 입금을 통해서만 CMS 이체할 수 있다.

③ 입금된 자금은 우정사업정보센터에서 회사가 지정한 정산계좌로 일괄 입금 처리한다.

④ 제휴회사는 총 8개이다.

> ADVICE ② 고객은 우체국 창구에서 무통장 입금을 의뢰하거나 인터넷뱅킹, 폰뱅킹, 자동화기기를 통해 CMS 이체할 수 있다.

49 우체국 카드 업무 대행 서비스에 대한 설명으로 옳은 것은?

① 제휴 체크카드의 발급대상은 19세 이상 개인, 법인, 임의단체이다.

② 제휴 신용카드의 제휴사는 하나카드다.

③ 제휴 신용카드는 연회비가 없다.

④ 신용불량자는 제휴 체크카드를 발급받을 수 없다.

> ADVICE ① 제휴 체크카드의 발급대상은 12세 이상 개인, 법인, 임의단체이다.
> ③ 제휴 신용카드의 연회비는 회원등급별로 다르다.
> ④ 제휴 체크카드는 신용불량자도 발급가능하다.

50 우체국의 제휴서비스에 대한 설명으로 옳지 않은 것은?

① 우체국은 제휴은행 고객이 전국의 우체국 창구에서 기존의 타행환 거래 방식이 아닌 자행거래 방식 으로 입·출금 거래를 할 수 있도록 하고 있다.

② 우체국은 증권회사와 업무제휴 계약을 체결하고 인터넷뱅킹, 모바일뱅킹에서 주식계좌개설, 주식 거 래 서비스 등을 대행하고 있다.

③ 우체국은 카드·캐피탈社 등과의 개별 이용약정을 통해 전국 우체국에서 CMS 입금 업무를 대행한다.

④ 우체국은 신용카드사와의 업무제휴를 통해 우체국예금의 현금카드와 체크카드 기능이 결합된 제휴 체크카드를 발급하거나 우체국예금의 현금카드와 신용카드 기능이 포함된 제휴 신용카드 상품을 출 시함으로써 국민들의 카드이용 편의를 도모하고 있다.

> ADVICE ② 우체국은 증권·선물회사와 업무제휴 계약을 체결하고 전국 우체국 창구에서 고객의 증권·선물 계좌개설, 관련 제휴카드 발급, 이체서비스 등을 대행하고 있다.

Answer 48.② 49.② 50.②

51 〈보기〉에서 우체국 외국환 업무에 대한 설명으로 옳은 것을 모두 고른 것은?

〈보기〉

⊙ 환전 가능 금액은 건당 1백만 원 이내이고 환전가능 통화는 총 10종이다.
ⓛ 간편 해외송금은 하나은행과 제휴를 통해 제공하는 핀테크 해외송금이다.
ⓒ 외화배달 서비스 이용시 외화 수령일은 신청일로부터 3영업일에서 10영업일 이내로 지정 할 수 있다.
ⓔ 외화환전 예약서비스의 수령 장소는 고객이 지정한 일부 환전업무 취급 우체국 및 우정사업본부와 환전업무 관련 제휴 된 신한은행 지점(환전소)에서 수령할 수 있다.

① ㉠, ㉡　　　　　　　　　　　　　　　② ㉠, ㉢
③ ㉡, ㉢　　　　　　　　　　　　　　　④ ㉢, ㉣

>ADVICE ㉡ 간편 해외송금은 ㈜와이어바알리社와 제휴를 통해 제공하는 핀테크 해외송금이다.
　　　　㉣ 외화환전 예약서비스의 수령 장소는 고객이 지정한 일부 환전업무 취급 우체국 및 우정사업본부와 환전업무 관련 제휴 된 하나은행 지점(환전소)에서 수령할 수 있다.

52 우체국 해외송금서비스에 대한 설명으로 옳지 않은 것은?

① SWIFT 해외송금과 MoneyGram 특급송금의 송금한도는 합산하여 연간 10만 불 이하이다.
② 머니그램 특급송금의 송금 소요시간은 송금 후 10분이다.
③ 유로지로의 송금통화는 USD, EUR이다.
④ 간편해외송금 취급국가는 태국, 필리핀, 스리랑카, 베트남, 몽골이다.

>ADVICE ④ 간편해외송금 취급국가는 43개국이다.

53 우체국 통합멤버십에 대한 설명으로 옳지 않은 것은?

① 선물포인트의 선물 한도는 건당 10만 원, 1일 30만 원, 월 50만 원이다.

② 기존 고객이 보유한 포인트를 통합멤버십 포인트로 전환할 경우 1:1로 전환 된다.

③ 통합멤버십 가입 전 고객이 보유한 우체국 체크카드 및 우체국 쇼핑 포인트는 멤버십 가입 즉시 통합멤버십 포인트로 전환된다.

④ 충전포인트의 충전한도는 건당 30만 원, 1일 50만 원이며 총 보유한도는 200만 원이다.

> ADVICE ③ 통합멤버십 가입 전 고객이 보유한 우체국 체크카드 및 우체국 쇼핑 포인트는 멤버십 가입 후 익일에 일괄하여 통합멤버십 포인트로 전환된다.

54 우체국 체크카드와 신용카드에 대한 설명으로 옳지 않은 것은?

① 체크카드의 발급대상은 12세 이상 개인이며, 신용카드의 발급대상은 19세 이상 소득이 있는 개인이다.

② 체크카드는 신용불량자도 발급이 가능하지만, 신용카드는 별도의 자격기준이 필요하다.

③ 체크카드의 제휴기관은 하나카드, 신용카드의 제휴기관은 신한카드이다.

④ 체크카드는 연회비가 없지만, 신용카드는 회원등급별로 연회비가 징수된다.

> ADVICE ③ 체크카드의 제휴기관은 신한카드, 신용카드의 제휴기관은 하나카드이다.

55 우체국페이에 대한 설명으로 옳지 않은 것은?

① QR코드를 활용하여 어느 상점에서나 상품 및 서비스를 결제할 수 있다.

② 수신자의 계좌번호를 몰라도 전화번호로 바로 송금할 수 있다.

③ 스마트폰 NFC 기능을 활용한 선불충전형 교통카드 서비스를 제공한다.

④ 통장 잔액 및 입출금 내역이 다수에게 공유되는 모임 회비 관리 서비스를 제공한다.

> ADVICE ① QR코드를 활용하여 제로페이 가맹점에서 상품 및 서비스를 결제할 수 있다.

Answer   53.③ 54.③ 55.①

56 ( )에서 제공하는 주요 서비스 내용으로 옳지 않은 것은?

> ─────〈보기〉─────
>
> ( )은/는 우체국예금 모바일뱅킹에 핀테크를 접목시켜 간편결제 및 간편송금 등 핀테크 서비스를 제공하는 앱이다.

① 바코드를 통하여 우체국 우편창구에서 결제할 수 있다.
② 특별한 인증을 거쳐 송금할 수 있다.
③ 모임 등에서 결제한 내역을 지정하여 다수와 나눠내기할 수 있는 정산 서비스를 제공한다.
④ 지정한 수신자에게 집배원이 현물(현금, 현금증서)과 경조카드를 보내주는 서비스를 이용할 수 있다.

〉ADVICE 우체국페이 주요 서비스

구분		주요서비스
간편결제	우편결제	바코드를 통하여 우체국 우편창구에서 결제
	제로페이	QR코드를 활용하여 제로페이 가맹점*에서 상품 및 서비스 결제 * 소상공인, 소기업 등 한국간편결제진흥원이 모집한 가맹점
	교통결제	스마트폰 NFC 기능을 활용한 선불충전형 교통카드 서비스
	포인트 결제	바코드를 통하여 우체국 통합멤버십 포인트로 오프라인* 결제 * 생활밀접형 가맹점(카페, 편의점 등)에서 이용 가능
간편송금 (이체)	계좌번호 송금	별도 인증 없이 간편인증(핀번호, 생체-지문 등, 패턴)으로 바로 송금
	전화번호 송금	수신자의 계좌번호를 몰라도 전화번호로 바로 송금
	경조 송금	전화번호 송금에 온라인 경조사 카드(결혼, 상조 등)와 메시지 첨부
생활금융	모임서비스	통장 잔액 및 입출금 내역이 다수에게 공유되는 모임 회비 관리 서비스
	더치페이	모임 등에서 결제한 내역을 지정하여 다수와 나눠내기 정산 제공
	경조금배달	지정한 수신자에게 집배원이 현물(현금, 현금증서)과 경조카드 배달
잇다머니		우체국 통합멤버십 포인트 조회 · 충전 · 선물 · 캐시백 서비스 제공

57 우체국 전자금융거래에 대한 설명으로 옳지 않은 것은?

① PC를 이용하여 우체국예금 및 우체국보험에 대한 다양한 금융서비스를 이용할 수 있는 전자금융서비스는 인터넷뱅킹이다.

② 우체국뱅킹은 공동인증서, 금융인증서, 간편인증, PASS 인증 등을 통해서 로그인이 가능하다.

③ 인터넷뱅킹, 폰뱅킹으로 경조금배달 서비스를 이용할 수 있다.

④ 전자금융이용 고객은 1회 및 1일 이체한도를 우체국이 정한 한도를 초과하여 지정할 수 없다.

> **ADVICE** ④ 전자금융이용 고객은 1회 및 1일 이체한도를 우체국이 정한 보안등급별 자금이체한도와 보안매체별 거래이용수단에 따라 계좌이체 한도를 지정할 수 있으며, 우체국과 별도 약정을 통해 우체국이 정한 한도를 초과하여 지정할 수 있다.

58 전자금융을 이용한 자금이체 한도에 대한 설명으로 옳지 않은 것은?

① 법인 별도계약을 통해 한도 초과 약정을 하고자 할 경우 안전등급의 거래이용수단을 이용하고 관할 지방우정청장의 승인을 받아야 한다.

② 인터넷 · 모바일의 1일 자금이체한도는 합산하여 처리된다.

③ 전화번호이체, 주소송금(경조금배달), 기부금송금의 이체한도는 우체국페이의 이체한도와 합산하여 적용된다.

④ 인터넷뱅킹의 기본등급은 본인거래에 한하여 적용된다.

> **ADVICE** ③ 전화번호이체, 주소송금(경조금배달), 기부금송금의 이체한도는 합산하여 적용되며, 우체국페이 이체한도와 별도 적용 된다.

59 전자금융서비스 이용 제한 횟수가 잘못 연결된 것은?

① 계좌 비밀번호를 잘못 입력한 경우-5회
② 폰뱅킹 이체비밀번호를 잘못 입력한 경우-5회
③ 생체 인증번호를 잘못 입력한 경우-5회
④ OTP 인증번호를 잘못 입력한 경우(전 기관 통합)-5회

〉ADVICE 우체국은 아래와 같은 상황에 해당하는 경우 전자금융서비스의 전부 또는 일부를 제한할 수 있다.
　　㉠ 계좌 비밀번호, 보안카드 비밀번호, 폰뱅킹 이체비밀번호, 모바일 인증서에 등록한 PIN, 패턴, 생체인증 정보,
　　　OTP(디지털 OTP 포함) 인증번호 등을 연속 5회 이상 잘못 입력한 경우
　　㉡ OTP는 전 금융기관을 통합하여 연속 10회 이상 잘못 입력한 경우
　　㉢ 기타 예금거래 기본약관 등에서 정한 거래 제한 사유가 발생한 경우

60 우체국 해외송금 서비스에 대한 설명으로 옳지 않은 것은?

① Eurogiro는 네트워크를 통해 우체국이 자체적으로 제공하는 서비스이다.
② 서비스 이용시간은 연중 24시간(서비스 점검시간 23:50~00:10 제외)이다.
③ 국민인 거주자는 송금금액 건당 5천 불 초과 시 거래외국환은행을 반드시 지정해야 한다.
④ 외국인 · 국민인 비거주자는 송금금액과 상관없이 거래외국환은행을 반드시 지정해야 한다.

〉ADVICE ② 서비스 이용시간은 우체국 금융창구는 09:00~16:30, 인터넷 · CD/ATM · 스마트뱅킹은 연중 24시간(서비스 점
검시간 23:50~00:10 제외)이다.

Answer　59.④　60.②

01 최근 기출문제 분석

2008. 8. 31. 시행

1 카드 종류별 특징에 대한 설명으로 옳은 것은?

① 선불카드는 법에서 정한 발급한도의 제한이 없다.
② 직불카드 사용금액은 후불결제방식으로 결제된다.
③ 선불카드는 카드에 저장된 금액 내에서만 이용이 가능하다.
④ 직불카드는 할부구매, 현금서비스 및 현금인출이 불가능하다.

>**ADVICE** ① 선불카드는 「여신전문금융업법」에서 발급한도를 제한하고 있다.
② 직불카드는 예금계좌를 기반으로 한 즉시결제방식을 이용한다.
④ 직불카드는 현금인출이 가능하다.

2010. 7. 14. 시행

2 전자금융에 관한 설명으로 옳은 것은?

① 우체국 CD/ATM 무매체거래 고객은 별도의 신청 없이 타 은행의 무매체거래를 이용할 수 있다.
② 모바일뱅킹이라 함은 고객이 우체국을 방문하지 않고 스마트폰을 이용하여 각종 모바일 금융서비스를 제공받을 수 있는 전자금융서비스를 말한다.
③ 실지명의가 확인된 기명식 선불카드는 물품할부구매가 가능하다.
④ 전자금융으로 우체국 경조금배달서비스를 이용할 수 없다.

>**ADVICE** ① 이용매체가 없어도 CD/ATM 이용이 가능하며, 통장이나 카드없이 금융거래가 가능한 무매체 거래는 고객이 사전에 금융기관에 신청하여 무매체 거래용 고유승인번호를 부여받은 뒤 CD/ATM에서 주민등록번호, 계좌번호, 계좌비밀번호, 고유승인번호를 입력하여 각종 금융서비스를 이용하여야 한다.
③ 실지명의가 확인된 기명식 선불카드는 할부구매, 현금서비스, 현금인출 기능이 없다.
④ 전자금융을 통하여 경조금배달서비스 이용이 가능하다.

Answer 1.③ 2.②

3 우체국 전자금융 및 제휴서비스에 대한 설명으로 옳은 것은?

① 우체국예금 고객은 창구망 공동이용 서비스를 통해 제휴은행 창구에서 자행거래 방식으로 입·출금 이 가능하다.

② 인천공항우체국에서 외화실물을 수령할 수 있는 환전 예약은 모바일뱅킹서비스를 통해 당일에도 예 약, 수령이 가능하다.

③ 우체국 인터넷뱅킹에서 신한은행의 SWIFT망을 통해 수취인의 해외은행 계좌로 송금이 가능하다.

④ 영리한PLUS카드는 공항라운지 서비스, 해외 전 가맹점 7% 캐시백 등 해외이용 특화카드이다.

▶ADVICE ① 창구망 공동이용은 제휴은행[IBK기업은행, KDB산업은행, 한국씨티은행, 전북은행, KB국민은행, 신한은행, 하나 은행, 우리은행(총 8개 은행)] 고객이 전국의 우체국 창구에서 기존의 타행환 거래 방식이 아닌 자행거래 방식으 로 입·출금 거래를 할 수 있도록 하고 있다.

② 우체국 창구 방문 신청 또는 인터넷뱅킹·스마트뱅킹을 이용하여 환전(원화를 외화로 바꾸는 업무) 거래와 대금 지급을 완료하고, 원하는 수령일자(환전예약 신청 당일 수령은 불가) 및 장소를 선택하여 지정한 날짜에 외화실 물을 직접 수령하는 서비스이다. 수령 장소는 고객이 지정한 일부 환전업무 취급 우체국 및 우정사업본부와 환전 업무 관련 제휴 된 하나은행 지점(환전소)에서 수령할 수 있다.

④ 영리한PLUS카드는 환경부 인증 폐플라스틱을 재활용한 친환경카드로 디지털콘텐츠 서비스 최대 20% 캐시백 등 다양한 혜택이 제공된다. ④의 설명에 해당하는 카드는 go캐시백글로벌카드이다.

4 〈보기〉에서 CD/ATM 서비스에 대한 설명으로 옳은 것을 모두 고른 것은?

─────────── 〈보기〉 ───────────

　⊙ "우체국 스마트 ATM"은 기존 ATM 서비스뿐만 아니라 계좌개설, 체크카드 및 보안매체 발급, 비밀번호 변경 등이 가능하다.

　ⓒ CD/ATM 계좌이체는 최근 1년간 영업점 창구를 통한 현금 입·출금 실적이 없는 고객에 한하여 1일 및 1회 이체한도를 각각 70만 원으로 축소하고 있다.

　ⓒ CD/ATM 서비스를 이용하기 위해서는 현금카드나 신용·체크카드 등이 있어야 하지만 최근 기술 발달로 휴대폰, 바코드, 생체인식으로도 이용할 수 있으며 이용매체가 없어도 CD/ATM 서비스 이용이 가능하다.

　ⓔ 보이스피싱 피해 방지를 위해 수취계좌 기준 1회 100만 원 이상 이체금액에 대해 CD/ATM에서 인출 시 입금된 시점부터 10분 후 인출 및 이체가 가능하도록 하는 지연인출제도가 시행되고 있다.

① ⊙, ⓒ 　　　　　　　　　　　　　　② ⓒ, ⓔ

③ ⊙, ⓒ, ⓒ 　　　　　　　　　　　　④ ⊙, ⓒ, ⓔ

> **ADVICE** ⓒ 최근 1년간 CD/ATM을 통한 계좌이체 실적이 없는 고객에 한하여 1일 및 1회 이체한도를 각각 70만 원으로 축소하고 있다.
>
> ⓔ 보이스피싱 피해 방지를 위해 수취계좌 기준 1회 100만원 이상 이체금액에 대해 CD/ATM에서 인출 시 입금된 시점부터 30분 후 인출 및 이체가 가능하도록 하는 지연인출제도가 시행되고 있다.

Answer　4.①

1 전자금융에 대한 설명으로 옳지 않은 것은?

① 접근매체에는 전자식 카드 및 이에 준하는 전자적 정보, 인증서, 이용자 번호, 생체정보, 비밀번호 등이 있다.

② 핀테크(Fintech)가 등장하는 등 관련 산업 환경이 변화하면서 인터넷전문은행 설립 등 비금융기업 들의 금융시장 참여가 더욱 활발하게 진행되고 있다.

③ 전자적 장치를 금융기관 또는 전자 금융업자의 업무에 활용할 수 있게 해주는 전달 채널이다.

④ 고객들은 영업점을 방문하지 않아도 PC, 전화, 휴대폰 등 정보통신 기기를 사용해서 금융거래를 할 수 있다.

>ADVICE ③ 전자적 장치를 단순하게 금융기관 또는 전자 금융업자의 업무에 활용되는 것은 전달 채널에 해당하지 않는다. 이 용자가 비대면으로 전자적 장치를 통하여 금융상품 및 서비스에 직접 접근해야 전달채널에 해당한다.

2 전자금융의 특징으로 옳지 않은 것은?

① 복잡하고 비생산적인 영업점에서 수익성과 생산성을 높일 수 있는 영업점으로 변화시키고 있다.

② 다양한 전자금융 전용 상품 및 서비스의 개발이 가능하여 높은 부가가치 창출이 가능해졌다.

③ 시간적·공간적 제약을 극복할 수 있어 금융서비스 이용편의가 크게 증대된다.

④ 창구거래보다 이용 수수료가 비싼 편이다.

>ADVICE ④ 영업점 창구 대신에 집이나 사무실에서 또는 밖에서 이동하는 중에도 단순 입·출금, 공과금 납부는 물론 예금이 나 펀드상품 가입, 대출업무까지 거의 모든 금융거래가 가능하며, 창구거래보다 이용 수수료도 저렴하다.

Answer   1.③ 2.④

3 전자금융의 문제점으로 옳지 않은 것은?

① IT시스템 문제로 운영이 중단될 수 있다.
② 고령층 고객이 금융소외를 느낄 수 있다.
③ 해킹 등 악의적인 접근으로 인한 금융정보 유출 위험성이 있다.
④ 과거 금융서비스에 비해 복잡하고 비생산적이다.

> ADVICE ④ 영업점 창구의 모습을 금융상품 판매와 전문화된 금융서비스 제공에 집중할 수 있는 분위기로 전환시킴으로써 예
전의 복잡하고 비생산적인 영업점에서 수익성과 생산성을 높일 수 있는 영업점으로 변화시키고 있다.

4 전자금융의 발전 과정을 순서대로 바르게 나열한 것은?

① PC기반 금융업무 자동화 – 네트워크 기반 금융전산 공동망화 – 모바일 기반 디지털금융 혁신화 – 인
터넷 기반 금융서비스 다양화
② PC기반 금융업무 자동화 – 네트워크 기반 금융전산 공동망화 – 인터넷 기반 금융서비스 다양화 – 모
바일 기반 디지털금융 혁신화
③ 네트워크 기반 금융전산 공동망화 – PC기반 금융업무 자동화 – 인터넷 기반 금융서비스 다양화 – 모
바일 기반 디지털금융 혁신화
④ 네트워크 기반 금융전산 공동망화 – 인터넷 기반 금융서비스 다양화 – PC기반 금융업무 자동화 – 모
바일 기반 디지털금융 혁신화

> ADVICE ② 전자금융의 발전 과정 : PC기반 금융업무 자동화 – 네트워크 기반 금융전산 공동망화 – 인터넷 기반 금융서비스 다
양화 – 모바일 기반 디지털금융 혁신화 – 신기술 기반 금융IT 융합화

5 전자금융의 발전 과정에 대한 설명으로 옳지 않은 것은?

① 1970년대부터 은행에서 자체 본·지점 간에 온라인망을 구축하여 그동안 수작업으로 처리하던 송금 업무나 자금정산업무 등을 전산으로 처리할 수 있게 됨으로써 금융기관의 업무전산화가 본격적으로 시작되었다.

② 사회 전반에 확산된 개방형 네트워크와 스마트폰 등 모바일 기기를 활용한 전자상거래 활성화에 따른 해외 전자금융서비스 이용 규모가 증가하게 되었다.

③ 2017년부터 케이뱅크와 카카오뱅크, 토스뱅크가 인터넷전문은행으로 출범하여 영업 중이다.

④ 모바일 기반 금융서비스가 다양화 되면서부터 전자 금융에 대한 신뢰성과 안전성에 대한 경각심이 크게 부각되었다.

> ADVICE ④ 인터넷 금융 기반 금융서비스가 다양화되면서 전자 금융에 대한 신뢰성과 안전성에 대한 경각심이 크게 부각되었다.

6 인터넷뱅킹에 대한 설명으로 옳지 않은 것은?

① 인터넷을 활용하여 금융서비스가 이루어지는 것을 의미한다.

② 점포 등 공간 확보에 따른 비용과 인건비를 줄일 수 있다는 장점이 있다.

③ 해킹 등으로 인해 안전성에 문제를 보완하기 위해 상당히 높은 수준의 암호문을 활용하고 있다.

④ 국내의 인터넷뱅킹 서비스가 일부 선진국들에 비해 다소 늦게 도입되었기 때문에 성장 속도가 느린 편이다.

> ADVICE ④ 국내의 인터넷뱅킹 서비스는 도입 시기(1999년 7월)가 일부 선진국들에 비해 다소 늦었음에도 불구하고 매우 빠른 성장 속도를 보여주고 있다.

7 보안매체에 대한 설명으로 옳지 않은 것은?

① 보안카드에는 30개 또는 50개의 코드번호와 해당 비밀번호가 수록되어 있다.

② OTP는 일회용 비밀번호 생성 보안매체이다.

③ 실물형 OTP는 비밀번호 생성이 6자리 숫자를 1분 단위로 자동 변경되어 보여준다.

④ 거래 금융기관마다 OTP를 별도로 발급받아야 한다.

> ADVICE ④ 고객이 보유하고 있는 OTP 1개로 전 금융기관에서 전자금융서비스 이용이 가능하다.

Answer 5.④ 6.④ 7.④

8 인터넷뱅킹 이용에 대한 설명으로 옳은 것은?

① 인터넷뱅킹을 이용하려는 개인고객은 금융실명거래 확인을 위한 신분증을 지참하고 거래금융기관을 방문하여 신청하여야 한다.

② 고객은 인터넷뱅킹의 인증센터에 접속하여 공동인증서를 발급받고 최초 거래 시 이체비밀번호를 등록해야 한다.

③ 공동인증서를 발급해야 조회서비스를 이용할 수 있다.

④ 외화 환전이나 해외 송금의 경우 수수료가 비싸다.

>ADVICE ① 인터넷뱅킹을 이용하려는 개인고객은 금융실명거래 확인을 위한 신분증을 지참하고 거래금융기관을 방문하여 신청하거나 비대면으로 신청할 수 있다.

③ 조회 서비스만 이용할 고객은 공동인증서 발급 없이도 조회서비스를 이용할 수 있다.

④ 외화 환전이나 해외 송금의 경우에도 수수료 우대 혜택이 제공되며 예금 및 대출 상품 가입 시 우대 금리가 적용된다.

9 디지털 신원인증에 대한 설명으로 옳지 않은 것은?

① 공인인증서를 사용하면 거래사실을 법적으로 증빙할 수 있으므로 인감을 날인한 것과 같은 효력이 생긴다.

② 2020년 전자서명법 개정안이 시행되면서 공인인증서는 '공동인증서'로 변경되었다.

③ 2020년 전자서명법 개정 전까지는 공인인증서를 디지털 신원인증 방법으로 사용하였다.

④ 공동인증서의 발급은 국세청 홈페이지에서 가능하다.

>ADVICE ④ 공동인증서의 발급은 거래 금융기관의 인터넷 홈페이지에서 가능하다.

Answer   8.② 9.④

10 보안매체에 대한 설명으로 옳은 것은?

① OTP는 카드형과 전자형으로 구분된다.
② 전자형 OTP는 발급 받은 금융기관에서만 사용이 가능하다.
③ OTP는 금융기관 앱(App)에서 발급이 가능하다.
④ 보안카드는 일회용 비밀번호 생성 보안매체이다.

> **ADVICE** ① OTP는 실물형과 전자형으로 구분된다.
> ③ 전자형 OTP는 금융기관 앱(App)에서 발급이 가능하다.
> ④ 보안카드는 보안용 비밀번호를 추가로 사용하기 위한 카드이다.

11 인터넷뱅킹의 이용에 대한 설명으로 옳지 않은 것은?

① 인터넷뱅킹 서비스는 24시간 연중무휴 이용이 가능하다.
② 기업고객은 사업자등록증, 대표자 신분증 등 관련 서류를 지참하여 거래금융기관에 방문하여 신청해야 한다.
③ 자행이체의 수수료는 대부분 면제되고 타행이체의 경우 제공기관에 따라 수수료 면제 또는 500원 내외의 수수료를 적용하고 있다.
④ 인터넷 서비스, 특히 금융 서비스를 디지털 공간에서 이용하기 위해서는 디지털 신원인증을 해야 한다.

> **ADVICE** ① 인터넷뱅킹 서비스는 대부분 24시간 연중무휴 이용이 가능하지만, 일부 서비스의 경우 00:00부터 07:00까지는 금융기관별로 일정시간 이용시간에 제한이 있다.

12 CD/ATM가 제공하는 서비스가 아닌 것은?

① 현금 입출금   ② 현금서비스
③ 계좌이체   ④ 카드이용금액조회

> **ADVICE** ④ CD/ATM 서비스로는 현금(10만 원권 자기앞수표 포함)인출 및 입금, 신용카드 현금서비스, 계좌이체, 잔액조회, 공과금 납부 등이 있다.

13 납부 가능한 인터넷 공과금이 아닌 것은?

① 서울시를 포함한 지방세
② 국세, 관세, 각종기금을 포함한 국고금
③ 재개발 분담금
④ 대학등록금

>ADVICE 납부 가능한 공과금의 종류
　　㉠ 금융결제원에서 승인한 지로요금
　　㉡ 서울시를 포함한 지방세(100여 개 지방자치단체)
　　㉢ 국세, 관세, 각종기금을 포함한 국고금(재정 EBPP)
　　㉣ 전화요금, 아파트관리비, 상하수도 요금 등 생활요금
　　㉤ 국민연금, 고용보험료, 산재보험료 등
　　㉥ 경찰청 교통범칙금, 검찰청 벌과금
　　㉦ 대학등록금

14 모바일뱅킹 서비스에 대한 설명으로 옳지 않은 것은?

① 은행업무의 자동화를 통해 은행 비용 절감이라는 경제적 효과를 누릴 수 있다.
② 모바일뱅킹의 등장은 U-Banking(Ubiquitous Banking) 시대의 시작을 알리는 전자금융서비스로 인식되었다.
③ 모바일뱅킹은 서비스의 내용 측면이나 이동성 면에서 보면 인터넷뱅킹 서비스에 포함된다.
④ 모바일뱅킹 서비스는 IC칩 기반의 모바일뱅킹을 거쳐 IC칩이 필요 없는 VM모바일 뱅킹으로 이용자가 전환되었다.

>ADVICE ③ 모바일뱅킹은 이동성을 보장받고자 하는 고객에 대한 서비스 제고와 이동통신사들의 새로운 수익원 창출 노력이 결합되면서 제공되기에 이르렀는데 서비스의 내용 측면에서 인터넷뱅킹 서비스에 포함되는 것으로 보이지만 공간적 제약과 이동성 면에서 큰 차이가 있다.

Answer　13.③　14.③

15 모바일뱅킹에 대한 설명으로 옳은 것은?

① 모바일뱅킹은 매체의 특성상 장소의 제약을 받는다.
② 스마트폰뱅킹은 최근 부동산담보대출 등의 고관여 업무까지 범위를 확장하며 비대면의 한계를 극복하고 있다.
③ 모바일뱅킹의 등장은 금융과 보안의 대표적인 서비스 융합 사례로 주목받았다.
④ IC칩기반 모바일뱅킹, VM모바일뱅킹, WAP뱅킹 등이 제공되고 있다.

>ADVICE ① CD/ATM서비스나 인터넷뱅킹과 달리 매체의 특성상 장소의 제약을 받지 않고 자유롭게 이용할 수 있다.
③ 모바일뱅킹의 등장은 금융과 통신의 대표적인 서비스 융합 사례로 주목받았다.
④ 스마트폰뱅킹을 제외한 기존 모바일뱅킹(IC칩기반 모바일뱅킹, VM모바일뱅킹, 3G 모바일뱅킹, WAP뱅킹)은 2016년말 기준으로 모든 서비스가 종료되었다.

16 텔레뱅킹에 대한 설명으로 옳지 않은 것은?

① 은행 창구를 통한 거래보다 저렴하게 은행 서비스를 이용할 수 있다.
② 외국인과 재외교포는 이용이 불가능하다.
③ 은행직원과 통화함으로써 자금이체, 조회, 분실신고 및 팩스통지 등을 할 수 있는 금융서비스이다.
④ 잔액 조회, 입출금 내역 조회는 별도의 신청 없이도 가능하다.

>ADVICE ② 실명확인증표가 있는 개인(외국인, 재외교포 포함) 및 기업이면 누구나 이용 가능하다.

17 텔레뱅킹에 대한 설명으로 옳은 것은?

① 비밀번호를 연속 3회 잘못 입력하면 서비스가 제한되며 은행(우체국) 창구에서 확인절차를 거쳐야 다시 이용할 수 있다.
② 실명확인증표가 있는 개인은 이용할 수 있지만, 기업은 이용할 수 없다.
③ 본인의 수시입출식 예금계좌가 있어 출금계좌로 지정할 수 있어야 하며, 금융기관 영업점에 신청해야 한다.
④ 언제든지 은행 어플에서 비대면 신청 후에 이용할 수 있다.

>ADVICE ① 비밀번호를 연속 5회 잘못 입력하면 서비스가 제한되며 은행(우체국) 창구에서 확인절차를 거쳐야 다시 이용할 수 있다.
② 실명확인증표가 있는 개인 및 기업이면 누구나 이용 가능하다.
④ 영업점에서 이용자 번호 등록과 보안카드를 수령한 후 이용할 수 있다.

Answer　15.② 16.② 17.③

18 텔레뱅킹에 대한 설명으로 옳은 것을 모두 고르면?

───────── 〈보기〉 ─────────

㉠ 주말 및 공휴일에는 서비스를 제공하지 않는 것이 일반적이다.
㉡ 공중전화, 국제전화로 언제든지 이용 가능한 서비스다.
㉢ 고객정보보호출시스템 등을 설치하여 전화하는 고객에 대한 정보를 상담원이 볼 수 있도록 하고 있다.
㉣ 최종 거래일로부터 3년 이상 이용실적이 없는 경우에는 이용을 제한하고 있다

① ㉠, ㉡   ② ㉠, ㉢
③ ㉠, ㉡, ㉢   ④ ㉠, ㉡, ㉢, ㉣

>ADVICE ㉡ 공중전화, 국제전화, 선불폰 등 발신자 추적이 불가능한 전화로는 텔레뱅킹서비스 이용을 제한하는 금융기관도 있다.
㉣ 최종 거래일로부터 12개월 이상(금융기관별 상이) 이용실적이 없는 경우에는 이용을 제한하고 있다.

19 CD/ATM 서비스에 대한 설명으로 옳지 않은 것은?

① 최근 1년간 CD/ATM을 통한 계좌이체 실적이 없는 고객의 1일 및 1회 이체한도는 70만 원이다.
② 수취계좌 기준 1회 100만 원 이상 이체금액에 대해 CD/ATM에서 인출 시 입금된 시점부터 30분 후 인출 및 이체가 가능하도록 하는 지연 인출제도가 시행되고 있다.
③ 통장이나 카드 없이도 이용이 가능하다.
④ 신용카드 현금서비스, 공과금 납부가 가능하다.

>ADVICE ③ CD/ATM서비스를 이용하기 위해서는 현금카드나 신용·체크카드 등이 있어야 하지만 최근 기술 발달로 휴대폰, 바코드, 생체인식으로도 CD/ATM 서비스를 이용할 수 있으며, 이용매체가 없어도 CD/ATM 서비스 이용이 가능하다.

20 CD/ATM 서비스에 대한 설명으로 옳지 않은 것은?

① CD/ATM에서도 정보검색은 물론 각종 티켓이나 서류발급이 가능하다.
② 노인이나 저시력자를 위한 화면확대 기능도 추가되어 있다.
③ CD/ATM 서비스는 카드, 증권, 보험관련서비스는 제공하지 못한다.
④ 기차나 버스 터미널에 설치된 CD/ATM에서는 차표 발권·발매서비스를 제공하기도 한다.

>ADVICE ③ 은행은 CD/ATM을 통해 제2금융권과 연계하여 카드, 증권, 보험관련서비스를 제공하고 있다.

Answer   18.② 19.③ 20.③

21 신용카드에 대한 설명으로 옳지 않은 것은?

① 현금이나 어음·수표보다는 적게 사용된다.
② 신용카드는 현금, 어음·수표에 이어 제3의 화폐라고도 불린다.
③ 대금 결제일까지 이용 대금 납부를 유예하여 신용제공의 기능을 한다.
④ 가맹점은 고정고객을 확보하거나 판매대금을 안정적이고 편리하게 회수할 수 있는 장점이 있다.

> **ADVICE** ① 등장한 지 불과 50년이 조금 넘은 신용카드는 수세기 전 부터 사용해 온 현금이나 어음·수표보다 더 많이 이용하는 전자지급결제수단이 되었다.

22 신용카드 서비스에 대한 설명으로 옳지 않은 것은?

① 1986년 BC카드가 최초로 현금카드 기능을 추가하였다.
② 1969년 신세계백화점이 우리나라 최초의 판매점카드를 발행하였다.
③ 1980년대 후반부터 전문 신용카드 회사가 설립되었다.
④ 1990년대부터 신용카드에 대한 규제가 강화되었다.

> **ADVICE** ④ 1990년대부터 신용카드에 대한 규제가 완화됨에 따라 카드산업이 크게 성장하기 시작했다.

23 〈보기〉의 ( ) 안에 들어갈 말로 적절한 것은?

─── 〈보기〉 ───

신용카드업자는 아니지만 영위하는 사업의 성격상 신용카드업을 겸영하는 것이 바람직하다고 인정되는 자에게 대통령령으로 신용카드업을 영위할 수 있도록 하고 있는데 이를 ( )라고 한다.

① 겸영카드사   ② 기업계 카드사
③ 은행계 카드사   ④ 전업카드사

> **ADVICE** ④ 신용카드업을 영위하는 자 중에서 금융위원회의 신용카드업 허가를 득한 자로서 신용카드업을 주로 영위하는 자

24 은행계 전업카드사에 해당하는 것은?

① 롯데카드   ② 비씨카드
③ 삼성카드   ④ 하나카드

> **ADVICE** 신용카드 사업자

전업카드사(8)	은행계(4)	신한카드, 우리카드, 하나카드, KB국민카드
	기업계(4)	롯데카드, 비씨카드, 삼성카드, 현대카드
겸영은행(11)		경남, 광주, 부산, 수협, 씨티, 전북, 제주, DGB대구, IBK기업, NH농협, SC제일
유통계겸영(2)		현대백화점, 갤러리아백화점

25 기업계 전업카드사에 해당하는 것은?

① 신한카드   ② 현대카드
③ 하나카드   ④ 우리카드

> **ADVICE** 신용카드 사업자

전업카드사(8)	은행계(4)	신한카드, 우리카드, 하나카드, KB국민카드
	기업계(4)	롯데카드, 비씨카드, 삼성카드. 현대카드
겸영은행(11)		경남, 광주, 부산, 수협, 씨티, 전북, 제주, DGB대구, IBK기업, NH농협, SC제일
유통계겸영(2)		현대백화점, 갤러리아백화점

26 겸영카드사가 아닌 것은?

① SC제일   ② NH농협
③ KB국민카드   ④ DGB대구

> **ADVICE** 신용카드 사업자

전업카드사(8)	은행계(4)	신한카드, 우리카드, 하나카드, KB국민카드
	기업계(4)	롯데카드, 비씨카드, 삼성카드, 현대카드
겸영은행(11)		경남, 광주, 부산, 수협, 씨티, 전북, 제주, DGB대구, IBK기업, NH농협, SC제일
유통계겸영(2)		현대백화점, 갤러리아백화점

Answer   24.④ 25.② 26.③

27 신용카드에 대한 설명으로 옳지 않은 것은?

① 기업공용카드(무기명식 기업카드)는 기업회원이 특정 이용자를 지정하지 않은 카드로 카드발급 기업 또는 법인 임직원 누구든지 사용 가능하다.

② 가족회원 대상은 부모나 배우자, 배우자의 부모, 「민법」상 성년인 자녀 및 형제자매 등이다.

③ 가족회원은 자신이 정한 이용한도 범위 내에서 카드를 사용할 수 있다.

④ 공용카드 신청서의 카드 서명 란에는 카드를 실제로 사용하게 될 임직원의 서명을 기재하는 것이 아니라 법인명 또는 기업명을 기재하여야 한다.

> **ADVICE** ③ 가족회원은 본인회원의 이용한도 범위 내에서 카드를 사용할 수 있으며 가족카드별로 한도를 별도로 지정할 수도 있다.

28 〈보기〉에서 설명하는 기업카드의 종류는 무엇인가?

──────────── 〈보기〉 ────────────
| |
| 결제계좌 잔액 범위 내에서 이용 가능한 기업카드로 국내외에서 이용 가능하며 신용공여기능은 없다. |
| |

① 일반 기업카드   ② 직불형 기업카드
③ 정부구매카드   ④ 구매전용카드

> **ADVICE** ① 후불식 일반 신용카드로서 국내외에서 일시불 이용만 가능하며, 해외에서는 기업개별카드에 한해 제휴은행 창구 및 ATM에서 단기카드대출(현금서비스) 사용이 가능하다.
>
> ③ 정부부처 및 소속기관의 관서경비를 지출할 목적으로 정부기관을 대상으로 발급하는 기업카드로 국가재정정보시스템과 신용카드사 전산망을 연결, 신용카드 발급 및 사후관리를 파일 송수신으로 처리한다.
>
> ④ 구매기업과 판매기업 간 물품 등 거래와 관련하여 발생되는 대금을 신용카드업자가 구매기업을 대신하여 판매기업에게 대금을 선지급하고 일정기간 경과 후 구매기업으로부터 물품대금을 상환받는 카드로 실물없이 발급되기도 한다.

29 〈보기〉에서 설명하는 기업카드의 종류는 무엇인가?

---〈보기〉---

> 정부부처 및 소속기관의 관서경비를 지출할 목적으로 정부기관을 대상으로 발급하는 기업카드로 국가재
> 정정보시스템과 신용카드사 전산망을 연결, 신용카드 발급 및 사후관리를 파일 송수신으로 처리한다.

① 일반 기업카드　　　　　　　　　　　② 직불형 기업카드
③ 정부구매카드　　　　　　　　　　　④ 구매전용카드

> **ADVICE** ① 후불식 일반 신용카드로서 국내외에서 일시불 이용만 가능하며, 해외에서는 기업개별 카드에 한해 제휴은행 창구
>   및 ATM에서 단기카드대출(현금서비스) 사용이 가능하다.
> ② 결제계좌 잔액 범위 내에서 이용 가능한 기업카드로 국내외에서 이용 가능하며 신용공여기능은 없다.
> ④ 구매기업과 판매기업 간 물품 등 거래와 관련하여 발생되는 대금을 신용카드업자가 구매기업을 대신하여 판매기
>   업에게 대금을 선지급하고 일정기간 경과 후 구매기업으로부터 물품대금을 상환받는 카드로 실물없이 발급되기도
>   한다.

30 신용카드 이용방법에 대한 설명으로 옳지 않은 것은?

① 일시불결제는 신용카드 발급 당시에 회원과 신용카드사 간의 결제 약정일에 카드사용 대금 전액을
　　결제하는 방식이다.
② 할부결제 방식은 카드 이용대금을 할부로 2개월 이상 분할하여 1개월 단위로 희망하는 기간 동안
　　이자를 부담하여 결제하는 방식이다.
③ 리볼빙결제 방식은 카드이용대금 중 일정비율을 결제하면 나머지 이용 잔액은 다음 결제대상으로
　　연장되는 방식이다.
④ 일시불결제, 할부결제, 리볼빙결제 중 일시불결제의 수수료가 가장 높다.

> **ADVICE** ④ 리볼빙결제 방식은 이용고객의 경제여건에 따라 결제를 조절할 수 있는 맞춤형 결제방식이지만 높은 리볼빙 수수
>   료를 부담해야 한다.

Answer　　29.③　30.④

31 직불카드에 대한 설명으로 옳지 않은 것은?

① 고객이 카드를 이용함과 동시에 고객의 신용한도가 아닌 예금계좌의 잔액 범위 내에서 카드결제대금이 바로 인출되는 카드를 말한다.
② 은행 또는 카드사가 제휴한 은행에 입출금 자유로운 통장을 소지한 개인 및 기업회원을 대상으로 발급 가능하다.
③ 1996년 2월에 은행 공동의 직불카드가 도입되었다.
④ 가맹점 이용과 이용시간에 제약을 받는다.

❯ADVICE ② 자신의 예금계좌가 개설되어 있는 은행에서 발급받아야 한다.

32 체크카드에 대한 설명으로 옳은 것은?

① 할부서비스나 현금서비스를 이용할 수 있다.
② 증권사나 종금사의 CMA를 결제계좌로 하는 체크카드는 발급받을 수 없다.
③ 신용카드와 마찬가지로 서명을 통해 본인확인을 한다.
④ 발급과정에서 별도의 결제능력을 심사한다.

❯ADVICE ① 할부서비스나 현금서비스를 이용할 수 없다.
         ② 증권사나 종금사의 CMA를 결제계좌로 하는 체크카드도 발급받을 수 있다.
         ④ 발급과정에서 별도의 결제능력을 심사하지 않는다.

33 체크카드의 특징으로 옳지 않은 것은?

① Visa, Master 등 해외사용 브랜드로 발급된 경우에는 해외에서 물품구매 및 현지통화로 예금인출도 가능하다.
② 외국인 거주자인 경우에는 별도의 등록 거래를 통해 연간 미화 5만 불 한도 내에서 해외 예금인출 및 해외직불가맹점 이용이 가능하다.
③ 하이브리드 체크카드를 제외한 모든 체크카드는 별도의 신용한도가 부여되지 않는다.
④ 카드사나 은행의 영업점에서 즉시 발급이 불가능하다.

❯ADVICE ④ 보통 카드사나 은행의 영업점에서 즉시 발급하는 경우가 많으며 후선에서 발급 처리 후 회원 앞으로 인편이나 우편 교부하기도 한다.

Answer 31.② 32.③ 33.④

34 하이브리드 체크카드에 대한 설명으로 옳지 않은 것은?

① 체크 · 신용결제 방식이 혼합된 겸용카드이다.
② 부여 가능 최대 신용한도는 30만 원이다.
③ 별도의 신용한도가 부여되지 않는다.
④ 계좌 잔액범위 내에서는 체크카드로 결제되고 잔액이 소진되면 소액 범위 내에서 신용카드로 결제된다.

▶ADVICE ③ 하이브리드 체크카드는 별도의 신용한도가 부여된다.

35 선불카드의 특징으로 옳지 않은 것은?

① 기프트카드가 대표적인 선불카드이다.
② 유효기간은 대부분 발행일로부터 5년이다.
③ 개인 신용카드로 구매 및 충전할 수 있는 이용한도는 1인당 월 최대 100만 원이다.
④ 신용카드처럼 연회비가 존재한다.

▶ADVICE ④ 유효기간은 대부분 발행일로부터 5년이고 연회비는 없다.

36 선불카드의 잔액 환불이 가능한 경우가 아닌 것은?

① 천재지변으로 사용하기 곤란한 경우
② 선불카드의 물리적 결함
③ 선불카드 발행 권면금액의 60/100 이상 사용한 경우
④ 1만 원권 이하의 경우 60/100 이상 사용한 경우

▶ADVICE ④ 1만 원권 이하의 경우 80/100 이상 사용한 경우

37 선불카드의 종류에 대한 설명으로 옳지 않은 것은?

① 기명식 선불카드는 양도가 불가능하다.
② 기명식 선불카드는 최고 500만 원까지 충전할 수 있다.
③ 무기명식 선불카드는 양도가 가능하다.
④ 무기명식 선불카드는 최고 100만 원까지 충전할 수 있다.

>ADVICE ④ 무기명식 선불카드는 최고 50만 원까지 충전할 수 있다.

38 〈보기〉에서 설명하는 선불카드의 종류는 무엇인가?

─── 〈보기〉 ───

카드실물에 회원의 성명이 인쇄되어 있거나 신용카드업자 전산에 회원으로서의 정보가 존재하여 발급 이후에 양도가 불가능하다.

① 기명식 선불카드　　　　　　　② 무기명식 선불카드
③ 충전식 선불카드　　　　　　　④ 후불식 선불카드

>ADVICE ① 선불카드는 기명식과 무기명식 선불카드로 구분된다. 기명식 선불카드는 카드실물에 회원의 성명이 인쇄되어 있거나 신용카드업자 전산에 회원으로서의 정보가 존재하여 발급 이후에 양도가 불가능하다. 기명식 선불카드는 최고 500만 원까지 충전할 수 있다.

39 선불카드에 대한 설명으로 옳지 않은 것은?

① 선불카드 구매 시 현금, 체크카드 및 신용카드 사용이 가능하다.
② 온라인상에서 이용할 때는 카드발급사의 인터넷 홈페이지를 통해 본인확인용 비밀번호를 등록해야 한다.
③ 환불 시 무기명식 선불카드의 경우 회원 본인 여부와 실명을, 기명식 선불카드의 경우 선불카드 소지자의 실명 등을 확인한다.
④ 고객이 카드사에 미리 대금을 결제하고 카드를 구입한 후 카드에 저장된 금액 내에서만 이용할 수 있는 카드이다.

>ADVICE ③ 환불 시 기명식 선불카드의 경우 회원 본인 여부와 실명을, 무기명식 선불카드의 경우 선불카드 소지자의 실명 등을 확인한다.

Answer　　37.④　38.①　39.③

40 〈보기〉에서 설명하고 있는 것은 무엇인가?

> ――――――― 〈보기〉 ―――――――
>
> 고객이 카드를 이용함과 동시에 고객의 신용한도가 아닌 예금계좌의 잔액 범위 내에서 카드결제대금이
> 바로 인출되는 카드를 말한다. 고객 예금계좌에서 즉시 카드결제대금이 인출되고 CD/ATM을 이용하여
> 자신의 예금계좌에서도 즉시 자금을 인출할 수도 있기 때문에 현금카드라고도 한다.

① 신용카드   ② 체크카드
③ 선불카드   ④ 직불카드

> 〉ADVICE ④ 직불카드와 신용카드의 가장 큰 차이는 바로 결제방식의 차이라고 할 수 있는데 신용카드는 신용공여에 기반을
> 둔 후불결제방식을, 직불카드는 예금계좌를 기반으로 한 즉시결제방식을 이용한다는 점이다. 따라서 직불카드는 자
> 신의 예금계좌가 개설되어 있는 은행에서 발급받으며, 직불카드 취급가맹점이면 발급은행에 관계없이 어디에서나 사
> 용할 수 있다.

41 카드 종류별 특징에 대한 설명으로 옳은 것은?

① 체크카드는 금융기관 전산점검시간을 제외하고는 이용시간에 제한이 없고 신용카드 가맹점이라면
    이용이 가능하다는 장점이 있다.
② 선불카드 구매 시 현금, 체크카드 및 신용카드를 사용하며, 유효기간은 대부분 발행일로부터 5년이
    고 연회비는 없다.
③ 신용카드는 즉시결제방식을, 직불카드는 후불결제방식을 이용한다.
④ 신용카드 가족회원은 본인회원의 이용한도 범위 내에서 카드를 사용할 수 있으며 가족카드별로 한
    도를 별도로 지정할 수도 있다.

> 〉ADVICE ③ 신용카드는 신용공여에 기반을 둔 후불결제방식을, 직불카드는 예금계좌를 기반으로 한 즉시결제방식을 이용한다.

42 체크카드에 대한 설명으로 옳은 것을 모두 고르면?

───────────〈보기〉───────────

㉠ 신용공여기능이 없기 때문에 발급과정에서 별도의 결제능력을 심사하지 않는다.
㉡ 신용카드 대비 높은 세액공제를 제공한다.
㉢ 외국인 거주자인 경우에는 별도의 등록 거래를 통해 연간 미화 5만 불 한도 내에서 해외 예금인출 및 해외직불가맹점 이용이 가능하다.
㉣ 일시불 이용만 가능하고 할부 및 단기카드대출(현금서비스) 이용은 불가능하다.

① ㉠
② ㉠, ㉡
③ ㉠, ㉡, ㉢
④ ㉠, ㉡, ㉢, ㉣

>ADVICE 체크카드는 기본적으로 하이브리드 체크카드를 제외하고는 신용공여기능이 없기 때문에 발급과정에서 별도의 결제능력을 심사하지 않는다. 신용카드 대비 높은 세액공제 제공, 소액 신용한도가 부여된 체크카드의 등장, 신용카드 대비 낮은 가맹점 수수료율, 전반적인 체크카드 가맹점 수수료의 지속적 인하 등 체크카드 활성화 정책과 맞물려 체크카드는 계속 활성화될 전망이다.

43 〈보기〉에서 설명하는 기업카드의 종류는 무엇인가?

───────────〈보기〉───────────

후불식 일반 신용카드로서 국내외에서 일시불 이용만 가능하며, 해외에서는 기업개별카드에 한해 제휴은행 창구 및 ATM에서 단기카드대출(현금서비스) 사용이 가능하다.

① 일반 기업카드
② 직불형 기업카드
③ 정부구매카드
④ 구매전용카드

>ADVICE ② 결제계좌 잔액 범위 내에서 이용 가능한 기업카드로 국내외에서 이용 가능하며 신용공여기능은 없다.
③ 정부부처 및 소속기관의 관서경비를 지출할 목적으로 정부기관을 대상으로 발급하는 기업카드로 국가재정정보시스템과 신용카드사 전산망을 연결, 신용카드 발급 및 사후관리를 파일 송수신으로 처리한다.
④ 구매기업과 판매기업 간 물품 등 거래와 관련하여 발생되는 대금을 신용카드업자가 구매기업을 대신하여 판매기업에게 대금을 선지급하고 일정기간 경과 후 구매기업으로부터 물품대금을 상환받는 카드로 실물없이 발급되기도 한다.

Answer 42.④ 43.①

44 우체국 카드 종류별 비교로 옳지 않은 것은?

① 신용카드는 연회비가 있지만, 선불카드, 체크카드는 연회비가 없다.
② 신용카드, 선불카드의 발급 기관은 국내 은행이다.
③ 신용카드, 선불카드, 체크카드의 이용시간은 24시간(금융기관 전산점검시간 제외)이다.
④ 신용카드는 신용공여를 제공하지만, 선불카드는 신용공여를 제공하지 않는다.

>ADVICE ② 신용카드, 선불카드의 발급 기관은 카드사(겸영은행)이다.

45 전자금융에 대한 설명으로 옳지 않은 것은?

① 고객은 시간과 공간의 제약을 받지 않으면서 편리하고 빠르게 금융 거래를 이용할 수 있다.
② 금융기관 입장에서는 IT시스템 장애로 발생할 수 있는 운영리스크가 수익성보다 크다는 단점이 있다.
③ 내부 직원에 대한 정보보호, 윤리 교육이 반드시 필요하다.
④ 전산 장애 또는 운영자의 실수로 IT시스템이 정상적으로 작동하지 않을 경우 고객들에게 금융서비스를 제공할 수 없다는 문제점이 있다.

>ADVICE ② 금융기관 입장에서는 비장표로 거래되는 특성상 금융거래에 필요한 종이 사용량이 크게 감소하여 관리비용과 거래건당 처리비용을 크게 낮출 수 있다. 또한 다양한 전자금융 전용 상품 및 서비스의 개발이 가능하여 높은 부가가치 창출이 가능해졌다.

46 우체국의 주요 전자금융 채널에 대한 설명으로 옳지 않은 것은?

① 인터넷뱅킹은 장소의 제약을 받지만, 모바일뱅킹은 장소의 제약을 받지 않는다.
② 모바일뱅킹의 통신료는 고객이 부담하고, 텔레뱅킹의 통신료는 금융기관이 부담한다.
③ 인터넷뱅킹은 안전성에 문제가 생길 가능성이 높으므로 철저한 보안대책이 필요하다.
④ 기존 모바일뱅킹(IC칩기반 모바일뱅킹, VM모바일뱅킹, 3G 모바일뱅킹, WAP뱅킹)은 2016년말 기준으로 모든 서비스가 종료되었다.

>ADVICE ② 모바일뱅킹의 통신료는 금융기관이 부담하고, 텔레뱅킹의 통신료는 고객이 부담한다.

Answer   44.②   45.②   46.②

47 CD/ATM 서비스에 대한 설명으로 옳은 것을 모두 고르면?

> ㉠ 거래매체가 없어도 CD/ATM 서비스 이용이 가능하다.
> ㉡ 무매체거래는 개인정보 등이 유출될 경우 타인에 의한 예금 부정인출 가능성이 있다.
> ㉢ 최근에는 손바닥·손가락 정맥 등 생체인식 수단 종류가 다양화되고 있다.
> ㉣ 모든 휴대폰으로 거래금융기관뿐만 아니라 다른 금융기관의 CD/ATM에서도 금융거래를 이용할 수 있다.

① ㉠

② ㉠, ㉡

③ ㉠, ㉡, ㉢

④ ㉠, ㉡, ㉢, ㉣

> **ADVICE** ㉣ 모바일뱅킹용 금융IC칩이 내장된 휴대폰으로도 거래금융기관뿐만 아니라 다른 금융기관의 CD/ATM에서도 금융거래를 이용할 수 있다.

48 텔레뱅킹 서비스에 대한 설명으로 옳은 것은 모두 몇 개인가?

> ㉠ 텔레뱅킹을 통한 업무는 금융결제원의 전자금융공동망을 이용해 처리된다.
> ㉡ 각종 조회·분실신고 등은 거래은행에 별도의 신청절차 없이 비밀번호 입력만으로 이용이 가능하다.
> ㉢ 법인의 대표자인 경우 사업자등록증, 법인등기사항전부증명서, 법인인감증명서, 법인인감, 대표자 실명확인증표 등을 지참하여 영업점에서 신청해야 한다.
> ㉣ 자금이체·FAX 통지서비스 등은 사전에 이용신청서를 제출해야 한다.

① 1개

② 2개

③ 3개

④ 4개

> **ADVICE** 텔레뱅킹 서비스는 고객이 은행창구에 나가지 않고 가정이나 사무실 등에서 전자식 전화기를 통하여 자동응답 서비스를 이용하거나 은행직원과 통화함으로써 자금이체, 조회, 분실신고 및 팩스통지 등을 할 수 있는 금융서비스이다.

49 전자금융의 발전 과정에 대한 설명으로 옳지 않은 것은?

① 1980년대에 업무전산화가 본격적으로 시작되었다.
② 1990년대 중반 이후 인터넷을 이용하면서 편의성과 효율성이 크게 제고되었다.
③ 2000년대 후반 이후 전자상거래 활성화에 따른 해외 전자금융서비스 이용 규모도 증가하게 되었다.
④ 2019년 금융혁신지원 특별법 시행에 따른 혁신금융서비스 제도를 도입하였다.

>**ADVICE** ① 1970년대 부터 은행에서 자체 본·지점 간에 온라인망을 구축하여 그동안 수작업으로 처리하던 송금업무나 자금 정산업무 등을 전산으로 처리할 수 있게 됨으로써 금융기관의 업무전산화가 본격적으로 시작되었다.

50 〈보기〉의 설명에 해당하는 것은?

─────────────── 〈보기〉 ───────────────

• 디지털 공간에서 본인을 증명하는 행위다.
• 금융 서비스를 디지털 공간에서 이용하기 위해서는 필수적으로 거쳐야 하는 행위다.
• 거래 금융기관의 인터넷 홈페이지에서 발급가능하다.

① OTP   ② 디지털 신원인증
③ 실명확인   ④ 진위확인 서비스

>**ADVICE** ② 디지털 신원인증은 디지털 공간에서 본인을 증명하는 행위다. 인터넷 서비스, 특히 금융 서비스를 디지털 공간에서 이용하기 위해서는 필수적으로 거쳐야 하는 과정이다.

가볍게! 빠르게! 확인하는 용어사전 시리즈

가볍게! 빠르게! 한눈에 보는
시사용어 사전 1228

상식연구소 편저

◆ 공기업 / 언론사 / 기업체 / 공무원 채용대비에 필요한 시사용어 수록
◆ 분야별 구성으로 최신·중요 시사용어 총 1228개 수록
◆ 자가진단 TEST 및 십자말 풀이, 파트별 실력점검퀴즈로 이해도와 응용력 강화
◆ 한눈에 확인할 수 있는 시리즈 상식을 통해 폭넓은 지식 확장

가볍게! 빠르게! 한눈에 보는
경제용어 사전 1050

상식연구소 편저

◆ 금융권 / 공기업 / 언론사 / 기업체 / 공무원 채용대비에 필요한 경제용어
◆ 사전식 구성으로 최신·중요 경제용어 총 1050개 수록
◆ 자가진단 TEST 및 십자말 풀이, 파트별 실력점검 퀴즈로 이해도와 응용력 강화

SEOWINGAK

가볍게! 빠르게! 한눈에 보는
부동산용어 사전 1310

상식연구소 편저

◆ 2024년 제35회 공인중개사 출제 용어 수록
◆ 부동산학개론 / 민법 및 민사특별법 /
   부동산 세법 / 부동산공법 용어 총 1310개 수록
◆ 부동산 세법 / 부동산공법별 / 중개업법 및 중개실무 / 부동산공시법 /
◆ 자가진단 TEST 및 십자말 풀이, 파트별 실력점검 퀴즈로 이해도와 응용력 강화

SEOWINGAK

시사용어사전 | 경제용어사전 | 부동산용어사전

시사용어사전 1228

매일 접하는 각종 기사와 정보! 공기업/언론사/기업체/공무원 채용을 준비하는 수험생과
현대인이 꼭 알아야 할 최신 시사상식을 쏙쏙 뽑아 이해하기 쉽도록 영역별로 정리

경제용어사전 1050

주요 경제용어는 거의 다 실었다! 금융권/공기업/언론사/기업체/공무원 채용을 준비하기 전에,
경제 공부를 시작하기 전에 읽어보면 경제가 쉬워지도록 사전식으로 구성

부동산용어사전 1310

부동산에 대한 이해를 높이고 부동산의 개발과 활용, 투자 및 부동산 용어 학습에도
적극적으로 이용할 수 있는 교재, 공인중개사 출제용어도 수록